全国会计专业技术资格考试辅导教材 | 2024

# 考点直击
# 中级经济法

高顿教育中级会计教研中心　编著

文汇出版社

图书在版编目（CIP）数据

中级经济法／高顿教育中级会计教研中心编著. —上海：文汇出版社，2024.5

考点直击

ISBN 978-7-5496-4247-2

Ⅰ.①中… Ⅱ.①高… Ⅲ.①经济法—中国—资格考试—自学参考资料 Ⅳ.①D922.290.4

中国国家版本馆 CIP 数据核字（2024）第 074679 号

考点直击　中级经济法

编　　著／高顿教育中级会计教研中心
责任编辑／戴　铮
封面设计／汤惟惟
版式设计／汤惟惟
出版发行／文汇出版社
　　　　　上海市威海路 755 号
　　　　　（邮政编码：200041）
印刷装订／上海中华印刷有限公司
版　　次／2024 年 5 月第 1 版
印　　次／2024 年 5 月第 1 次印刷
开　　本／787 毫米×1092 毫米　1/16
字　　数／445 千字
印　　张／15.75
书　　号／ISBN 978-7-5496-4247-2
定　　价／76.00 元

当翻开这本《考点直击》，相信努力的你已经开启了中级会计职称备考的旅途。备考之路并非一帆风顺、一路坦途，会有荆棘，会有未知。接下来《考点直击》将会给你通关的信心，让你在备考的路上少走弯路，更加高效、顺利地通过考试。希望能与你一起加油，一路向前！

## 一、《经济法》教材讲什么？

### （一）教材结构

中级会计职称考试《经济法》科目的教材主要讲解四大模块的知识点，如下图所示。

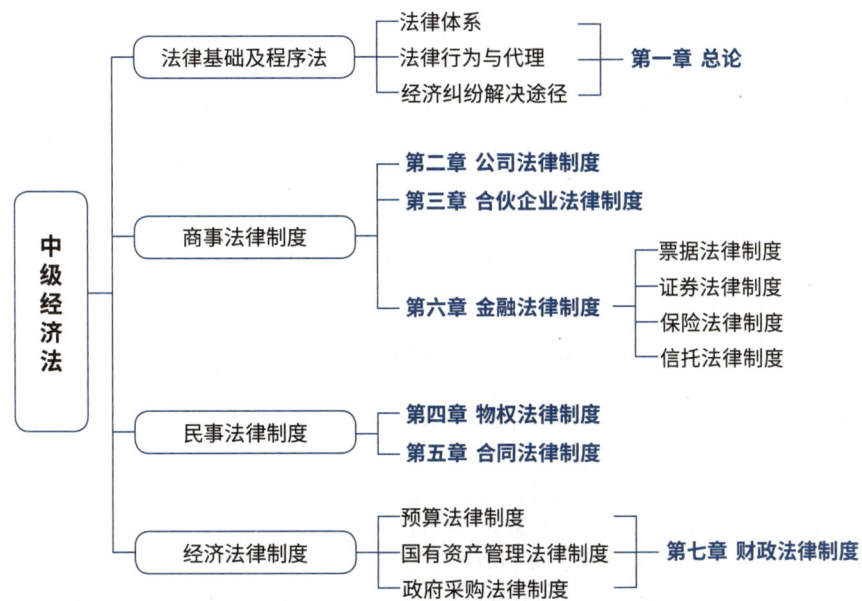

"法律基础及程序法"部分内容简单，了解后对后续的学习帮助较大。"商事法律制度"和"民事法律制度"部分是本科目的主要部分，也是考查的重点，可以说"得'民商法'者，得中级《经济法》考试"，考生需要在理解的基础上加以掌握。"经济法律制度"部分主要以记忆为主，需要理解的地方不多。本科目各章节内容相对独立，建议按照教材上的章节顺序学习。

## （二）各章节的考查分值、重要性及难度

| 章节 | 2021 | 2022 | 2023 | 重要性 | 难度 |
| --- | --- | --- | --- | --- | --- |
| 总论 | 9 | 13 | 12 | ★★ | ★★ |
| 公司法律制度 | 15 | 16 | 17 | ★★★ | ★★★ |
| 合伙企业法律制度 | 7 | 11 | 13 | ★★ | ★★ |
| 物权法律制度 | — | 16 | 17 | ★★★ | ★★★ |
| 合同法律制度 | 17 | 16 | 16 | ★★★ | ★★★ |
| 金融法律制度 | 17 | 17 | 16 | ★★★ | ★★★ |
| 财政法律制度 | 10 | 11 | 9 | ★★ | ★★ |

## （三）2024年教材的主要变化

| 章节 | 2024年本章主要变化 |
| --- | --- |
| 总论 | 变动较大。对行政复议所涉内容进行重新编写；调整了民事诉讼回避制度的"回避人员" |
| 公司法律制度 | 按照2023年底修订的《公司法》重新编写，有非常大的变动，建议根据新法和新教材学习本章 |
| 合伙企业法律制度 | 无实质性变动 |
| 物权法律制度 | 变动较小。在物的分类中新增了"可分物与不可分物"；调整了"流押条款的效力""流质条款的效力" |
| 合同法律制度 | 变动较大，主要体现在《民法典合同编通则解释》的内容。<br>（1）新增：<br>①格式条款的提示、说明义务及电子合同中履行提示、说明义务的规定；<br>②定金的效力新增不可抗力导致合同不能履行的情况；<br>③商品房消费者权利保护；<br>④公益主体提供担保合同无效的除外情况。<br>（2）调整：<br>①代位权中专属于债务人自身权利的情形；<br>②撤销权中"明显不合理"价格的认定；<br>③撤销权诉讼的被告、管辖法院；<br>④法定抵销中不得抵销的债务；<br>⑤违约金中过分高于的认定及处理 |
| 金融法律制度 | 变动较大，主要集中在票据和证券部分。票据部分增加了电子商业汇票的相关内容；证券部分根据新政策作了调整；保险和信托无实质性变动 |
| 财政法律制度 | 无实质性变动 |

## 二、《经济法》科目如何考？

### （一）2024年考试时间

2024年9月7—9日举行中级会计职称考试，共分为3个批次，《经济法》科目考试时长为120分钟。具体考试时间如下：

| 考试科目 | 考试时间（共3个批次） |
|---|---|
| 《经济法》 | 2024年9月7日 18：00—20：00 |
| | 2024年9月8日 18：00—20：00 |
| | 2024年9月9日 18：00—20：00 |

## （二）本科目考试特点

| 题型 | 题量 | 分值 | 难度 | 目标分值 | 建议用时 | 答题要求 |
|---|---|---|---|---|---|---|
| 单项选择题 | 30题（1分/题） | 30分 | ★ | 21分 | 30分钟 | 4选1 |
| 多项选择题 | 15题（2分/题） | 30分 | ★★ | 20分 | 25分钟 | 有2个以上的正确答案，全部选对得满分；少选得相应分值；多选、错选、不选均不得分 |
| 判断题 | 10题（1分/题） | 10分 | ★ | 7分 | 7分钟 | 错答、不答均不得分，也不扣分 |
| 简答题 | 3题 [6分/题（3小问）] | 18分 | ★★★ | 12分 | 30分钟 | （1）针对提问明确作答；（2）按要求说明理由 |
| 综合题 | 1题 [12分/题（6小问）] | 12分 | ★★★ | 7分 | 20分钟 | |

## （三）各题型应对策略

（1）单选题，考查基础知识，是通过考试的基础，该题型相比其他题型更易得分。考生要仔细审题，先分清题目要求是"选择正确"的还是"选择错误"的，再去查看选项。考生遇到不会的题目，不要纠结，也不要空着不答，可以用排除法先蒙1个，标记跳过，做完整套考卷，如果有时间再回头思考。

（2）多选题，考查知识的全面性，要求考生的基础知识非常扎实。该题型容易失分，所以考生要对知识有准确记忆，不能停留在似懂非懂的层面。实在不能确定选项的时候，可以把肯定正确的先选上，因为即使少选也能得到相应的分数，所以宁可少选也不错选。

（3）判断题，考查基础知识，难度低。表述较绝对的，错误概率相对较大；表述相对的，正确概率相对较大。

（4）简答题，考查的通常是重要章节的内容，难度适中。建议考生采用"判断+法条+结合材料具体分析"的原则作答：

①第一步：表明观点。比如：能/不能、符合/不符合、违反/不违反等。

②第二步：引述法条说明理由，"根据规定，……"如果考生对法条的记忆不准确，无法完整引入，可以略作变通，用合适的语言表达意思，但一定要答出关键词，因为这类题目是踩点给分。

③第三步：结合材料分析。如果考试时间紧张，在前两步做得很好的前提下，可暂不作这一步的分析，等做完整套考卷后，再回头补充。

（5）综合题，跨章节考查知识点，难度较高。综合题基本是结合了公司、物权、合同、票据等内容进行考查，虽然涉及的章节多，但考查的基本是常规法条，每个问题之间的关联度较低，考生可以单独分析。综合题的材料一般比较长，问题比较多。因此，考生做题时，可以先把问题浏览一遍，然后带着问题去材料中寻找答案。定位到材料中的相关信息后，关联相应的法条，最后作答。

（6）考生需注意：

①平时一定要训练做题速度，特别是打字速度。

②至少留下5分钟检查答案，检查是否有漏答或做了标记需回头思考的题目。对于没有把握的题目，一定要坚持第一感觉，不要轻易改答案！

### 三、《经济法》科目怎么学？

#### （一）学习建议

中级《经济法》的特点是知识点多、杂、细、枯燥，考生不易抓到重点。本科目要求考生精确记忆，模模糊糊、一知半解是不足以应对考试的。教材内容繁杂而细碎，需要花时间、下功夫过记忆关。《经济法》科目备考的总体思路是，客观题要在理解的基础上完成，明白了知识点的原理，考试怎么出题都不怕；针对主观题，考生想把法条一字不错地都背下是不可能的，要学会抓关键词、关键句，再用自己的话串联起来即可，考试时关键词对了就能拿分。复习《经济法》的过程就是不断与遗忘对抗的过程。通过定量、持续、随机地进行真题练习，考生可以查漏补缺，有的放矢。以下具体的复习方法供考生参考：

（1）**夯实基础，在理解的基础上记忆。**《经济法》考核的内容是法律条文，理解难度高，需记忆的内容繁多。所以，考生要尽量在基础阶段学习就理清法律规定的逻辑，针对逻辑要点进行适当记忆。缺乏理解，则易遗忘。

（2）**做题要有"套路"。**备考过程中要做题，但题目并不是做得越多越好，要保证做题的质量。考生要重视经典真题，分析题目的考查点、考查角度，适当总结，尽可能通过做题学会举一反三，从而辅助自己理解考点。对于经常做错的题一定要加以标注，在备考后期集中查漏补缺。

（3）**查漏补缺，比对丢分点。**在基础阶段学习一轮之后，接下来的整体节奏需要的不是"大水漫灌"，而是"精准滴灌"。做题练习可以比较真实地反映出"漏"和"缺"的地方。找到薄弱之处后，有针对性地提升短板，可以更切实地提高考试通过率。《经济法》主观题的评分方式比较特别，阅卷人会根据考生写出法律法条的关键词、关键句给分。在练习主观题时，如果感觉自己答得不理想，要分析原因，先找到对应的法律法条，再对比找出自己的表述和法条原文的差距，有意识地锻炼措辞能力。

#### （二）本书的正确打开方式

针对考生在《经济法》备考中的痛点，《考点直击》设置了相应的模块帮助大家更高效地备考。各模块说明见下表。

| 通关痛点 | 本书的通关设置 ||
|---|---|---|
| | 模块 | 说明 |
| 痛点一：<br>官方教材太厚学不完，通篇"重点"，需记忆的内容繁多 | 考情驿站 | 梳理本章基本内容，帮助考生建立初步认知，简单分析本章考情，提示本章备考策略，指明学习方向 |
| | 考点地图 | 以思维导图的形式呈现本章考点，搭建学习的知识框架 |
| | 2024年本章主要变化 | 汇总本年新增、新修考点，需重点关注 |

续表

| 通关痛点 | 本书的通关设置 | |
| --- | --- | --- |
| | 模块 | 说明 |
| | 考频 | 本书在相关知识点下列示了近三年真题的出题年份和形式,帮助考生了解知识点的考频。一般来说,《经济法》考试对重要新增考点有连考2—3年的特点,所以这些知识点考查概率较高。同时,《经济法》考试还有重者恒重的特点,即一个知识点如果考查频率很高,则再次考查的概率也较高 |
| | 考点速递 | 全书的主体,将教材中的许多内容和关键知识点以表格的形式呈现,尽量避免大篇幅文字。相比教材,更便于考生理解、掌握和记忆 |
| | 靶心考点视频 | 针对高频、易懂、拿分快的考点搭配课程讲解,帮助考生加深理解 |
| | 考点加油站 | 设于每章结尾处,以思维导图的形式呈现本章考点及重点内容,帮助考生回顾整个知识框架,形成学习闭环 |
| 痛点二:<br>法律条文晦涩、难以理解,容易遗忘 | 通关文牒-很好懂 | 用通俗易懂的语言讲解专业知识点,并通过举例让考生更清晰地理解重点、难点,希望考生能够仔细阅读和分析 |
| | 通关文牒-速提分 | 轻松辨析易错易混点,凝练归纳应试重点和应试技巧 |
| 痛点三:<br>对知识点命题逻辑、命题思路没把握,不会解题 | 通关文牒-很会考 | 针对应试重点的考情分析,提示命题角度,建立知识点与考点的链接 |
| | 趁热答题 | 本书知识点下一般会设置经典真题,目的一是提示考查方向,二是提示考查重点,考生需掌握真题背后的知识点,而不是简单地做对这道题 |

备考不是一蹴而就的事情。既然决定了要考取中级会计师职称,就要有足够的耐心和毅力,不忘初心,过好复习的每一天。相信你一定能在2024年的中级会计职称考试中交上满意的答卷。

# 目 录

## 第一章 总论
- 2 第一节 法律体系
- 3 第二节 法律行为与代理
- 11 第三节 经济纠纷解决途径

## 第二章 公司法律制度
- 36 第一节 公司法律制度概述
- 38 第二节 公司的登记管理
- 40 第三节 有限责任公司
- 51 第四节 股份有限公司
- 59 第五节 公司董事、监事、高级管理人员的资格和义务
- 62 第六节 公司股票和公司债券
- 65 第七节 公司财务、会计
- 66 第八节 公司合并、分立、增资、减资
- 67 第九节 公司解散和清算

## 第三章 合伙企业法律制度
- 72 第一节 普通合伙企业
- 80 第二节 有限合伙企业
- 86 第三节 合伙企业的解散和清算

## 第四章 物权法律制度
- 90 第一节 物权法通则
- 98 第二节 所有权
- 102 第三节 用益物权
- 107 第四节 担保物权
- 119 第五节 占有

## 第五章　合同法律制度

- 123　第一节　合同法律制度概述
- 124　第二节　合同的订立
- 132　第三节　合同的效力
- 133　第四节　合同的履行
- 136　第五节　合同的保全
- 139　第六节　合同的变更和转让
- 142　第七节　合同的消灭
- 146　第八节　违约责任
- 148　第九节　主要合同

## 第六章　金融法律制度

- 166　第一节　票据法律制度
- 183　第二节　证券法律制度
- 196　第三节　保险法律制度
- 210　第四节　信托法律制度

## 第七章　财政法律制度

- 220　第一节　预算法律制度
- 227　第二节　国有资产管理法律制度
- 233　第三节　政府采购法律制度

# 第一章　总论

> 轻装上阵

### 考情驿站

本章属于非重点章节，难度低，但是内容比较琐碎，需要考生在学习过程中保持耐心。本章主要介绍法律体系、民法基础知识、诉讼与非诉讼程序法和行政程序法，其中了解民法基础知识对学习后续章节帮助较大。从历年真题来看，本章以客观题考查为主，几乎每个考点都会考查一道题，个别考点（如仲裁协议、诉讼管辖、诉讼时效期间的适用、行政复议管辖）会结合公司法或合同法律制度的主观题考查一问。近三年考试分值都在 10 分左右。

### 考点地图

### 2024 年本章主要变化

本章变动较大，对考试有较大影响，考生需关注新增和调整的部分，具体变动如下：
（1）对行政复议所涉内容进行了重新编写，考生需要对更新内容作重点关注；
（2）对民事诉讼回避制度的"回避人员"进行了调整。

## 考点速递

# 第一节 法律体系

### 考点1 法律体系及法律部门（★）

**（一）法律体系**

法律体系的内容和构成如下表所示：

| 项目 | 具体规定 | |
|---|---|---|
| 法律体系的内容 | 法律体系只包括现行有效的国内法，**不包括**历史上废止、已不再有效的法律，也**不包括**国际法 | |
| 社会主义法律体系的构成 | 7个法律部门 | 宪法及宪法相关法、民商法、行政法、经济法、社会法、刑法、诉讼与非诉讼程序法 |
| | 3个层次法律规范 | （1）法律；<br>（2）行政法规；<br>（3）地方性法规、自治条例和单行条例 |

**（二）法律部门**

| 法律部门 | 定义 |
|---|---|
| 宪法及宪法相关法 | 宪法是国家的根本法，具有最高的法律效力 |
| 民商法 | （1）民法调整"平等主体"之间的人身关系和财产关系；<br>（2）商法调整"平等主体"之间的商事关系 |
| 行政法 | 调整行政机关与行政管理相对人之间因行政管理活动而发生的社会关系 |
| 经济法 | 调整国家干预、管理、调控市场经济活动所产生的社会经济关系 |
| 社会法 | 调整劳动关系、社会保障、社会福利和特殊群体权益保障等方面的关系 |
| 刑法 | 规定犯罪与刑罚的法律规范的总和 |
| 诉讼与非诉讼程序法 | 调整因诉讼活动和非诉讼活动而产生的社会关系的法律规范的总和 |

## 第二节 法律行为与代理

### 考点 2 法律行为（★★★）

靶心考点精讲

**考频** 2023年单选题、判断题；2022年单选题、判断题；2021年单选题、多选题

#### （一）法律行为的分类

| 判断标准 | 分类 | 举例 |
| --- | --- | --- |
| 仅需一方意思表示还是需要多方意思表示 | 单方法律行为 | 委托代理的撤销、无权代理的追认 |
| | 多方法律行为 | 订立合同行为、设立公司的协议 |
| 一方当事人从对方当事人取得利益有无对价 | 有偿法律行为 | 买卖、租赁、承揽等合同 |
| | 无偿法律行为 | 赠与、无偿委托、借用 |
| 是否需要具备法律规定或当事人约定的形式 | 要式法律行为 | 融资租赁合同、建设工程合同、技术开发合同 |
| | 非要式法律行为 | 一般的买卖合同 |
| 法律行为之间的依存关系 | 主法律行为 | 借款合同 |
| | 从法律行为 | 担保合同 |
| 仅有意思表示即可成立还是需要交付标的物才能成立 | 诺成法律行为 | 保险合同 |
| | 实践法律行为 | 定金合同、保管合同、自然人借款合同 |

**通关文牒**

▶ 很会考 ▶

考生主要掌握要式法律行为和非要式法律行为、诺成法律行为和实践法律行为，记住典型的例子即可。

**趁热答题**

| 例 1-1·多选题（2021年） | 甲和乙签订标的额为 3 000 万元的建设工程合同，这个合同属于（　　）。

A. 单方法律行为　　　　　　　　B. 从法律行为
C. 要式法律行为　　　　　　　　D. 有偿法律行为

（解析）本题考查法律行为的分类。合同行为是典型的双方民事法律行为，选项A错误。从法律行为是指从属于其他法律行为而存在的法律行为，比如担保合同，而建设工程合同属于主法律行为，选项B错误。签订建设工程合同属于要式法律行为，且标的额为 3 000 万元，表明是有偿法律行为，选项CD正确。

答案　CD

## (二) 自然人的民事行为能力

自然人的民事行为能力可以按年龄或精神状态划分，详见下表所示：

| 类型 | 以年龄划分 | 以精神状态划分 |
| --- | --- | --- |
| **无**民事行为能力 | 不满8周岁（X<8周岁）的未成年人 | **不能辨认**自己行为的人 |
| **限制**民事行为能力 | 8周岁以上（8周岁≤X<18周岁）的未成年人 | **不能完全辨认**自己行为的成年人 |
| **完全**民事行为能力 | 一般：18周岁以上（X≥18周岁）的成年人 | — |
| | 特殊：16周岁以上不满18周岁（16周岁≤X<18周岁），**以自己劳动收入为主要生活来源**的人 | |

### 通关文牒

▶ 速提分 ▶

（1）划分自然人的民事行为能力的步骤：

第1步，看题目中有没有提到**精神状态**，如有提及则直接根据精神状态标准划分，可分为如下两类：

①**不能辨认**自己行为→无民事行为能力人；

②**不能完全辨认**自己行为→限制民事行为能力人。

第2步，如果题目中**没有提到精神状态**，则直接根据**年龄划分**，如下图所示：

```
                                以自己的劳动收入为主要
                                生活来源的，为完全民事
                                行为能力人；否则为限制
                                民事行为能力人（16周岁
  无民事行为能力人    限制民事行为能力人    以上未成年人）      完全民事行为能力人
    （<8周岁）       （≥8周岁以上未成年人）                   （成年人）
  ▲              ▲              ▲              ▲
  出生         8周岁          16周岁          18周岁         →
```

（2）只要不满8周岁，不管是否有能力赚钱，都是无民事行为能力人。

（3）"以上、以下"**包括**本数，"超过、不满"**不包括**本数。

（4）**法人**的民事行为能力，从法人**成立**时产生，到法人**终止**时消灭。

### 趁热答题

**| 例1-2·多选题（2019年）|** 根据《民法典》的规定，下列人员中，属于完全民事行为能力人的有（　　）。

A. 张某，20周岁，待业人员，不能完全辨认自己的行为

B. 刘某，16周岁，网店店主，以自己的劳动收入为全部生活来源

C. 李某，18周岁，大学生，学费和生活费由父母负担

D. 王某，7周岁，小学生，已参与拍摄电视剧两部，获酬3 000元

（解析）本题考查自然人的民事行为能力。选项A，不能完全辨认自己行为的成年人为限制民事行为能力人。选项B，16周岁以上的未成年人以自己的劳动收入为主要生活来源的，视为完全民事行为能力人。选项C，18周岁以上的成年人为完全民事行为能力人。选项D，不满8周岁的未成年

人为无民事行为能力人。因此，选项 BC 正确。

答案　BC

### (三) 无效的法律行为

1. 概念

无效的法律行为，是指对于当事人所追求的法律效果，自始、当然、确定不发生的法律行为。

2. 具体种类

根据《民法典》的规定，下列法律行为无效：

(1) 无民事行为能力人独立实施的法律行为；

(2) 当事人通谋虚假表示实施的法律行为；

(3) 恶意串通，损害他人合法权益的法律行为；

(4) 违反强制性规定或违背公序良俗的法律行为。

3. 法律后果

无效的法律行为从行为开始起就没有法律约束力，即自始无效。

### (四) 可撤销的法律行为

1. 概念

可撤销的法律行为，是指可因行为人行使撤销权请求法院或仲裁机关予以撤销而归于无效的法律行为。

2. 具体种类

对下列法律行为，一方有权请求人民法院或仲裁机关予以撤销：

(1) 行为人对行为内容有重大误解的；

(2) 受欺诈的；

(3) 受胁迫的；

(4) 乘人之危、显失公平的。

3. 法律后果

一经撤销，自始无效；未经撤销，效力不消灭。

#### 通关文牒

▶ 速提分 ▶

"无效民事行为、可撤销民事行为与效力待定民事行为"属于高频考点，几乎每年必考，要注意区分具体类型和效力。民事法律行为分类如下表所示：

| 类型 | 具体情形 | 效力 |
| --- | --- | --- |
| 有效 | (1) 限制民事行为能力人独立实施与其年龄、智力或精神状况相适应的；<br>(2) 限制民事行为能力人纯获益的；<br>(3) 表见代理 | 有效 |
| 无效 | (1) 无民事行为能力人独立实施的；<br>(2) 通谋虚假表示；<br>(3) 恶意串通；<br>(4) 违法或违背公序良俗 | 自始无效 |

续表

| 类型 | 具体情形 | 效力 |
| --- | --- | --- |
| 可撤销 | (1) 欺诈；<br>(2) 胁迫；<br>(3) 重大误解；<br>(4) 显失公平 | 一经撤销，自始无效；未经撤销，效力不消灭 |
| 效力待定 | (1) 限制民事行为能力人独立实施的与其年龄、智力或精神状况不相适应的；<br>(2) 无权代理（表见代理除外）；<br>(3) 滥用代理权（自己代理、双方代理） | (1) 权利人同意或追认，则有效；<br>(2) 权利人拒绝追认或善意相对人行使撤销权，则无效 |

### 趁热答题

**【例1-3·单选题（2022年）】** 甲乙双方在2022年3月31日签订合同，2022年4月30日发现有重大误解，撤销权人向人民法院主张撤销的最后期限是（    ）。

A. 2022年6月29日　　　　　　　　　B. 2023年4月30日

C. 2023年3月31日　　　　　　　　　D. 2022年7月29日

【解析】本题考查可撤销的法律行为。重大误解的当事人自知道或者应当知道撤销事由之日起90日内没有行使撤销权的，撤销权消灭。即从2022年4月30日发现之日起，至2022年7月29日止可行使撤销权。因此，选项D正确。

【答案】D

**【例1-4·单选题（2019年）】** 王某13周岁生日时，爷爷送其价值1万元的电脑一台，奶奶送其价值50元的棒球帽一顶。同年某天，王某未事先征得法定代理人的同意，将其电脑与棒球帽分别赠送给同班同学。下列关于王某行为效力的表述中，正确的是（    ）。

A. 赠送棒球帽的行为效力待定　　　　B. 受赠棒球帽的行为有效

C. 赠送电脑的行为无效　　　　　　　D. 受赠电脑的行为效力待定

【解析】本题考查法律行为的效力。限制民事行为能力人独立实施纯获利或者与其年龄、智力、精神健康状况相适应的民事法律行为，直接有效；限制民事行为能力人独立实施的超出自己的行为能力范围的民事法律行为，效力待定。本题中，王某13岁，为限制民事行为能力人，其受赠电脑和棒球帽为纯获利的行为，直接有效，选项B正确，选项D错误。王某赠送电脑的行为已经超出了他的行为能力范围，因为电脑的金额（1万元）足够大，和一个13岁儿童的年龄、智力状况不相适应，因此，赠与电脑的行为属于效力待定的行为，选项C错误。王某赠送棒球帽的行为和他的年龄、智力状况相适应（金额小），因此，赠送棒球帽的行为直接有效，选项A错误。

【答案】B

### （五）附条件和附期限的法律行为

1. 条件和期限的区别

（1）条件：或成就（发生）或不成就（不发生）。

【提示】附条件的民事法律行为，当事人恶意促使条件成就的，应当认定条件没有成就；当事人恶意阻止条件成就的，应当认定条件已经成就。

(2) 期限：一定会到来。

【提示】所附的期限可以是未来一个确定的日期，也可以是一个不确定的日期。

2. 附条件与附期限法律行为的生效与失效

(1) 附生效条件的法律行为，自**条件成就时**生效。附解除条件的法律行为，自条件成就时失效。

(2) 附生效期限的法律行为，自**期限届至时**生效。附终止期限的法律行为，自期限届满时失效。

### 通关文牒

▶ 很好懂 ▶

附条件和附期限的法律行为的区别：**条件**有**可能发生**，有**可能不发生**，而**期限一定会到来**。考生可以通过以下例子，对二者加以区分。

**举例**

(1) "明天如果下雨，我就送你一把伞"→因为明天是否下雨是个未知数，所以这属于**附条件**的法律行为；

(2) "下次下雨，我就送你一把伞"→因为下次下雨终会到来，所以这属于**附期限**的法律行为。

### 趁热答题

**│例1-5·单选题（2021年）│** 下列法律行为中，属于附条件的法律行为的是（　　）。

A. 钱某承诺如果郑某考上研究生，则赠与郑某一部手机
B. 孙某承诺在其去世后将生前收藏的一幅名画赠与张某
C. 赵某和王某订立赠与合同，约定合同自签订之日起两个月后生效
D. 李某承诺2021年10月1日赠与周某一台电脑

**解析** 本题考查附条件和附期限的法律行为。所附的条件可能成就，也可能不成就（条件不一定成就）；所附期限必然会到来。选项A，考上研究生这件事可能成就也可能不成就，属于附条件的法律行为。选项B，孙某去世这件事一定会发生，属于附期限的法律行为。选项C，两个月一定会到来，属于附期限的法律行为。选项D，2021年10月1日这一天一定会到来，属于附期限的法律行为。因此，选项A正确。

**答案** A

## 考点3　代理（★★）

**考频** 2023年多选题；2022年多选题、判断题；2021年单选题、判断题

### (一) 代理的特征、适用范围和种类

1. 特征

(1) 以**被代理人**的名义实施法律行为；
(2) 代理人在代理权限内**独立**向相对人进行意思表示；
(3) 法律后果直接归属于**被代理人**。

【提示】行纪、寄售、传递信息、中介行为**不属于代理行为**。

2. 适用范围

依照法律规定或按照当事人约定或者民事法律行为的性质，应当由本人实施的民事法律行为，不得代理，如人身关系（订立**遗嘱**、**婚姻登记**、**收养子女**等）；本人未亲自实施的，应当认定行为无效。

3. 种类

（1）委托代理：**书面**或者**口头**均可。

（2）法定代理：无民事行为能力人、限制民事行为能力人的监护人是其法定代理人。

▶ 很好懂 ◀

代理的特征及三方关系如下图所示：

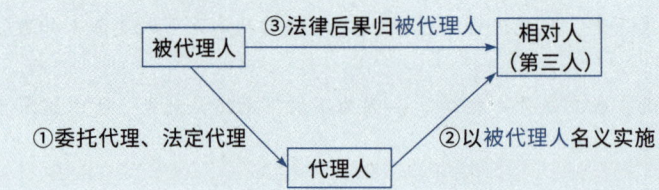

▶ 很会考 ◀

"代理的适用范围"属于客观题高频考点，可牢记**不**适用情形（订立遗嘱、婚姻登记、收养子女等），然后通过排除法做题。

**例1-6·多选题（2022年）** 下列法律行为中，可以通过代理实施的有（　　）。

A. 签订抵押合同　　　　　　　　B. 办理房屋所有权变更登记

C. 订立遗嘱　　　　　　　　　　D. 签订收养协议

【解析】本题考查代理的适用范围。代理适用于民事主体之间设立、变更和终止权利义务的法律行为。依照法律规定、当事人约定或者民事法律行为的性质，应当由本人实施的民事法律行为，不得代理，如订立遗嘱（选项C）、婚姻登记、收养子女（选项D）等；本人未亲自实施的，应当认定行为无效。因此，选项AB正确。

【答案】AB

### （二）转委托代理

1. 概述

转委托代理，又称复代理，是指代理人为了实施其代理权限内的行为，而以**自己的名义**为**被代理人**选任代理人的代理。

2. 特征

（1）以本代理的存在为前提；

（2）转委托的第三人是原代理人以**自己**的名义选任的代理人；

（3）转委托的第三人行使的代理权是**原代理人**的代理权；

（4）转委托的第三人是**被代理人**的代理人，而不是代理人的代理人。

3. 允许转委托代理的情形

（1）被代理人**允许**，包括事先同意和事后追认；

（2）出现**紧急情况**，如急病、通讯联络中断、疫情防控等特殊情况。

4. 效果

（1）**经被代理人同意**或者追认：被代理人可**直接指示**转委托的第三人，代理人仅就第三人的**选任**以及**对第三人的指示**承担责任。

（2）**未经被代理人同意**或者追认：代理人应当对转委托的**第三人的行为**承担责任（紧急情况下，为维护被代理人利益而转委托的除外）。

### （三）滥用代理权 VS 无权代理

滥用代理权与无权代理的详细对比如下表所示：

| 项目 | 滥用代理权 | 无权代理 |
| --- | --- | --- |
| 种类 | （1）自己代理（**效力待定**）；<br>（2）双方代理（**效力待定**）；<br>（3）恶意串通（**无效**） | （1）表见代理（**有效**，由**被代理人**承担）。<br>（2）狭义的无权代理：<br>①没有代理权；　　　　　**效力待定**（被代理人<br>②超越代理权；　　　　　**追认后有效**）<br>③代理权终止后实施的代理 |
| 详细说明 | — | 代理人无权代理，但相对人有理由相信代理人有代理权的，构成表见代理 |
| 责任 | （1）代理人和相对人**恶意串通**，损害被代理人的利益的，代理人和相对人负**连带责任**；<br>（2）代理人知道或者应当知道代理事项**违法**仍然实施代理行为的，被代理人和代理人负**连带责任**；<br>（3）被代理人知道或应当知道代理人的代理行为违法**未作反对表示的**，被代理人和代理人负**连带责任** | （1）行为人实施的行为**未被追认**，善意相对人有权请求行为人履行债务或赔偿，赔偿的范围**不得超过**被代理人追认时相对人所能获得的利益；<br>（2）相对人**知道**行为人无权代理还与行为人实施法律行为给他人造成损害，由**相对人**与**行为人按各自过错**承担责任 |

### 通关文牒

▶ 很好懂 ▶

**举例** 甲公司的采购业务员王某，经常拿着已盖章的空白合同去跟客户乙签订采购合同。现在王某已离职，但其手上仍有已盖章的空白合同，而客户乙不知情。王某再拿着**已盖章的空白合同**找客户乙。客户乙因该合同而相信王某有代理权，构成**表见代理**，所以王某的该项代理行为**有效**。

▶ 速提分 ▶

表见代理属于高频考点,建议考生反复阅读相关内容。相关总结如下表所示:

| 项目 | 具体规定 |
| --- | --- |
| 条件 | 无权代理人实施代理行为,相对人有理由相信其有代理权 |
| 考题常用理由 | 被代理人将某种有代理权的证明文件(如盖有公章的空白合同)交给他人 |
| 法律后果 | 由被代理人承担 |

**趁热答题**

**例1-7·多选题(2020年)** 李某与甲公司解除代理关系后,持甲公司未收回的盖有甲公司公章的空白合同,代理甲公司与善意的乙公司签订了供货合同,下列关于李某代理行为的表述中,正确的有( )。

A. 属于无权代理
B. 属于有权代理
C. 代理行为有效
D. 代理行为无效

(解析)本题考查表见代理。选项AB,在代理权终止后实施的代理属于无权代理。选项CD,行为人没有代理权、超越代理权或者代理权终止后,仍然实施代理行为,相对人有理由相信行为人有代理权的,构成表见代理,代理行为有效。被代理人将某种有代理权的证明文件(如盖有公章的空白合同)交给他人,而他人以该种文件使第三人相信其有代理权并与之进行法律行为,即为相对人有理由相信行为人有代理权。

(答案) AC

### (四)代理关系的终止

对法定代理终止情形和委托代理终止情形,可以从代理人、被代理人、代理事项三个角度区分。从代理人的角度来看,两种代理终止情形(代理人死亡、丧失民事行为能力)是相同的。因此,主要区分点在于被代理人和代理事项,具体总结如下表所示:

| 代理类型 | 终止事由 |
| --- | --- |
| 委托代理 | (1)代理期间届满或者代理事务完成;<br>(2)被代理人取消委托或者代理人辞去委托;<br>(3)代理人或者被代理人死亡;<br>(4)代理人丧失民事行为能力;<br>(5)作为代理人或被代理人的法人、非法人组织终止。 |
| 法定代理 | (1)被代理人取得或恢复民事行为能力(如"无人变完人");<br>(2)代理人或者被代理人死亡;<br>(3)代理人丧失民事行为能力;<br>(4)法律规定的其他情形。 |

委托代理中的被代理人死亡后,有下列情形之一的,委托代理人实施的代理行为有效:

(1)代理人不知道并且不应当知道被代理人死亡;
(2)被代理人的继承人予以承认;
(3)授权中明确代理权在代理事务完成时终止;

(4) 被代理人死亡前已经实施，为了被代理人的继承人的利益继续代理。

### 通关文牒

▶ 速提分 ▶

关于法定代理和委托代理的终止事由，请注意以下四种易混情形：
(1) "代理人死亡及丧失民事行为能力"→委托代理、法定代理终止；
(2) "被代理人丧失民事行为能力"→委托代理、法定代理不终止；
(3) "被代理人死亡"→委托代理不一定终止，法定代理终止；
(4) "被代理人恢复行为能力"→委托代理不终止，法定代理终止。

### 趁热答题

| 例 1-8 · 多选题（2023 年） | 根据民事法律制度的规定，下列情形中，属于委托代理终止的法定情形有（　　）。

A. 代理期间届满　　　　　　　　B. 代理人死亡
C. 被代理人丧失民事行为能力　　D. 被代理人取消委托

解析　本题考查委托代理终止的法定情形。委托代理终止的法定情形有：
(1) 代理期间届满（选项 A）或者代理事务完成；
(2) 被代理人取消委托（选项 D）或者代理人辞去委托；
(3) 代理人或者被代理人死亡（选项 B）；
(4) 代理人丧失民事行为能力；
(5) 作为代理人或者被代理人的法人终止委托。
因此，选项 ABD 正确。

答案　ABD

## 第三节　经济纠纷解决途径

### 考点 4　仲裁（★★）

考频　2023 年单选题、多选题、综合题；2022 年单选题、多选题、判断题；2021 年多选题

**(一) 仲裁的适用范围和原则**

1. 可以仲裁的范围
平等主体的公民、法人和其他组织之间发生的合同纠纷和其他财产纠纷。
2. 不能仲裁的范围
(1) 与人身有关的婚姻、收养、监护、扶养、继承纠纷；
(2) 行政争议（不平等主体）；
(3) 劳动争议、农业承包合同纠纷（适用其他法申请仲裁）。

**(二) 仲裁的基本原则**

根据仲裁法律制度的规定，仲裁应遵循的基本原则如下表所示：

| 基本原则 | 具体规定 |
| --- | --- |
| 自愿 | 双方自愿达成仲裁协议，没有仲裁协议，一方申请仲裁的，仲裁委员会不予受理 |
| 公平合理 | 在适用法律时，无明文规定的，按照法律的基本精神和公平合理原则处理 |
| 独立仲裁 | 仲裁组织属于民间组织，不按行政区划层层设立，不隶属于任何国家机关，仲裁依法独立进行，不受任何行政机关、社会团体和个人的干涉，仲裁机构间也没有隶属关系 |
| 一裁终局 | 除非裁决被依法撤销（不予执行），否则就同一纠纷不得再申请仲裁或向法院起诉 |

▶ 很会考 ▶

"仲裁的适用范围"属于客观题高频考点，可牢记不适用的情形（婚姻、收养、监护、扶养、继承纠纷、行政争议、劳动争议、农业承包合同纠纷），然后通过排除法做题。

**例 1-9 · 单选题（2022 年）** 下列纠纷中，可以适用《仲裁法》的是（　　）。

A. 赵某与钱某之间的监护纠纷　　B. 李其与其所任职甲公司的劳动合同纠纷
C. 孙某与吴某之间的收养纠纷　　D. 周某与郑某之间的担保合同纠纷

【解析】本题考查仲裁的适用范围。平等主体的公民、法人和其他组织之间发生的合同纠纷和其他财产权益纠纷，可以仲裁。与人身有关的婚姻、收养（选项C）、监护（选项A）、扶养、继承纠纷，不能进行仲裁。劳动争议（选项B）和农业集体经济组织内部的农业承包合同不同于一般的经济纠纷，适用专门的规定。因此，选项D正确。

【答案】D

### （三）仲裁机构（仲裁委员会）

1. 设立

仲裁委员会可以在直辖市和省、自治区人民政府所在地的市设立，也可以根据需要在其他设区的市设立，不按行政区划层层设立。

2. 登记

仲裁委员会的设立应当经省、自治区、直辖市的司法行政部门登记。

3. 隶属关系（独立性）

（1）仲裁委员会独立于行政机关，与行政机关没有隶属关系；
（2）仲裁委员会之间也没有隶属关系。

### （四）仲裁协议

1. 仲裁协议的内容

（1）请求仲裁的意思表示；
（2）仲裁事项；
（3）选定的仲裁委员会。

【提示】仲裁协议对仲裁事项或仲裁委员会没有约定或者约定不明确的，当事人可以补充协议；达不成补充协议的，仲裁协议无效。

2. 仲裁协议的效力

(1) 仲裁协议独立存在，合同的变更、解除、终止或者无效，不影响仲裁协议的效力；

(2) 有效的仲裁协议可以排除法院的管辖权；

(3) 双方签订有效仲裁协议，一方向法院起诉，另一方在首次开庭前未对法院受理该案提出异议的，视为放弃仲裁协议，人民法院应当继续审理。

3. 当事人对仲裁协议的效力有异议的处理方法

当事人对仲裁协议的效力有异议的，应当在仲裁庭首次开庭前请求仲裁委员会作出决定，或请求人民法院作出裁定。一方请求仲裁委员会作出决定，另一方请求人民法院作出裁定的，由人民法院裁定。

4. 仲裁协议无效的情形

(1) 约定的仲裁事项超过法律规定的仲裁范围；

(2) 无民事行为能力人或者限制民事行为能力人订立的仲裁协议；

(3) 一方采取胁迫手段，迫使对方订立的仲裁协议；

(4) 仲裁协议对仲裁事项或仲裁委员会没有约定或者约定不明确且未达成补充协议。

▶ 很好懂 ▶

仲裁协议对纠纷解决途径的影响如下图所示：

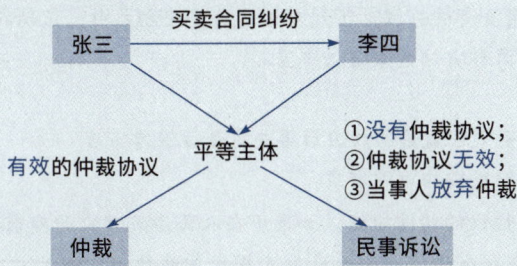

▶ 很会考 ▶

在考试中，仲裁协议以客观题考查为主，但有时也会结合公司法或合同法律制度的主观题考查一问。考生应重点关注"仲裁协议的效力"，该内容的考查偏重记忆，考生需要在考前进行背记，具体总结如下表所示：

| 项目 | 具体规定 |
|---|---|
| 独立性 | 合同的变更、解除、终止或无效，不影响仲裁协议的效力（可考主观题） |
| 排除诉讼管辖权 | (1) 首次开庭前提交仲裁协议的，人民法院应当驳回起诉；<br>(2) 首次开庭前未提交仲裁协议的，视为放弃仲裁协议，人民法院继续审理（可考主观题） |
| 效力异议 | 对效力有异议的，应当在仲裁庭首次开庭前提出，一方请求仲裁委员会作出决定，另一方请求人民法院作出裁定的，由人民法院裁定 |
| 无效情形 | (1) 仲裁事项超过仲裁范围；（超范围）<br>(2) 无或限制民事行为能力人订立的；（人不符）<br>(3) 胁迫订立的；（方式不对）<br>(4) 对仲裁事项或仲裁委员会没有约定或约定不明确且未达成补充协议的（内容不全） |

## 趁热答题

**| 例 1-10 · 多选题（2023 年）|** 根据仲裁法律制度的规定，下列仲裁协议中，无效的有（　　）。

A. 赵某与钱某在合同中约定了有效的仲裁条款，因纠纷赵某行使设定的解除权解除了该合同
B. 刘某与 15 周岁的吴某因买卖合同纠纷订立的仲裁协议
C. 郑某采取胁迫手段，迫使王某与其订立的仲裁协议
D. 孙某与李某因继承纠纷订立的仲裁协议

**（解析）** 本题考查属于无效仲裁协议的事项。有下列情形之一的，仲裁协议无效：
（1）约定的仲裁事项超过法律规定的仲裁范围的，与人身有关的婚姻、收养、监护、扶养、继承纠纷，不能进行仲裁（选项 D）；
（2）无民事行为能力人或限制民事行为能力人订立的仲裁协议（选项 B）；
（3）一方采取胁迫手段，迫使对方订立仲裁协议的（选项 C）。

此外，仲裁协议对仲裁事项或仲裁委员会没有约定或者约定不明确的，当事人可以补充协议；达不成补充协议的，仲裁协议无效。因此，选项 BCD 正确。

**（答案）** BCD

**| 例 1-11 · 单选题（2023 年）|** 甲乙签订的买卖合同中订有有效的仲裁条款，后因合同履行发生纠纷，乙未声明有仲裁条款而向法院起诉，法院受理了该案。首次开庭后，甲提出应依合同中的仲裁条款解决纠纷，法院对该案没有管辖权。下列对该案的处理方式中，正确的是（　　）。

A. 法院与仲裁机构协商解决该案管辖权事宜
B. 法院继续审理该案
C. 法院中止审理，待确定仲裁条款效力后再决定是否继续审理
D. 法院终止审理，由仲裁机构审理该案

**（解析）** 本题考查仲裁协议的特殊规定。如果甲在人民法院首次开庭前提交仲裁协议，人民法院应驳回乙的起诉；如果甲在人民法院首次开庭后才提交仲裁协议，视为放弃仲裁协议，人民法院应当继续审理。所以本题法院应继续审理该案，故选项 B 正确。

**（答案）** B

### （五）仲裁程序

**1. 仲裁庭的组成**

仲裁庭分为由 1 名仲裁员成立的独任仲裁庭和由 3 名仲裁员组成的合议仲裁庭。由 3 名仲裁员组成的合议仲裁庭，设首席仲裁员。

**2. 仲裁裁决**

（1）裁决应按多数仲裁员的意见作出；
（2）仲裁庭不能形成多数意见时，裁决应当按首席仲裁员的意见作出；
（3）裁决书自作出之日起发生法律效力。（调解书经双方当事人签收后生效）

【提示】仲裁应当开庭进行；一般不公开进行；执行回避制度；可以和解、调解。

### （六）仲裁效力

当事人提出证据证明裁决有依法应撤销情形的，可在**收到裁决书 6 个月内**，向仲裁委员会所在地的**中级人民法院申请撤销裁决**。

撤销仲裁裁决的法定情形有：

(1) **没有仲裁协议**的；
(2) 裁决的事项**不属于仲裁协议的范围**或者仲裁委员会**无权仲裁**的；
(3) 仲裁庭的组成或者仲裁的程序**违反法定程序**的；
(4) 裁决所根据的证据是**伪造**的；
(5) 对方当事人**隐瞒**了足以影响公正裁决的证据的；
(6) 仲裁员在仲裁该案时有**索贿受贿**、**徇私舞弊**、**枉法裁决**行为的。

### 趁热答题

**| 例题 1-12·单选题（2023 年） |** 根据仲裁法律制度的规定，下列关于仲裁裁决的表述，正确的是（　　）。

A. 多数仲裁员与首席仲裁员意见不一致时，裁决应当按首席仲裁员的意见作出
B. 仲裁开庭审理后，当事人不得自行和解
C. 裁决书自双方当事人签收后发生法律效力
D. 仲裁庭在作出裁决前可以先行调解

**解析** 本题考查仲裁程序。裁决应按多数仲裁员的意见作出，仲裁庭不能形成多数意见时，裁决应当按首席仲裁员的意见作出，选项 A 错误。申请仲裁后，当事人可以自行和解，选项 B 错误。裁决书自作出之日起发生法律效力，选项 C 错误。仲裁庭在作出裁决前，可以先行调解，当事人自愿调解的，仲裁庭应当调解，选项 D 正确。

**答案** D

靶心考点精讲

## 考点 5　民事诉讼（★★）

**考频**：2023 年单选题、多选题、判断题、综合题；2022 年单选题、多选题、判断题；2021 年单选题、多选题、判断题

### （一）适用范围和基本制度

| 项目 | | 具体规定 |
|---|---|---|
| 适用范围 | | 平等主体之间因**财产**、**人身关系**发生纠纷 |
| 基本制度 | 合议制度 | **由 3 名以上审判人员组成审判组织** |
| | 回避制度 | **审判人员、法官助理、书记员、司法技术人员、翻译人员、鉴定人、勘验人**有下列情形之一的，应当自行回避：<br>(1) 是本案当事人或者当事人、诉讼代理人近亲属的；<br>(2) 与本案有利害关系的；<br>(3) 与本案当事人、诉讼代理人有其他关系，可能影响对案件公正审理的。<br>【提示】证人**不适用回避制度** |
| | 公开审判 | (1) 依法不公开：涉及**国家秘密**、**个人隐私**或者法律另有规定的。<br>(2) 申请不公开：**离婚案件**、**涉及商业秘密**的案件。<br>【提示】无论审判过程是否公开，**审判结果一律公开** |
| | 两审终审 | (1) 二审人民法院的判决、裁定是终审的判决、裁定。对终审判决、裁定，当事人不得上诉，只能申请再审（审判监督程序）。<br>(2) 例外情形：<br>①适用**特别程序**、**督促程序**、**公示催告程序**和简易程序中的小额诉讼程序审理的案件，实行一审终审；<br>②**最高人民法院所作的一审判决、裁定**，为终审判决、裁定 |

### 趁热答题

**| 例 1-13·判断题（2019 年）|** 涉及商业秘密的诉讼案件，一律不公开审理。（　）

**解析** 本题考查民事诉讼公开审判制度。离婚案件、涉及商业秘密的案件，当事人申请不公开审理的，可以不公开审理。

**答案** ×

### （二）地域管辖

地域管辖，是指确定同级人民法院之间在各自管辖的地域内审理第一审经济案件的分工和权限。它又分为一般地域管辖和特殊地域管辖。详细内容如下表所示：

| 类型 | | 具体法院规定 |
|---|---|---|
| 一般地域管辖 | 原告就被告 | |
| 特殊地域管辖 | ①合同纠纷 | 被告住所地或合同履行地 |
| | ②保险合同纠纷 | 被告住所地或保险标的物所在地。<br>【提示】保险标的物所在地界定：<br>①财产保险合同：运输工具登记注册地、运输目的地、保险事故发生地。<br>②人身保险合同：被保险人住所地 |
| | ③票据纠纷 | 被告住所地或票据支付地（非出票地） |
| | ④公司设立、确认股东资格、分配利润、解散等纠纷 | 公司住所地 |
| | ⑤铁路、公路、水上、航空运输和联合运输合同纠纷 | 运输始发地、目的地或被告住所地 |
| | ⑥侵权纠纷 | 侵权行为地或被告住所地 |
| | ⑦因铁路、公路、水上和航空事故请求损害赔偿 | 事故发生地或车辆、船舶最先到达地，航空器最先降落地或被告住所地 |
| | ⑧因船舶碰撞或其他海事损害事故请求损害赔偿 | 碰撞发生地、碰撞船舶最先到达地、加害船舶被扣留地或者被告住所地 |
| | ⑨海难救助费用 | 救助地或者被救助船舶最先到达地 |
| | ⑩共同海损 | 船舶最先到达地、共同海损理算地或者航程终止地 |
| 专属管辖 | 不动产纠纷 | 不动产所在地 |
| | 港口作业纠纷 | 港口所在地 |
| | 继承遗产纠纷 | 被继承人死亡时住所地或者主要遗产所在地 |
| 协议管辖 | 合同纠纷以及因物权、知识产权中的财产权而产生的民事纠纷可以协议管辖 | |
| 共同管辖和选择管辖 | 两个以上人民法院都有管辖权（共同管辖）的诉讼，原告可以向其中一个人民法院起诉（选择管辖）；原告向两个以上有管辖权的人民法院起诉的，由最先立案的人民法院管辖 | |

## 通关文牒

▶ 很会考 ▶

在考试中,民事诉讼地域管辖以客观题考查为主,有时也会结合公司法或合同法律制度的主观题考查一问。考生需重点关注"特殊地域管辖""专属管辖"。建议考生在考前进行背记,并注意对细节的把握。针对特殊地域管辖,多数情况下不排除一般地域管辖,但要注意,公司纠纷仅由公司住所地人民法院管辖。

## 趁热答题

**例 1-14·多选题(2023 年)** 甲运输公司因货物在运输中发生事故造成毁损,与乙保险公司发生财产保险合同纠纷,双方在合同中未约定管辖法院,甲运输公司提起诉讼。下列人民法院中,对该诉讼有管辖权的有( )。

A. 货物运输目的地法院
B. 甲运输公司住所地法院
C. 乙保险公司住所地法院
D. 保险事故发生地法院

**解析** 本题考查民事诉讼的地域管辖。因保险合同纠纷提起的诉讼,由被告住所地(选项 C)或者保险标的物所在地的人民法院管辖。因财产保险合同纠纷提起的诉讼,如果保险标的物是运输工具或者运输中的货物,可以由运输工具登记注册地、运输目的地(选项 A)、保险事故发生地(选项 D)人民法院管辖。因此,选项 ACD 正确。

**答案** ACD

### (三)审判程序

审判程序包括第一审程序、第二审程序、审判监督程序等。

1. 第一审程序

(1)普通程序。

①起诉必须符合下列条件:

a. 原告是与本案有直接利害关系的公民、法人和其他组织;

b. 有**明确的**被告;

c. 有具体的诉讼请求和事实、理由;

d. 属于人民法院受理民事诉讼的范围和受诉人民法院管辖。

②受理:

人民法院接到起诉状或者口头起诉后,经审查认为符合起诉条件的,应当在 **7 日内**立案,并通知当事人。

③审理公开与否:

除涉及**国家秘密**、**个人隐私**或法律规定的其他情形,应当公开审理;**离婚案件**、涉及**商业秘密**的案件,当事人申请不公开审理的,可以不公开审理。

(2)简易程序。

①除下列情形外,都可适用简易程序:

a. 起诉时被告**下落不明**的;

b. 发回**重审**的;

c. 共同诉讼中一方或者双方当事人**人数众多**的；
d. 适用特别程序、审判监督程序、督促程序、公示催告程序和企业法人破产还债程序的；
e. 人民法院认为不宜适用简易程序进行审理的。
②程序转换：
案情复杂的，可从简易程序转为普通程序审理。转为普通程序审理的，**审理期限自立案之日计算**。普通程序在开庭后不得转为简易程序审理。

【记忆技巧】简易→普通（√）；**普通→简易**(×)。

(3) 简易小额诉讼程序。
①标的额：
应当适用：标的额≤上年度就业人员平均工资的**50%**。
约定适用：上年度就业人员平均工资的**50%**<标的额≤上年度就业人员平均工资的**2倍**。
②**不适用**简易小额诉讼程序的案件有：
a. **人身关系**、**财产确权**案件；
b. **涉外**案件；
c. 需要**评估**、**鉴定**或者对诉前评估、鉴定结果有异议的案件；
d. 一方当事人**下落不明**的案件；
e. 当事人提出**反诉**的案件；
f. 其他不宜适用小额诉讼的程序审理的案件。

### 趁热答题

|例1-15·多选题（2022年）| 下列关于民事诉讼简易程序的说法中，正确的有（　　）。

A. 已经按照普通程序审理的案件可转为简易程序
B. 经双方当事人同意，可以采用视听传输技术方式开庭
C. 发回重审的案件不适用简易程序
D. 可以采取捎口信的方式通知证人

（解析）本题考查民事诉讼简易程序。已经按照普通程序审理的案件，在开庭后**不得**转为简易程序审理，选项A错误。

（答案）BCD

2. 第二审程序

第二审程序，又称上诉程序，是指上级人民法院审理当事人不服第一审人民法院尚未生效的判决和裁定而提起的上诉案件所适用的程序。详细内容如下表所示：

| 项目 | 具体规定 |
| --- | --- |
| 适用情形 | (1) 第二审人民法院的判决、裁定是终审的判决、裁定（**不得上诉**）；<br>(2) 当事人对**重审案件**的判决、裁定**可以上诉** |
| 上诉期限 | (1) **判决书**送达之日起**15日**内提起上诉；<br>(2) **裁定书**送达之日起**10日**内提起上诉 |

续表

| 项目 | 具体规定 |
| --- | --- |
| 上诉案件处理 | （1）原判决、裁定认定事实清楚，适用法律正确的，以判决、裁定方式驳回上诉，维持原判决、裁定；<br>（2）原判决、裁定认定事实错误或者适用法律错误的，以判决、裁定方式依法改判、撤销或者变更；<br>（3）原判决认定基本事实不清的，裁定撤销原判决，发回原审人民法院重审，或者查清事实后改判；<br>（4）原判决遗漏当事人或者违法缺席判决等严重违反法定程序的，裁定撤销原判决，发回原审人民法院重审 |

3. 审判监督程序（再审）

（1）再审程序，是指有审判监督权的人员和机关，发现已经发生法律效力的判决、裁定确有错误的，依法提出对原案重新进行审理的一种特别程序。

（2）当事人对已经发生法律效力的判决、裁定，认为有错误的，可以向上一级人民法院申请再审；当事人一方人数众多或者当事人双方为公民的案件，也可以向原审人民法院申请再审。当事人申请再审的，不停止判决、裁定的执行。

（3）当事人申请再审，有下列情形之一的，人民法院不予受理：

①再审申请被驳回后提出申请；

②对再审判决、裁定提出申请；

③在人民检察院对当事人的申请作出不予提出再审检察建议后又提出申请。

**（四）法院调解**

1. 不得调解的案件

特别程序、督促程序、公示催告程序的案件，婚姻等身份关系确认案件以及其他根据案件性质不能调解的案件，不得调解。

2. 调解书生效

调解书经双方当事人签收后，即具有法律效力。

3. 调解书生效后的法律效力

（1）诉讼结束，当事人不得以同一事实和理由再行起诉；

（2）该案的诉讼法律关系消灭；

（3）对调解书不得上诉；

（4）当事人在诉讼中的实体权利义务争议消灭；

（5）具有给付内容的调解书具有强制执行效力。

**（五）执行程序**

1. 生效判决的履行

对发生法律效力的判决、裁定、调解书和其他应由人民法院执行的法律文书，当事人必须履行。一方拒绝履行的，对方当事人可以向人民法院申请执行。

2. 申请执行的期间

申请执行的期间为2年，适用法律有关诉讼时效中止、中断的规定。

| 例1-16·单选题（2023年） | 根据民事诉讼法律制度的规定，关于法院调解，下列表述正确的是（　　）。

A. 调解书自作出之日起生效
B. 具有给付内容的调解书具有强制执行力
C. 对调解书不服的，可以提起上诉
D. 适用再审程序审理的民事案件不能调解

解析　本题考查民事诉讼的审判程序。调解书经双方当事人签收后，即具有法律效力，选项A错误。具有给付内容的调解书具有强制执行力，选项B正确。对调解书不服的，不得上诉，选项C错误。适用一审程序、二审程序与再审程序审理的民事案件，法院根据当事人自愿的原则，在事实清楚的基础上，分清是非，进行调解，选项D错误。因此，选项B正确。

答案　B

### （六）诉讼时效

1. 诉讼时效的适用对象

诉讼时效主要适用于请求权。所谓请求权，是指权利人请求特定人为或不为特定行为的权利。但下列请求权不适用诉讼时效的规定：

（1）支付**存款**本金及利息请求权；
（2）兑付**国债**、**金融债券**以及向不特定对象发行的企业债券本息请求权；
（3）基于投资关系产生的**缴付出资**请求权；
（4）请求**停止侵害**、**排除妨碍**、**消除危险**；
（5）不动产物权和**登记**的动产物权的权利人请求**返还财产**；
（6）请求支付**抚养费**、**赡养费**或者扶养费；
（7）依法不适用诉讼时效的其他请求权。

2. 诉讼时效期间的种类与起算

诉讼时效可以分为普通诉讼时效和长期诉讼时效，两者的主要差异如下表所示：

| 种类 | 期限 | 起算时间 | 备注 |
| --- | --- | --- | --- |
| 普通诉讼时效（主观） | **3年** | 从权利人**知道或应当知道**权利被侵害和义务人时起计算 | 可变期间，可以中止、中断 |
| 长期诉讼时效（客观） | **20年** | 从**权利被侵害之日**起计算 | 不发生中止、中断，但可以延长 |

【提示】

（1）特殊时效期间：
①海上货物运输向承运人要求赔偿的请求权、海上拖航合同的请求权、有关共同海损分摊的请求权的诉讼时效为**1年**；
②人寿保险的保险金请求权的诉讼时效为**5年**。

（2）法律对于普通诉讼时效期间的起算存在如下特殊规定：
①债务分期履行的，自**最后一期**履行期限届满之日起算；
②无民事行为能力人或**限制**民事行为能力人对其法定代理人的请求权，自该法定代理终止之日起算；
③**未成年人**受到性侵害的损害赔偿请求权，自受害人**年满18周岁之日**起算。

## 通关文牒

▶ 很好懂 ▶

**举例** 王某于 2004 年 7 月 1 日在医院进行了整容手术。2021 年 7 月 10 日，王某的鼻子开始流脓，2021 年 8 月 1 日，经鉴定流脓与当年的手术有关，王某向法院提起诉讼。主张其民事权利的法定期间是什么？

**解析** 普通诉讼时效期间为 **3 年**，从知道或应当知道权利被侵害及义务人之日起计算。本例中 2021 年 7 月 10 日王某仅知道鼻子流脓，但并不知道原因，不构成"知道或应当知道权利被侵害和义务人"，因此诉讼时效期间未起算；2021 年 8 月 1 日，经鉴定流脓与 2004 年 7 月 1 日的手术有关，王某"知道权利被侵害和义务人"，诉讼时效期间开始起算，直至 2024 年 8 月 1 日止。从权利被侵害之日起超过 **20 年**的，法律不予保护。本例中，王某权利被侵害之日为 2004 年 7 月 1 日，直至 2024 年 7 月 1 日止。因此，王某**最晚**应于 2024 年 7 月 1 日之前起诉。

**答案** 主张其民事权利的法定期间是 2021 年 8 月 1 日至 2024 年 7 月 1 日。

## 趁热答题

**例 1-17·单选题（2022 年）** 下列当事人的请求权中，属于诉讼时效适用对象的是（　　）。

A. 丙公司请求股东钱某缴付出资　　B. 赵某请求孙某停止侵害
C. 甲公司请求乙公司支付租金　　　D. 周某请求丁银行支付存款本金及利息

**解析** 本题考查诉讼时效。下列请求权不适用诉讼时效的规定：
（1）支付存款本金及利息请求权（选项 D）；
（2）兑付国债、金融债券以及向不特定对象发行的企业债券本息请求权；
（3）基于投资关系产生的缴付出资请求权（选项 A）；
（4）请求停止侵害（选项 B）、排除妨碍、消除危险；
（5）不动产物权和登记的动产物权的权利人请求返还财产；
（6）请求支付抚养费、赡养费或者扶养费；
（7）依法不适用诉讼时效的其他请求权。
选项 C 不属于上述情况，因此，选项 C 正确。

**答案** C

2. 诉讼中止 VS 诉讼中断

| 项目 | 中止 | 中断 |
| --- | --- | --- |
| 原因 | 客观原因：<br>（1）**不可抗力**（地震、海啸等）。<br>（2）其他障碍：<br>①无人或者限人没有法定代理人，或者法定代理人死亡、丧失民事行为能力、丧失代理权；<br>②继承开始后未确定继承人或者遗产管理人；<br>③权利人被义务人或者其他人控制；<br>④其他 | 主观原因：<br>（1）权利人**提起诉讼或申请仲裁**；<br>（2）权利人向义务人**提出履行义务请求**；<br>（3）义务人**同意履行义务**。<br>【记忆方法】权利人主张权利，义务人同意履行 |

续表

| 项目 | 中止 | 中断 |
|---|---|---|
| 发生时间 | 诉讼时效期间的**最后 6 个月内** | 诉讼时效内 |
| 效力 | **暂停计算**（自中止时效的原因消除之日起满 6 个月，诉讼时效期间届满） | **重新计算**（不超过 20 年） |

▶ 很会考 ▶

诉讼时效的中止与中断属于客观题高频考点。题目中经常会出现"张冠李戴"的考法，考生做题时要注意审题并进行判断。通过对比掌握，学起来能更加透彻。

**趁热答题**

| 例 1-18·多选题（2020 年） | 根据诉讼时效法律制度的规定，下列关于诉讼时效中止的表述中，正确的有（　　）。

A. 权利人向义务人提出履行义务请求的，诉讼时效中止
B. 诉讼时效中止的事由消除以后，重新计算诉讼时效期间
C. 权利人被义务人控制使其不能行使请求权，是诉讼时效中止的法定事由
D. 引起诉讼时效中止的法定事由应发生于或存续至诉讼时效期间的最后 6 个月内

（解析）本题考查诉讼时效中止和中断的区分。选项 A，权利人向义务人提出履行义务请求，属于诉讼时效中断（非中止）。选项 B，诉讼时效中止，自中止时效的原因消除之日起满 6 个月，诉讼时效期间届满。诉讼时效中断的，诉讼时效期间清零，从中断、有关程序终结时起，诉讼时效期间重新计算。选项 CD 表述正确。

（答案）CD

## 考点 6　行政复议（★★★）

**考频** 2023 年单选题、多选题、综合题；2022 年单选题、多选题

### （一）行政复议适用范围

1. 可以申请行政复议的事项

（1）对行政机关作出的行政处罚决定不服；
（2）对行政机关作出的行政强制措施、行政强制执行决定不服；
（3）申请行政许可，行政机关拒绝或者在法定期限内不予答复，或者对行政机关作出的有关行政许可的其他决定不服；
（4）对行政机关作出的确认自然资源的所有权或者使用权的决定不服；
（5）对行政机关作出的征收、征用决定及其补偿决定不服；
（6）对行政机关作出的赔偿决定或者不予赔偿决定不服；
（7）对行政机关作出的不予受理工伤认定申请的决定或者工伤认定结论不服；
（8）认为行政机关侵犯其经营自主权或者农村土地承包经营权、农村土地经营权；

(9) 认为行政机关滥用行政权力排除或者限制竞争；
(10) 认为行政机关违法集资、摊派费用或者违法要求履行其他义务；
(11) 申请行政机关履行保护人身权利、财产权利、受教育权利等合法权益的法定职责，行政机关拒绝履行、未依法履行或者不予答复；
(12) 申请行政机关依法给付抚恤金、社会保险待遇或者最低生活保障等社会保障，行政机关没有依法给付；
(13) 认为行政机关不依法订立、不依法履行、未按照约定履行或者违法变更、解除政府特许经营协议、土地房屋征收补偿协议等行政协议；
(14) 认为行政机关在政府信息公开工作中侵犯其合法权益；
(15) 认为行政机关的其他行政行为侵犯其合法权益。

2. 行政复议的排除事项
(1) 国防、外交等国家行为；
(2) 行政法规、规章或者行政机关制定、发布的具有普遍约束力的决定、命令等规范性文件；
(3) 行政机关对行政机关工作人员的奖惩、任免等决定；
(4) 行政机关对民事纠纷作出的调解。

**通关文牒**

▶ 很会考 ▶

"行政复议适用范围"属于客观题考点，适用情形比较多，记忆难度大，建议考生重点记忆行政复议的排除事项，然后通过排除法做题。

**趁热答题**

| 例1-19·多选题（2023年） | 根据行政复议法的规定，对于下列争议，可以提起行政复议的有（　　）。

A. 甲对行政机关对自己作出的行政处分不服
B. 乙对行政机关对民事纠纷作出的调解不服
C. 丙对行政机关作出的强制执行措施决定不服
D. 丁对公安局作出的行政拘留决定不服

解析　本题考查行政复议范围。选项CD属于行政复议的范围。不服行政机关对行政机关工作人员的奖罚、任免等决定，不能申请行政复议，选项A错误。不服行政机关对民事纠纷作出的调解，不能申请行政复议，选项B错误。因此，选项CD正确。

答案　CD

**(二) 行政复议参加人和行政复议机关**

1. 行政复议参加人
行政复议参加人包括申请人、被申请人和第三人。
2. 行政复议机关
(1) 履行行政复议职责的行政机关是行政复议机关。
(2) 行政复议机构是行政复议机关办理行政复议事项的机构。行政复议机构与行政复议机关是两个不同的概念,不应混淆。行政复议机构同时组织办理行政复议机关的行政应诉事项。

### (三) 行政复议管辖

1. 地方人民政府统一管辖

县级以上地方各级人民政府管辖下列行政复议案件:

(1) 对**本级**人民政府工作部门作出的行政行为不服的;

(2) 对**下一级**人民政府作出的行政行为不服的;

(3) 对本级人民政府依法设立的**派出机关**作出的行政行为不服的;

(4) 对本级人民政府或者其工作部门管理的法律、法规、规章**授权的组织**作出的行政行为不服的。

除上述规定外,省、自治区、直辖市人民政府同时管辖对本机关作出的行政行为不服的行政复议案件。省、自治区人民政府依法设立的派出机关参照设区的市级人民政府的职责权限,管辖相关行政复议案件。

对县级以上地方各级人民政府工作部门依法设立的派出机构依照法律、法规、规章规定,**以派出机构的名义作出**的行政行为不服的行政复议案件,由**本级人民政府**管辖;其中,对直辖市、设区的市人民政府工作部门按照行政区划设立的派出机构作出的行政行为不服的,也可以由其所在地的人民政府管辖。

2. 国务院部门管辖

国务院部门管辖下列行政复议案件:

(1) 对本部门作出的**行政行为**不服的;

(2) 对本部门依法设立的**派出机构**依照法律、行政法规、部门规章规定,以派出机构的名义作出的行政行为不服的;

(3) 对本部门管理的法律、行政法规、部门规章**授权的组织**作出的行政行为不服的。

3. 地方人民政府统一管辖的例外

《行政复议法》在实行地方人民政府统一复议管辖的同时,确立了两种例外情况:

(1) 垂直机关的复议管辖。对**海关**、**金融**、**外汇管理**等实行垂直领导的行政机关、**税务**和国家安全机关的行政行为不服的,向**上一级主管部门**申请行政复议。

(2) 司法行政机关的复议管辖。对履行行政复议机构职责的**地方人民政府司法行政部门**的行政行为不服的,可以向**本级人民政府**申请行政复议,也可以向**上一级司法行政部门**申请行政复议。

> **通关文牒**
> ▶ 很会考 ▶
> 在真题考试中,行政复议管辖以客观题考查为主,也可以结合公司法或合同法律制度的主观题考查一问,2024年该知识点有重大调整,需重点关注。

> **趁热答题**

| 例1-20·多选题 | 甲市乙区公安局所辖派出所以李某制造噪声干扰他人正常生活为由,对李某处以500元罚款。李某不服,申请复议,下列可以作为复议机关的有(    )。

A. 乙区公安局　　　　B. 乙区人民政府　　　　C. 甲市公安局　　　　D. 甲市人民政府

**解析** 本题考查行政复议管辖。对县级以上地方各级人民政府工作部门依法设立的派出机构依照法律、法规、规章规定，以派出机构的名义作出的行政行为不服的行政复议案件，由本级人民政府管辖；其中，对直辖市、设区的市人民政府工作部门按照行政区划设立的派出机构作出的行政行为不服的，也可以由其所在地的人民政府管辖。本案派出所是乙区公安局的派出机构，而乙区公安局所在地的人民政府是乙区人民政府，乙区人民政府隶属于甲市，因此，可以作为复议机关的是甲市人民政府和乙区人民政府。因此，本题选项 BD 正确。

**答案** BD

### （四）行政复议的申请和受理

1. 行政复议的申请

（1）申请时间：自知道该具体行政行为之日起 **60 日** 内提出行政复议申请，另有规定的除外。

【提示】因不可抗力或者其他正当理由耽误法定申请期限的，申请期限自障碍消除之日起继续计算。

（2）申请形式：可以**书面**申请，也可以**口头**申请。

2. 行政复议的受理

（1）收到行政复议申请后，应当在 **5 日** 内进行审查决定是否受理；

（2）行政复议机关决定不予受理、驳回申请或者受理以后超过行政复议期限不作答复的，申请人可以自收到不予受理决定书之日起或行政复议期满之日起 **15 日** 内，依法向人民法院提起行政诉讼；

（3）行政复议机关受理行政复议申请，**不得**向申请人**收取任何费用**。

3. 行政复议期间具体行政行为的执行效力

行政复议期间具体行政行为并**不停止执行**，但下列情形除外：

（1）**被申请人**认为需要停止执行的；

（2）**行政复议机关**认为需要停止执行的；

（3）**申请人**、第三人申请停止执行，行政复议机关**认为其要求合理**，决定停止执行的；

（4）法律、法规、规章规定停止执行的其他情形。

**趁热答题**

| 例 1-21·多选题（2022 年） | 下列关于行政复议的说法中，正确的有（　　）。

A. 行政复议可以书面申请也可以口头申请
B. 对不符合法律规定的行政复议申请，决定不予受理，并口头告知申请人
C. 行政复议机关可以向申请人收取一定的费用
D. 行政复议决定书一经送达即发生法律效力

**解析** 本题考查行政复议的申请和受理。对不符合法律规定的行政复议申请，决定不予受理，并书面告知申请人，选项 B 错误。行政复议机关受理行政复议申请，不得向申请人收取任何费用，选项 C 错误。选项 AD 表述正确。

**答案** AD

### （五）行政复议审理

1. 普通程序

行政复议机构应当自申请受理之日起 **7 日** 内，将行政复议申请书副本或者行政复议申请笔录复印件发送被申请人；被申请人应当自收到行政复议申请书副本或者行政复议申请笔录复印件之日起

10 日内，提出书面答复，并提交作出行政行为的证据、依据和其他有关材料。

2. 简易程序

行政复议机关审理下列行政复议案件，认为事实清楚、权利义务关系明确、争议不大的，可以适用简易程序：

（1）被申请行政复议的行政行为是当场作出；

（2）被申请行政复议的行政行为是警告或者通报批评；

（3）案件涉及款额 3 000 元以下；

（4）属于政府信息公开案件。

适用简易程序审理的行政复议案件，行政复议机构应当自受理行政复议申请之日起 3 日内，将行政复议申请书副本或者行政复议申请笔录复印件发送被申请人；被申请人应当自收到行政复议申请书副本或者行政复议申请笔录复印件之日起 5 日内，提出书面答复，并提交作出行政行为的证据、依据和其他有关材料。

3. 举证责任

行政复议的举证责任由作出行政行为的行政机关承担。行政复议期间，被申请人不得自行向申请人和其他有关单位或者个人收集证据。

4. 行政复议中止

行政复议期间有下列情形之一的，行政复议中止：

（1）作为申请人的公民死亡，其近亲属尚未确定是否参加行政复议；

（2）作为申请人的公民丧失参加行政复议的行为能力，尚未确定法定代理人参加行政复议；

（3）作为申请人的公民下落不明；

（4）作为申请人的法人或者其他组织终止，尚未确定权利义务承受人；

（5）申请人、被申请人因不可抗力或者其他正当理由，不能参加行政复议；

（6）依照《行政复议法》规定进行调解、和解，申请人和被申请人同意中止；

（7）行政复议案件涉及的法律适用问题需要有权机关作出解释或者确认；

（8）行政复议案件审理需要以其他案件的审理结果为依据，而其他案件尚未审结；

（9）有《行政复议法》依申请或者依职权对规范性文件附带审查的情形；

（10）需要中止行政复议的其他情形。

【提示】行政复议中止的原因消除后，应当及时恢复行政复议案件的审理。

5. 行政复议终止

终止行政复议的情形有：

（1）申请人撤回行政复议申请，行政复议机构准予撤回；

（2）作为申请人的公民死亡，没有近亲属或者其近亲属放弃行政复议权利；

（3）作为申请人的法人或者其他组织终止，没有权利义务承受人或者其权利义务承受人放弃行政复议权利；

（4）申请人对行政拘留或者限制人身自由的行政强制措施不服申请行政复议后，因同一违法行为涉嫌犯罪，被采取刑事强制措施；

（5）存在上述行政复议中止的（1）、（2）、（4）情形，中止行政复议满 60 日行政复议中止的原因仍未消除。

## （六）行政复议决定

| 项目 | 具体内容 |
|---|---|
| 作出期限 | （1）自受理申请之日起60日内作出行政复议决定；<br>（2）情况复杂的，可以适当延长，但延长期限最多不得超过30日；<br>（3）适用简易程序审理的行政复议案件，应当自受理申请之日起30日内作出行政复议决定 |
| 决定的类型 | （1）变更决定：行政复议机关不得作出对申请人更为不利的变更决定，但是第三人提出相反请求的除外。<br>（2）撤销决定：行政复议机关责令被申请人重新作出行政行为的，被申请人不得以同一事实和理由作出与被申请行政复议的行政行为相同或者基本相同的行政行为，但是行政复议机关以违反法定程序为由决定撤销或者部分撤销的除外。<br>（3）确认违法决定。<br>（4）限期履职决定：被申请人不履行法定职责，决定其在一定期限内履行。<br>（5）确认无效决定。<br>（6）维持决定：具体行政行为认定事实清楚，证据确凿，适用依据正确，程序合法，内容适当。<br>（7）驳回复议请求决定：申请人认为行政机关不履行法定职责，复议机关受理后发现该行政机关没有相应法定职责或者在受理前已经履行法定职责的。<br>（8）影响复议审理类决定。<br>（9）行政协议类决定。<br>（10）行政赔偿类决定 |
| 决定的履行 | 自觉履行、限期履行、强制执行 |
| 生效 | 复议决定书一经送达即发生法律效力 |

## （七）行政复议调解与行政复议和解

1. 行政复议调解
（1）形式：
①行政复议机关应当制作行政复议调解书；
②行政复议调解书经双方当事人签字或者签章，并加盖行政复议机关印章，即具有法律效力。
（2）效力：
①行政复议调解未达成协议或者调解书生效前一方反悔的，行政复议机关应当依法审查或者及时作出行政复议决定；
②行政复议调解书生效后一方反悔的，不影响行政复议调解书的效力存在。

2. 行政复议和解
（1）时间：只能在行政复议决定作出前。
（2）效力：当事人达成和解后，由申请人向行政复议机构撤回行政复议申请。行政复议机构准予撤回行政复议申请、行政复议机关决定终止行政复议的，申请人不得再以同一事实和理由提出行政复议申请。但是，申请人能够证明撤回行政复议申请违背其真实意愿的除外。

## 考点 7　行政诉讼（★★★）

**考频**　2022年单选题、多选题

### （一）特有原则

（1）**被告**负举证责任原则；
（2）行政行为合法性审查原则（不审查适当性或合理性）；
（3）**不适用调解**原则；
（4）**不停止执行**原则。

### （二）适用范围

1. 行政诉讼可受理的范围
（1）对行政拘留、暂扣或者吊销许可证和执照、责令停产停业、没收违法所得没收非法财物、罚款、警告等行政处罚不服的；
（2）对限制人身自由或者对财产的查封、扣押、冻结等行政强制措施和行政强制执行不服的；
（3）申请行政许可，行政机关拒绝或者在法定期限内不予答复，或者对行政机关作出的有关行政许可的其他决定不服的；
（4）对行政机关作出的关于确认土地、矿藏、水流、森林、山岭、草原、荒地、滩涂、海域等自然资源的所有权或者使用权的决定不服的；
（5）对征收、征用决定及其补偿决定不服的；
（6）申请行政机关履行保护人身权、财产权等合法权益的法定职责，行政机关拒绝履行或者不予答复的；
（7）认为行政机关侵犯其经营自主权或者农村土地承包经营权、农村土地经营权的；
（8）认为行政机关滥用行政权力排除或者限制竞争的；
（9）认为行政机关违法集资、摊派费用或者违法要求履行其他义务的；
（10）认为行政机关没有依法支付抚恤金、最低生活保障待遇或者社会保险待遇的；
（11）认为行政机关不依法履行、未按照约定履行或者违法变更、解除政府特许经营协议、土地房屋征收补偿协议等协议的；
（12）认为行政机关侵犯其他人身权、财产权等合法权益的。

2. 行政诉讼不予受理的范围
（1）**国家行为**；【国】
（2）**抽象行政行为**（不得行政复议）；【向】
（3）**内部行政行为**（不得行政复议）；【内】
（4）**终局行政裁决行为**；【终】
（5）公安、国家安全等机关依照《刑事诉讼法》的明确**授权**实施的行为；【权】
（6）**调解**行为以及法律规定的**仲裁**行为；【调】【财】
（7）**行政指导**行为；【只】
（8）**驳回**当事人对行政行为提起申诉的**重复**处理行为；【回】
（9）行政机关作出的**不产生外部法律效力**的行为；【内】
（10）行政机关为作出行政行为而实施的准备、论证、研究、层报、咨询等**过程性**行为；【过程】

(11) 行政机关根据人民法院的生效裁判、协助执行通知书作出的**执行行为**,但行政机关扩大执行范围或者采取违法方式实施的除外;【执行】

(12) 上级行政机关基于**内部层级监督**关系对下级行政机关作出的听取报告、执法检查、督促履责等行为;【内】

(13) 行政机关针对**信访**事项作出的登记、受理、交办、转送、复查、复核意见等行为;【信访】

(14) 对公民、法人或者其他组织权利义务不产生实际**影响**的行为。【应】

【记忆技巧】终向国内,执行信访过程应只调回权财。

▶ 速提分 ▶

行政诉讼可受理的范围中内容较多,考生在把握住具体行政行为后,可以通过掌握不予受理的范围,用排除法应对考试。建议考生结合"行政复议",对比着学习本考点。两者的详细对比如下表所示:

| 项目 | 行政复议 | 行政诉讼 |
| --- | --- | --- |
| 裁判组织 | 通常为上级行政机关 | 人民法院 |
| 是否收费 | × | √ |
| 审查范围 | 针对**合法性**、**适当性**进行审查 | 针对**合法性**进行审查 |
| 排除事项(不予受理的范围) | (1) 国防、外交等国家行为;<br>(2) 行政法规、规章或者行政机关制定、发布的具有普遍约束力的决定、命令等规范性文件;<br>(3) 行政机关对行政机关工作人员的奖惩、任免等决定;<br>(4) 行政机关对民事纠纷作出的调解 | (1) **国家行为**;<br>(2) **抽象行政行为**;(不得行政复议)<br>(3) **内部行政行为**;(不得行政复议)<br>(4) **终局行政裁决行为**;<br>(5) 公安、国家安全等机关依照《刑事诉讼法》的明确**授权**实施的行为;<br>(6) 调解行为以及法律规定的仲裁行为;<br>(7) **行政指导行为**;<br>(8) **驳回**当事人对行政行为提起申诉的**重复**处理行为;<br>(9) 行政机关作出的**不产生外部法律效力**的行为;<br>(10) 为作出行政行为而实施的准备、论证、研究、层报、咨询等**过程性行为**;<br>(11) 根据人民法院的生效裁判、协助执行通知书作出的**执行行为**;<br>(12) 上级对下级行政机关作出的听取报告、执法检查、督促履责等**监督行为**;<br>(13) 针对**信访事项**的登记、受理、交办、转送、复查、复核意见等行为;<br>(14) 对公民、法人或者其他组织权利义务**不产生实际影响**的行为 |

续表

| 项目 | 行政复议 | 行政诉讼 |
|---|---|---|
| 关系 | (1) **先复议后诉讼**（①对当场作出的行政处罚决定不服；②对行政机关作出的侵犯其已经依法取得的自然资源的所有权或者使用权的决定不服；③认为行政机关存在《行政复议法》规定的未履行法定职责情形；④申请政府信息公开，行政机关不予公开）。<br>(2) **只复议不诉讼**。<br>(3) 或诉讼或裁决（对国务院部门、省人民政府的具体行为行政复议不服）。<br>(4) 可复议可诉讼（大部分情形） | |

### 趁热答题

**例1-22·单选题（2022年）** 下列争议中，可以提起行政诉讼的是（　　）。
A. 赵某对甲省人民政府关于自然资源权属作出的复议决定不服
B. 钱某对乙公安机关对其打架斗殴作出行政拘留15日的决定不服
C. 丙税务机关工作人员孙某对本单位作出撤销其行政职务的决定不服
D. 丁财政部门工作人员李某对本单位对其作出年度考核不合格的决定不服

（解析）本题考查行政诉讼适用范围。对行政机关作出的侵犯其已经依法取得的自然资源的所有权或者使用权的决定不服，申请人应当先向行政复议机关申请行政复议，对行政复议决定不服的，可以再依法向人民法院提起行政诉讼，选项A错误。对**行政拘留**、暂扣或者吊销许可证和执照、责令停产停业、没收违法所得、没收非法财物、罚款、警告等行政处罚不服的，可以提起行政诉讼，选项B正确。对内部行政行为不得提起行政诉讼，如行政机关对行政机关工作人员的奖惩、任免等决定，选项CD错误。

（答案）B

## （三）诉讼管辖

| 管辖类型 | | 具体规定 |
|---|---|---|
| 级别管辖 | 基层人民法院 | 一般行政案件 |
| | 中级人民法院 | (1) 对**国务院各部门或者县级以上地方人民政府**所作的具体行政行为提起诉讼的案件；<br>(2) **海关**处理的案件；<br>(3) 本辖区内重大、复杂的案件 |
| | 高级人民法院 | 本辖区内重大、复杂的第一审行政案件 |
| | 最高人民法院 | 全国范围内重大、复杂的第一审行政案件 |
| 地域管辖 | 普通管辖 | (1) 由**最初**作出具体行政行为的行政机关所在地人民法院管辖；<br>(2) 经行政复议的案件，也可以由**复议机关所在地**人民法院管辖 |
| | 跨区管辖 | 经**最高人民法院批准**，高级人民法院可以根据审判工作的实际情况，确定若干人民法院跨行政区域管辖行政案件 |
| | **专属管辖** | (1) 因不动产提起的行政诉讼，由**不动产所在地**人民法院管辖；<br>(2) 对限制人身自由的行政强制措施不服提起的行政诉讼案件，由**被告所在地**或者**原告所在地**人民法院管辖 |

续表

| 管辖类型 | | 具体规定 |
|---|---|---|
| 地域管辖 | 共同管辖 | (1) 两个以上人民法院都有管辖权，原告可以选择其中一个人民法院提起诉讼；<br>(2) 原告向两个以上有管辖权的人民法院提起诉讼的，由最先立案的人民法院管辖 |
| 裁定管辖 | 移送管辖 | (1) 人民法院发现受理的案件不属于本院管辖，应当移送有管辖权的人民法院，受移送的人民法院应当受理；<br>(2) 受移送的人民法院认为受移送的案件按照规定不属于本院管辖的，应当报请上级人民法院指定管辖，不得再自行移送 |
| | 指定管辖 | (1) 有管辖权的人民法院由于特殊原因不能行使管辖权的，由上级人民法院指定管辖；<br>(2) 人民法院对管辖权发生争议，由争议双方协商解决，协商不成的，报它们共同上级人民法院指定管辖 |
| | 转移管辖 | (1) 上级人民法院有权审理下级人民法院管辖的第一审案件；<br>(2) 下级人民法院对其管辖的第一审行政案件，认为需要由上级人民法院审理或者指定管辖的，可以报请上级人民法院决定 |

**趁热答题**

**例1-23·多选题** 根据行政诉讼法律制度的规定，下列关于行政诉讼管辖的表述中，正确的有（　　）。

A. 对县级人民政府所作的行政行为提起行政诉讼的案件由基层人民法院管辖
B. 行政案件由最初作出行政行为的行政机关所在地人民法院管辖
C. 经行政复议的行政案件可由复议机关所在地人民法院管辖
D. 因不动产提起的行政诉讼，由被告住所地人民法院管辖

**解析** 本题考查行政诉讼管辖。对国务院部门或者县级以上地方人民政府所作的行政行为提起诉讼的案件，第一审由中级人民法院管辖，选项A错误。行政案件由最初作出行政行为的行政机关所在地人民法院管辖，选项B正确。经复议的案件，也可以由复议机关所在地人民法院管辖，选项C正确。因不动产提起的行政诉讼，由不动产所在地人民法院管辖，选项D错误。

**答案** BC

### （四）行政诉讼参加人

1. 原告的确认

《行政诉讼法》及其司法解释分别列举了行政诉讼原告的类型有：受害人、相邻权人、公平竞争权人、投资人、合伙组织、农村土地承包人、非国有企业、股份制企业、非营利法人的设立人、业主委员会、债权人。

2. 被告的确认

确认行政诉讼被告的一般规则是，"谁作出行政行为，谁就是被告"。但是，由于行政实践较为复杂，被告的确认存在诸多不同情形。详细内容如下表所示：

| 被告的确认 | 说明 |
|---|---|
| 直接被告 | 作出行政行为的行政机关 |

续表

| 被告的确认 | 说明 |
|---|---|
| 复议案件 | (1) **维持**原行政行为的，**作出**原行政行为的行政机关和**复议**机关是**共同被告**；<br>(2) **改变**原行政行为的，**复议**机关是被告；<br>(3) 复议机关在法定期限内**未作出**复议决定，公民、法人或者其他组织起诉原行政行为的，作出**原行政**行为的行政机关是被告；起诉复议机关**不作为**的，**复议**机关是被告 |
| 共同被告 | **共同作出**行政行为的行政机关是**共同被告** |
| 委托行政 | 行政机关委托的组织所作的行政行为，**委托的行政机关**是被告 |
| 经批准的行政行为 | 当事人不服经上级行政机关批准的行政行为，向人民法院提起诉讼的，以**在对外发生法律效力的文书上署名的机关**为被告 |
| 法律、法规、规章授权组织 | (1) 法律、法规、规章授权组织所作的行政行为，该**授权组织**是被告；<br>(2) 授权的行政机关内设机构、派出机构或者其他组织，超出法定授权范围实施行政行为，当事人不服提起诉讼的，若属于**幅度越权**，以**实施该行为的机构或者组织**为被告；若属于**种类越权**，以该**行政机关**为被告 |
| 内部机构 | 行政机关组建并赋予行政管理职能但不具有独立承担法律责任能力的机构，以自己的名义作出行政行为，当事人不服提起诉讼的，以组建该机构的行政机关为被告 |
| 开发区管理机构 | (1) 对由国务院、省级人民政府批准设立的开发区**管理机构**作出的行政行为不服提起诉讼的，以该开发区**管理机构**为被告；<br>(2) 对由**国务院**、**省级人民政府批准设立**的开发区**管理机构所属职能部门**作出的行政行为不服提起诉讼的，以其**职能部门**为被告；<br>(3) 对**其他**开发区管理机构所属职能部门作出的行政行为不服提起诉讼的，以开发区**管理机构**为被告；<br>(4) 开发区管理机构没有行政主体资格的，以设立该机构的**地方人民政府**为被告 |
| 不作为案件 | 具有**法定职权**且依法**应当履行但拒不行使**，从而侵害相对人合法权益的行政机关，可以作为被告 |
| 被告资格的转移 | (1) 行政职权**依然存在**的，**继续行使其职权**的行政机关是被告；没有继续行使其职权的行政机关的，以其所属的人民政府为被告，实行垂直领导的则以垂直领导的上一级行政机关为被告。<br>(2) 行政职权已**不复存在**的，**作出撤销决定**的行政机关是被告 |

▶ 很会考 ▶

"行政诉讼参加人"以客观题考查为主，考生应重点关注"复议案件被告的确认"，具体总结如下表所示：

| 类型 | | 被告人 |
|---|---|---|
| 复议机关决定**维持**原行政行为 | | 作出原行政行为的行政机关**和复议机关** |
| 复议机关**改变**原行政行为 | | **复议机关** |
| 复议机关在限期内未作出决定 | 起诉原行政行为 | 作出原行政行为的行政机关 |
| | 起诉复议机关不作为 | 复议机关 |

### (五) 起诉

1. 与行政复议的衔接关系

（1）在行政诉讼受理范围内的，可先申请行政复议，对复议决定不服的，再提起诉讼；也可以直接提起诉讼。

（2）在法定行政复议期限内**不得**提起行政诉讼。

（3）起诉时间：**自收到不予受理决定书之日起**或者**行政复议期满之日起 15 日**内。

2. 起诉的一般条件

（1）原告是认为行政行为侵犯其合法权益的公民、法人或者其他组织；

（2）**有明确**的被告；

（3）有具体的诉讼请求和事实根据；

（4）属于人民法院受案范围和受诉人民法院管辖。

3. 起诉的时间条件

（1）公民、法人或者其他组织直接向人民法院提起诉讼的，应当自**知道或者应当知道作出行政行为之日起 6 个月内**提出；

（2）因**不动产**提起诉讼的案件自行政行为作出之日起**超过 20 年**，**其他案件**自行政行为作出之日起**超过 5 年**提起诉讼的，人民法院**不予受理**。

4. 起诉方式

（1）应当递交起诉状；

（2）书写起诉状确有困难的，**可以口头起诉**。

### (六) 受理

1. 法院接到起诉状，对符合条件的，应当登记立案。

2. 当场不能判定是否符合条件的，应当接收起诉状，出具注明收到日期的书面凭证，并在 **7 日**内决定是否立案。

### (七) 审理和判决

1. 第一审程序

第一审程序可分为普通和简易程序，详细内容如下表所示：

| 项目 | 具体规定 |
| --- | --- |
| 普通程序 | （1）**公开审理**，涉及国家秘密、个人隐私和法律另有规定的除外；<br>（2）不适用调解；<br>（3）时间：立案之日起 **6 个月**内 |
| 简易程序 | （1）适用范围：<br>①被诉行政行为是依法**当场作出**的；<br>②案件涉及款额 **2 000 元以下**的；<br>③属于**政府信息公开案件**的；<br>④当事人各方同意。<br>【提示】发回重审、按照审判监督程序再审的案件**不适用**简易程序。<br>（2）时间：立案之日起 **45 日**内 |

2. 第二审程序

（1）提起：

①当事人不服人民法院第一审判决的,自判决书送达之日起 15 日内向上一级人民法院提起上诉;

②当事人不服人民法院裁定的,自裁定书送达之日起 10 日内向上一级人民法院提起上诉。

(2) 判决:人民法院审理上诉案件,应当在收到上诉状之日起 3 个月内作出终审判决。

3. 审判监督程序(再审)

| 对已经发生法律效力的判决、裁定的态度 | 处理方式 |
| --- | --- |
| 当事人认为有错误的 | 可以向上一级人民法院申请再审,但判决、裁定不停止执行 |
| 各级人民法院院长对本院认为需要再审的 | 应当提交审判委员会讨论决定 |
| 最高人民法院对地方各级人民法院,上级人民法院对下级人民法院发现有法定再审事由,或者发现调解违反自愿原则或者调解书内容违法的 | 有权提审或者指令下级人民法院再审 |
| 最高人民检察院对各级人民法院,上级人民检察院对下级人民法院发现有法定再审事由,或者发现调解书损害国家利益、社会公共利益的 | 应当提出抗诉 |
| 地方各级人民检察院对同级人民法院发现有法定再审事由,或者发现调解书损害国家利益、社会公共利益的 | 可以向同级人民法院提出检察建议,并报上级人民检察院备案;也可以提请上级人民检察院向同级人民法院提出抗诉 |

考点加油站

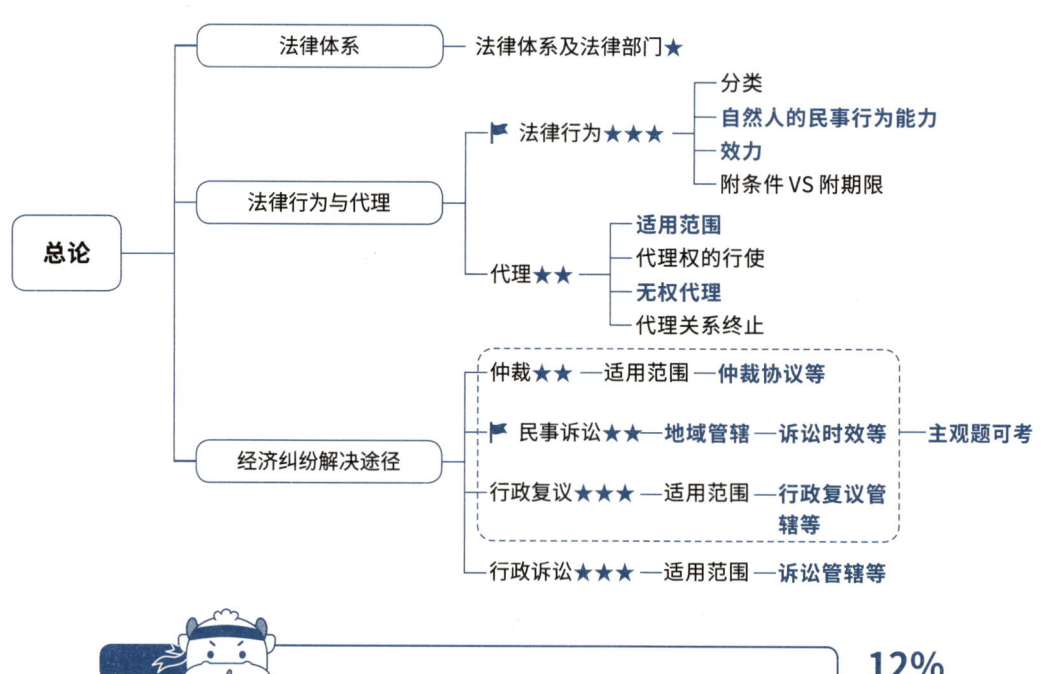

12%

# 第二章 公司法律制度

> 轻装上阵

## 考情驿站

本章属于重点章节,难度大,考点较多。考试中会以各种形式对本章进行考查,几乎每年都会考主观题,主要考点包括公司法人财产权、有限责任公司设立的条件、有限责任公司的组织机构、有限责任公司的股权转让、股份有限公司的设立、股份有限公司的组织机构、股东诉讼等。考生在学习的过程中,应以有限责任公司为主,以股份有限公司为辅,在理解的基础上,对知识点进行归纳整理,如对股份有限公司的设立包括发起设立和募集设立、有限责任公司和股份有限公司的组织机构、股东代表诉讼和股东直接诉讼等知识点进行对比记忆。近三年考试分值都在 16 分左右。

## 考点地图

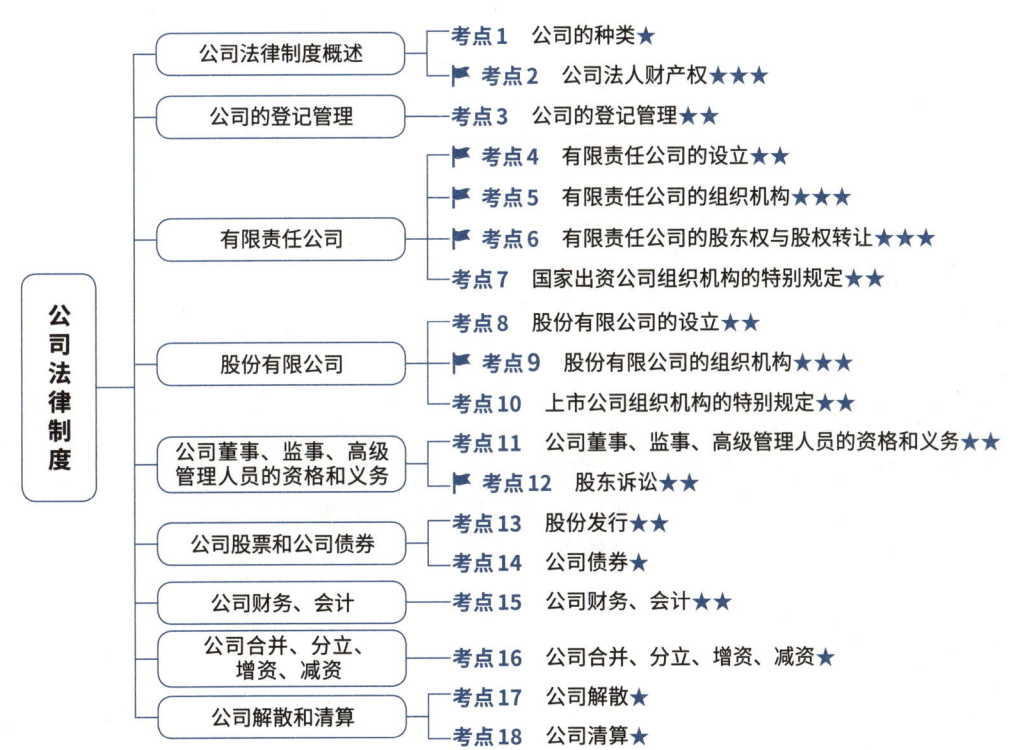

公司法律制度
- 公司法律制度概述
  - 考点1　公司的种类★
  - ▶ 考点2　公司法人财产权★★★
- 公司的登记管理
  - 考点3　公司的登记管理★★
- 有限责任公司
  - ▶ 考点4　有限责任公司的设立★★
  - ▶ 考点5　有限责任公司的组织机构★★★
  - ▶ 考点6　有限责任公司的股东权与股权转让★★★
  - 考点7　国家出资公司组织机构的特别规定★★
- 股份有限公司
  - 考点8　股份有限公司的设立★★
  - ▶ 考点9　股份有限公司的组织机构★★★
  - 考点10　上市公司组织机构的特别规定★★
- 公司董事、监事、高级管理人员的资格和义务
  - 考点11　公司董事、监事、高级管理人员的资格和义务★★
  - ▶ 考点12　股东诉讼★★
- 公司股票和公司债券
  - 考点13　股份发行★★
  - 考点14　公司债券★
- 公司财务、会计
  - 考点15　公司财务、会计★★
- 公司合并、分立、增资、减资
  - 考点16　公司合并、分立、增资、减资★
- 公司解散和清算
  - 考点17　公司解散★
  - 考点18　公司清算★

## 2024 年本章主要变化

本章按照 2023 年底修订的《公司法》重新编写，有非常大的变动。本章从公司的设立、股东权利，到公司的组织机构，再到公司的解散清算，以及有限责任公司股权转让、股份有限公司的股份发行与转让、公司的财务制度与重大变更，都有或大或小的修改。建议考生根据新法和新教材学习本章。

**考点速递**

## 第一节 公司法律制度概述

### 考点 1 公司的种类（★）

**考频** 2023 年单选题、2022 年多选题

以公司资本结构和股东对公司债务承担责任的方式为标准，可以将公司分为**有限责任公司**、**股份有限公司**、无限公司、两合公司；以公司的信用基础为标准，可以将公司分为资合公司、人合公司、资合兼人合公司；以公司组织关系为标准，可以将公司分为母子公司和总分公司。子公司与分公司的区别如下表所示：

| 项目 | 子公司 | 分公司 |
| --- | --- | --- |
| 是否具有法人资格 | √ | × |
| 是否有独立的公司名称、章程、财产 | √ | × |
| 能否领取营业执照 | √ | √ |
| 责任承担 | 独立承担 | **不能独立承担**（由总公司承担） |

**通关文牒**

▶ 很好懂 ◀

（1）母子公司在法律上是彼此独立的企业，都具有法人资格；
（2）总分公司是一家，分公司没有独立法人地位，出了事由总公司承担。

**趁热答题**

**例 2-1 · 多选题（2022 年）** 甲有限责任公司为扩展业务在外地设立乙分公司，下列关于乙分公司法律资格的表述中，正确的有（　　）。

A. 乙分公司可以领取营业执照
B. 乙分公司没有独立的财产
C. 乙分公司可以有独立的公司章程
D. 乙分公司不能独立承担民事责任

**解析** 本题考查公司的种类。分公司可以领取营业执照，选项 A 正确。分公司没有独立的财

产，选项 B 正确。分公司没有独立的公司名称、章程，选项 C 错误。分支机构以自己的名义从事民事活动，产生的民事责任由法人承担；也可以先以该分支机构管理的财产承担，不足以承担的，由法人承担，选项 D 正确。

答案 ABD

## 考点2 公司法人财产权（★★★）

靶心考点精讲

公司为他人提供担保和为公司股东或实际控制人提供担保的基本规定如下表所示：

| 担保对象 | 决议机构 | 要求 |
|---|---|---|
| 他人<br>（对外担保） | **董事会**或者**股东会** | 公司章程对投资或者担保的总额及单项投资或者担保的数额有限额规定的，不得超过规定的限额 |
| 公司股东或实际控制人<br>（对内担保） | **股东会** | （1）接受担保的股东或者受实际控制人支配的股东**不得参加表决**；<br>（2）该项表决由**出席**会议的**其他**股东所持**表决权**的**过半数**通过（通过的表决权占比>1/2） |

### 通关文牒

▶ 很好懂 ▶

所持"表决权"非"人数"。具体分为以下两种情形：
（1）有限责任公司股东按照**出资比例**行使表决权，章程另有规定的除外；
（2）股份公司股东所持每一股份有一表决权。

▶ 很会考 ▶

"为股东或实际控制人提供担保"属于客观题常考点，有时也会结合公司法或合同法律制度的主观题考查一问，考生需要准确理解并记忆。

### 趁热答题

**例2-2·单选题（2018年）** 李某是甲股份有限公司（简称甲公司）的实际控制人，因借款需要请求甲公司为其提供担保。甲公司遂召开股东会对此事项进行表决。下列关于甲公司股东会决议的表述中，正确的是（　　）。

A. 李某不可以参加表决，该项决议由出席会议的其他股东过半数通过
B. 李某不可以参加表决，该项决议由出席会议的其他股东所持表决权的过半数通过
C. 李某可以参加表决，该项决议由全体股东所持表决权的过半数通过
D. 李某可以参加表决，该项决议由出席会议的股东所持表决权的过半数通过

**解析** 本题考查公司法人财产权。公司（甲公司）为公司股东或者实际控制人（李某）提供担保，必须经股东会决议。接受担保的股东或者受实际控制人支配的股东不得参加表决，该项表决由出席会议的其他股东所持表决权的过半数通过。因此，选项 B 正确。

答案 B

## 第二节 公司的登记管理

### 考点3 公司的登记管理（★★）

> **考频** 2022年多选题、判断题

**（一）登记事项**

| 登记事项 | 具体规定 |
| --- | --- |
| 公司名称 | 只能登记1个名称 |
| 公司主要类型 | 包括有限责任公司和股份有限公司 |
| 公司经营范围 | — |
| 公司住所 | （1）公司的住所是公司**主要办事机构所在地**；<br>（2）经公司登记机关登记的公司住所只能有一个 |
| 注册资本 | （1）有限责任公司：全体股东**认缴**的出资额。<br>（2）股份有限公司：已发行股份的股本总额 |
| 法定代表人的姓名 | （1）依照公司章程的规定，由**代表公司执行公司事务的董事或者经理**担任。<br>（2）**不得担任**法定代表人的情形：<br>①**无民事**行为能力或者**限制民事**行为能力；<br>②因贪污、贿赂、侵占财产、挪用财产或者破坏社会主义市场经济秩序被判处刑罚，执行期满**未逾5年**，或者因犯罪被**剥夺政治权利，执行期满未逾5年**，被宣告缓刑的，自缓刑考验期满之日起未逾2年；<br>③担任**破产清算**的公司、企业的董事或者厂长、**经理**，对该公司、企业的破产**负有个人责任**的，自该公司、企业**破产清算完结之日起未逾3年**；<br>④担任因违法被**吊销营业执照、责令关闭**的公司、企业的法定代表人，并**负有个人责任**的，自该公司、企业被**吊销营业执照责令关闭之日起未逾3年**；<br>⑤**个人**所负数额较大的债务**到期未清偿被人民法院列为失信被执行人**。<br>【提示】和不得担任董、监、高的情形是相同的 |

**趁热答题**

| **例 2-3·判断题（2022 年）** | 股份有限公司的注册资本为在公司登记机关登记的已发行股份的股本总额。 （　　）

**解析** 本题考查公司注册资本。股份有限公司的注册资本为在公司登记机关登记的已发行股份的股本总额。因此，本题表述正确。

**答案** √

## （二）登记规范

| 项目 | | 具体规定 |
|---|---|---|
| 设立登记 | 成立日期 | 公司**营业执照签发**日期 |
| | 营业执照 | **正本**与**副本**具有同等法律效力，**纸质**与**电子**文件具有同等法律效力 |
| | 分支机构登记 | 设立分支机构，应当向**分支机构**所在地的登记机关申请登记 |
| 变更登记 | 变更登记事项 | 自**作出变更决议、决定或者法定变更事项发生之日起 30 日**内申请变更登记 |
| | 变更经营范围 | 自**批准之日起 30 日**内申请变更登记 |
| | 许可证或者批准文件被吊销、撤销或者有效期届满 | 自**许可证**或者批准文件被吊销、撤销或者有效期届满之日起 30 日内申请变更登记或者办理注销登记 |
| | 变更住所跨登记机关辖区 | 向**迁入地**登记机关申请变更登记 |
| | 变更备案事项 | 自**作出变更决议、决定或者法定变更事项发生之日起 30 日**内办理备案 |
| 公司歇业 | | 公司歇业的期限最长**不得超过 3 年** |
| 注销登记 | 普通注销 | 自清算结束之日起 30 日内向登记机关申请注销登记 |
| | 简易注销 | 公示期届满之日起 20 日内向登记机关申请注销登记 |
| | 直接注销 | 法院裁定强制清算或裁定宣告破产 |

### 趁热答题

**例 2-4·多选题（2022 年）** 下列关于公司设立登记的说法中，正确的有（　　）。

A. 电子营业执照与纸质营业执照有同等法律效力
B. 营业执照的签发日期为公司的成立日期
C. 营业执照正本和副本具有同等法律效力
D. 设立分支机构，应当向总公司所在地的登记机关申请登记

**解析** 本题考查登记规范。公司设立分支机构，应当向**分支机构**所在地的登记机关申请登记，选项 D 错误。选项 ABC 表述正确。

**答案** ABC

## 第三节 有限责任公司

### 考点 4 有限责任公司的设立（★★）

**考频** 2023 年单选题、多选题、判断题、简答题；2022 年单选题、简答题、综合题；2021 年多选题、简答题

**（一）有限责任公司设立的条件**

| 项目 | | 具体规定 |
| --- | --- | --- |
| 方式 | | 发起设立 |
| 股东人数 | | **1—50 人**（自然人或法人均可） |
| 出资方式 | 可以出资 | (1) 货币；<br>(2) 非货币，如实物、知识产权、土地使用权等可用货币估价并可依法转让的非货币财产 |
| | 不能出资 | **劳务、信用、自然人姓名、商誉、特许经营权、设定担保的财产、土地所有权、非法财产**不得用于出资。<br>【链接】合伙企业的**普通合伙人**可以用劳务出资 |
| 注册资本 | | (1) 注册资本为在公司登记机关登记的全体股东认缴的出资额。全体股东认缴的出资额由股东按照公司章程的规定自公司成立之日起**5 年内**缴足。<br>(2) 加速到期规则：公司**不能清偿到期债务**的，公司或者已到期债权的债权人有权要求已认缴出资但未届出资期限的股东**提前缴纳出资** |
| 公司章程 | | (1) 应当载明下列事项：<br>公司名称和住所；公司经营范围；公司注册资本；股东的姓名或者名称；股东的出资方式、出资额和出资日期；公司的机构及其产生办法、职权、议事规则；公司法定代表人的产生、变更办法（**没有经营期限**）。<br>(2) 对公司、股东、董事、监事、高级管理人员具有约束力（**没有实际控制人**） |

▶ **很会考** ◀

"股东出资方式"属于客观题高频考点，考生可以牢记**不能**出资的财产（**劳务**、信用、自然人姓名、**商誉**、**特许经营权**、设定担保的财产、土地所有权、非法财产），然后通过排除法做题。

**│例 2-5·单选题（2023 年）│** 下列关于有限责任公司股东出资方式的表述中，符合公司法律制度规定的是（　　）。

A. 甲以设定抵押的财产作价出资　　B. 乙以劳务作价出资
C. 丙以特许经营权作价出资　　D. 丁以专利权作价出资

（解析）本题考查股东出资方式。股东可以用货币出资，也可以用实物、知识产权、土地使用权

等可以用货币估价并可以依法转让的非货币财产作价出资,选项 D 正确。但是,法律、行政法规规定不得作为出资的财产除外。股东不得以劳务(选项 B 错误)、信用、自然人姓名、商誉、特许经营权(选项 C 错误)或者设定担保的财产(选项 A 错误)等作价出资。

答案 D

## (二)股东出资

| 出资财产 | | 具体规定 |
| --- | --- | --- |
| 货币性财产 | | 足额存入为设立公司而在银行开设的账户 |
| 非货币性财产 | 出资时未评估 | (1) 法院应委托具有合法资格的评估机构对该财产作评估;<br>(2) 评估价额显著低于公司章程所定价额的,法院应当认定出资人未依法全面履行出资义务 |
| | 出资后贬值 | 出资后市场价格或其他客观因素变化导致财产贬值的,不能认定股东出资不足 |
| | 以划拨或设定权利负担的土地使用权出资 | (1) 法院应当责令当事人在指定的合理期间内办理土地变更手续或解除权利负担;<br>(2) 逾期未办或未解除,法院应当认定出资人未依法全面履行出资义务 |
| | 出资已交付公司但未办理权属变更 | (1) 法院应当责令当事人在指定的合理期间内办理权属变更手续;<br>(2) 前述期间内办理了权属变更手续,法院应当认定其已履行出资义务;<br>(3) 出资人可以主张其自实际交付财产给公司使用时享有股东权利 |
| | 出资已办理权属变更但未交付公司 | 该股东应当向公司交付出资财产,并在实际交付之前不享有相应股东权利 |
| 非法财产 | | 以贪污、受贿、侵占、挪用等违法犯罪所得的货币出资后取得股权的,对违法犯罪行为予以追究、处罚时,应采取拍卖或者变卖的方式处置其股权(不得将出资的财产直接从公司抽出) |

### 通关文牒

▶ 速提分 ▶

"以非货币性财产出资"属于主观题高频考点,建议考生反复阅读。具体总结如下所示:
(1) 评估作价问题:
①未评估的→评估;
②评估确实少的→认定出资不足(未全面履行出资义务)。
【提示】出资后市场价格或其他客观因素变化导致财产贬值的,不能认定股东出资不足。
(2) 出资不到位的补正:
①已交付,未登记→登记后,自实际交付之日起享有股东权利(指定期限内仍未办理变更,认定未履行出资义务);
②已登记,未交付→交付后,自实际交付之日起享有股东权利。

### 趁热答题

**例 2-6・简答题（2023 年）** 2021 年 11 月 1 日，赵某、钱某、孙某三人出资设立甲有限责任公司，赵某以房屋出资，经评估房屋价值为 200 万元，并已办理房屋权属变更登记；钱某以专利权出资，当日交由甲公司使用，但未办理权属变更登记；孙某以土地使用权出资，已办理权属变更登记，但未交给甲公司使用。

2022 年 1 月 12 日，在甲公司的催促下，钱某在合理期限内去国家知识产权局将专利权人变更为甲公司，孙某将土地使用权交给甲公司使用，甲公司认为在 2022 年 1 月 12 日前，钱某、孙某不具有股东权利，钱某、孙某不认可。

后因市场原因，赵某出资的房屋严重贬值，2023 年 8 月 25 日，经评估，赵某房屋为 150 万元，甲公司要求赵某补足出资。已知公司章程对此未作规定。

要求：根据上述资料和《公司法》的规定，回答下列问题。

（1）甲公司认为在 2022 年 1 月 12 日前，钱某不具有股东权利，是否合理？简要说明理由。

（2）甲公司认为在 2022 年 1 月 12 日前，孙某不具有股东权利，是否合理？简要说明理由。

（3）甲公司要求赵某补足出资是否合理？简要说明理由。

**答案**

（1）甲公司认为在 2021 年 12 月 1 日前，钱某不具有股东权利，不合理。根据规定，出资人以房屋、土地使用权或者需要办理权属登记的知识产权等财产出资，已经交付公司使用但未办理权属变更手续，公司、其他股东或者公司债权人主张认定出资人未履行出资义务的，人民法院应当责令当事人在指定的合理期间内办理权属变更手续；在前述期间内办理了权属变更手续的，人民法院应当认定其已经履行了出资义务；出资人主张自其实际交付财产给公司使用时享有相应股东权利的，人民法院应予支持。本题中，钱某已在合理期限内办理了权属变更手续，变更后自专利权交付给甲公司（2021 年 11 月 1 日）起享有股东权利。

（2）甲公司认为在 2021 年 12 月 1 日前，孙某不具有股东权利，合理。根据规定，出资人以房屋、土地使用权或者需要办理权属登记的知识产权等财产出资，已经办理权属变更手续但未交付给公司使用，公司或者其他股东主张其向公司交付，并在实际交付之前不享有相应股东权利的，人民法院应予支持。本题中，孙某以土地使用权出资，已办理权属变更登记，在实际交付（2022 年 1 月 12 日）之前不享有相应股东权利。

（3）甲公司要求赵某补足出资不合理。根据规定，出资人以符合法定条件的非货币财产出资后，因市场变化或者其他客观因素导致出资财产贬值，公司、其他股东或者公司债权人请求该出资人承担补足出资责任的，人民法院不予支持，但是，当事人另有约定的除外。本题中，赵某出资的房屋因市场原因发生贬值，所以赵某不承担补足出资的责任。

### (三) 未尽出资义务

1. 股东的责任

| 项目 | | 具体规定 |
| --- | --- | --- |
| 对内责任<br>(对公司和<br>公司其他<br>股东) | 还本付息 | 股东不按照规定缴纳出资的，该股东应足额缴纳出资，并对公司造成的损失承担赔偿责任。公司设立时的其他股东承担连带责任（包括未出资部分的利息） |
| | 已知连带 | 股东未尽出资义务即转让股权，受让人对此知道或应当知道，公司可以请求该股东履行出资义务、受让人对此承担连带责任。<br>【提示】股东转让已认缴出资但未届出资期限的股权的，由受让人承担缴纳该出资的义务；受让人未按期足额缴纳出资的，转让人对受让人未按期缴纳的出资承担补充责任 |
| 对内责任<br>(对公司和<br>公司其他<br>股东) | 合理限制 | 股东未履行或未全面履行出资义务，公司可以根据章程或股东会决议对其**利润分配请求权、新股优先认购权、剩余财产分配请求权**等股东权利作出相应的合理限制有效 |
| | 不改解除 | 股东未履行出资义务，经公司催告缴纳，在合理期间内仍未缴纳，公司可以以股东会决议解除该股东的股东资格 |
| 对外责任<br>(对债权人) | 责任承担 | 在未出资本息范围内，对公司债务不能清偿的部分承担补充赔偿责任 |
| | 与被告股东承担连带（相应）责任 | (1) **设立时**未尽出资义务，**发起人**与被告股东承担连带责任；<br>(2) **增资时**未尽出资义务，未尽忠实勤勉义务的董事、高级管理人员承担相应的责任 |

2. 董事会与董事的责任

（1）董事会核查义务：有限责任公司成立后，**董事会应当对股东的出资情况进行核查**，发现股东未按期足额缴纳公司章程规定的出资的，应当由公司向该股东发出书面催缴书，催缴出资。

（2）董事赔偿责任：未及时履行前款规定的义务，给公司造成损失的，**负有责任的董事应当承担赔偿责任**。

3. 股东失权制度

（1）催缴通知：股东未按期足额缴纳公司章程规定的出资的，应当由公司向该股东发出书面催缴书，催缴书可以载明缴纳出资的宽限期；宽限期自公司发出催缴书之日起，**不得少于60日**。

（2）失权通知：宽限期届满，股东仍未履行出资义务的，公司经董事会决议可以向该股东发出失权通知，通知应当以书面形式发出。自通知发出之日起，该股东丧失其未缴纳出资的股权。

（3）后果：依照前款规定丧失的股权应当依法转让，或者相应减少注册资本并注销该股权；**6个月内未转让或者注销的**，由公司其他股东按照其出资比例足额缴纳相应出资。

（4）股东异议之诉：股东对失权有异议的，应当自接到失权通知之日起**30日**内，向人民法院提起诉讼。

### 趁热答题

**例2-7·单选题（2018年）** 郑某、吴某、蔡某共同出资设立甲有限责任公司。郑某在规定时间缴纳了认缴出资额的一半；吴某以房产出资，但未按章程规定办理房屋所有权转移手续；蔡某如期足额缴纳出资。下列关于郑某承担责任的表述中，正确的是（　　）。

A. 郑某应向公司足额缴纳出资，但无须向吴某、蔡某承担违约责任

B. 郑某可将出资抽回，退出公司，但应向吴某、蔡某承担违约责任
C. 郑某应向公司足额缴纳出资，并向蔡某承担违约责任
D. 郑某应向公司足额缴纳出资，并向吴某、蔡某承担违约责任

【解析】本题考查股东未按规定缴纳出资的情形。该股东除应当向公司足额缴纳外，还应当向已按期足额缴纳出资的股东承担违约责任。在本题中，只有蔡某如期足额缴纳出资，所以，郑某应向公司足额缴纳出资，并向蔡某承担违约责任。因此，选项 C 正确。

【答案】C

### （四）抽逃出资

**1. 抽逃出资的情形**

公司成立后，公司、股东或者公司债权人以相关股东的行为符合下列情形之一，且损害公司权益为由，请求认定该股东抽逃出资的，人民法院应予支持：

（1）制作虚假财务会计报表**虚增利润**进行分配；

（2）通过**虚构债权债务关系**将其出资转出；

（3）利用**关联交易**将出资转出；

（4）其他未经法定程序将出资抽回的行为。

**2. 法律责任**

（1）有限责任公司成立后，股东**不得**抽逃出资。违反前述规定的，股东应当返还抽逃的出资；给公司造成损失的，负有责任的董事、监事、高级管理人员应当与该股东承担**连带赔偿责任**。

（2）股东抽逃出资，公司或者其他股东请求其向公司**返还出资本息**，**协助**抽逃出资的其他股东、董事、高级管理人员或者实际控制人对此承担**连带责任**的，人民法院应予支持。公司债权人请求抽逃出资的股东在抽逃出资本息范围内对公司债务不能清偿的部分承担**补充赔偿责任**、协助抽逃出资的其他股东、董事、高级管理人员或者实际控制人对此承担**连带责任**的，人民法院应予支持。

## 考点 5　有限责任公司的组织机构（★★★）

靶心考点精讲

**考频** 2023 年多选题；2021 年单选题、简答题、综合题

### （一）股东会

| 项目 | | 具体规定 |
|---|---|---|
| 组成 | | 1—50 人 |
| 通知 | | 应当于会议召开 **15 日**前通知全体股东，但公司章程另有规定或者全体股东另有约定的除外 |
| 会议召集和主持 | 首次会议 | **出资最多的股东**召集和主持 |
| | 以后会议 | （1）设置董事会的，由**董事会召集，主持人顺延顺序为**：董事长→副董事长→过半数董事推选的董事。不设置董事会的，由执行董事召集和主持。<br>（2）董事会或执行董事不能履行或不履行职责的，由监事会或不设监事会的公司的监事召集和主持。<br>（3）监事会或监事不召集和主持的，代表 **1/10** 以上表决权的**股东**可以自行召集和主持 |

续表

| 项目 | | 具体规定 |
|---|---|---|
| 表决规则 | 表决权 | 股东按照**出资比例**行使，章程另有规定的除外 |
| | 普通决议 | 经代表**过半数**表决权的股东通过 |
| | **特别表决** | **经全体**股东所持表决权的**2/3** 以上通过<br><br>具体事项：<br>(1) 修改公司**章程**；<br>(2) **增减注册资本**；<br>(3) **合并**、**分立**、**解散**；<br>(4) 变更公司形式 |
| **临时股东会召开条件** | | (1) 代表 **1/10** 以上表决权**股东**提议；<br>(2) **1/3** 以上的**董事**提议；<br>(3) **监事会**或不设监事会的公司的**监事**提议 |
| 职权 | | (1) 选举和更换**董事**、**监事**，决定有关董事、监事的报酬事项；<br>(2) **审议批准**董事会的报告；<br>(3) **审议批准**监事会的报告；<br>(4) **审议批准**公司的利润分配方案和弥补亏损方案；<br>(5) 对公司增加或者减少注册资本作出决议；<br>(6) 对发行公司债券作出决议；<br>(7) 对公司合并、分立、变更公司形式、解散和清算等事项作出决议；<br>(8) **修改公司章程**；<br>(9) 公司章程规定的其他职权 |

## 通关文牒

▶ 很会考 ▶

"有限责任公司的股东会"属于客观题和主观题的高频考点，考生应重点关注"股东会的召集、特别决议、临时股东会召开条件"的规定。

| **例 2-8·单选题（2019 年）** | 甲有限责任公司（下称"甲公司"）由张某、李某、王某、赵某四人出资设立，四人出资比例分别是 10%、15%、20%、55%，公司章程对议事规则和表决权的行使未作特别规定。甲公司召开股东会会议，就增加注册资本事项进行表决。下列关于股东会就该事项决议的表述中，正确的是（  ）。

A. 李某和赵某同意即可通过决议
B. 张某、李某、王某三人同意即可通过决议
C. 必须四人都同意才能通过决议
D. 赵某同意即可通过决议

**解析** 本题考查有限责任公司的股东会。股东会作出增加注册资本的决议，必须经代表 2/3 以

上表决权的股东通过。股东会会议由股东按照出资比例行使表决权，但公司章程另有约定的除外。本题中公司章程对议事规则和表决权的形式未作特别约定，所以按照出资比例行使表决权。李某和赵某合计表决权 70%，超过 2/3，李某和赵某同意即可通过决议。因此，选项 A 正确。

答案　A

### （二）董事会

| 项目 | 具体规定 |
| --- | --- |
| 组成 | **3 人以上**。<br>【提示】股东人数较少、规模较小的，可不设董事会，设一名董事，行使董事会职权。该董事可以兼任公司经理 |
| 任期 | 不超过 **3 年**，连选可以连任 |
| 职工代表 | 董事会成员中**可以**有公司职工代表。**职工人数 300 人以上**的有限责任公司，除依法设监事会并有公司职工代表的外，其董事会成员中**应当**有公司职工代表。董事会中的职工代表由公司职工通过职工代表大会、职工大会或者其他形式民主选举产生 |
| 决议 | 董事会会议应当有**过半数**的董事**出席**方可举行。董事会作出决议，应当经**全体董事的过半数**通过 |
| 召集和主持 | 董事长→副董事长→**过半数**董事推举 1 名董事 |
| 董事长、副董事长 | **公司章程**规定 |
| 委托出席 | 董事因故不能出席会议的，可以**书面**委托其他**董事**代为出席 |
| 表决方式 | 一人一票，出席会议的董事应当在会议记录上签名 |
| 免责 | 表决时曾**表明异议并记载于会议记录**的 |
| 职权 | （1）**召集**股东会会议，并向股东会报告工作；<br>（2）**执行**股东会的决议；<br>（3）决定公司的**经营计划**和**投资方案**；<br>（4）**制订**公司的利润分配方案和弥补亏损方案；<br>（5）**制订**公司增加或者减少注册资本以及发行公司债券的方案；<br>（6）**制订**公司合并、分立、变更公司形式、解散的方案；<br>（7）决定公司内部管理机构的设置；<br>（8）决定聘任或者解聘公司**经理**及其报酬事项，并根据经理的提名决定聘任或者解聘公司**副经理、财务负责人**及其报酬事项；<br>（9）制定公司的**基本管理制度**；<br>（10）公司章程规定或者股东会授予的其他职权 |

**趁热答题**

**例 2-9・单选题（2018 年）** 根据公司法律制度的规定，下列各项中，属于有限责任公司董事会职权的是（　　）。

A. 对公司增加或减少注册资本作出决议

B. 决定公司内部管理机构的设置

C. 对发行公司债券作出决议

D. 审议批准公司的利润分配方案和弥补亏损方案

〖解析〗本题考查有限责任公司董事会的职权。根据规定,有限责任公司的董事会的职权主要有:
(1) 召集股东会会议,并向股东会报告工作;
(2) 执行股东会的决议;
(3) 决定公司的经营计划和投资方案;
(4) 制订公司的利润分配方案和弥补亏损方案;
(5) 制订公司增加或者减少注册资本以及发行公司债券的方案;
(6) 制订公司合并、分立、变更公司形式、解散的方案;
(7) 决定公司内部管理机构的设置(选项B);
(8) 决定聘任或者解聘公司经理及其报酬事项,并根据经理的提名决定聘任或者解聘公司副经理、财务负责人及其报酬事项;
(9) 制定公司的基本管理制度;
(10) 公司章程规定或者股东会授予的其他职权。
选项ACD均属于股东会的职权。

〖答案〗 B

### (三) 监事会

| 项目 | 具体规定 |
| --- | --- |
| 组成 | 人数≥3人。<br>【提示】<br>①股东人数较少、规模较小的,可不设监事会,设1名监事,行使《公司法》规定的监事会职权;经全体股东一致同意,也可以不设监事。<br>②有限责任公司可以按照公司章程的规定在董事会中设置由董事组成的审计委员会,行使《公司法》规定的监事会的职权,不设监事会或者监事。公司董事会成员中的职工代表可以成为审计委员会成员 |
| 监事会主席 | 全体监事过半数选举 |
| 职工代表 | 必须有,比例≥1/3 |
| 兼任限制 | 董事、高管不得兼任监事 |
| 任期 | 监事的任期每届为3年,可连选连任。<br>【提示】监事辞职或任期届满未及时改选致监事会成员低于法定人数,在新监事就任前,原监事仍应履行监事职务 |
| 召集和主持 | 主席→过半数监事推举1名监事 |
| 开会 | 每年至少召开1次 |
| 决议 | 经全体监事的过半数通过 |
| 职权 | (1) 检查公司财务;<br>(2) 对董事、高级管理人员执行公司职务的行为进行监督,对违反法律、行政法规、公司章程或者股东会决议的董事、**高级管理人员提出罢免的建议**;<br>(3) 当董事、高级管理人员的行为损害公司的利益时,要求董事、高级管理人员予以纠正;<br>(4) 提议召开临时股东会会议,在董事会不履行规定的召集和主持股东会会议职责时召集和主持股东会会议;<br>(5) 向股东会会议提出提案;<br>(6) 依照《公司法》的规定,对董事、高级管理人员提起诉讼;<br>(7) 公司章程规定的其他职权 |

| 例 2-10·单选题（2021 年） | 根据公司法律制度的规定，下列关于有限责任公司监事会的表述中，正确的是（   ）。

A. 监事会主席由股东会选举产生
B. 监事的任期每届为 5 年
C. 高级管理人员可以兼任监事
D. 股东人数较少或规模较小的有限责任公司可以设 1 名监事，不设立监事会

解析　本题考查监事会。监事会主席由全体监事过半数选举产生，选项 A 错误。监事的任期每届为 3 年，选项 B 错误。董事、高管不得兼任监事，选项 C 错误。选项 D 表述正确。

答案　D

▶ 很好懂 ▶

股东会属于权力机构，拥有所有权；董事会属于执行机构，拥有经营权；监事会属于监督机构，拥有监督权；经理（高管）负责具体落地执行。公司的各组织机构关系如下图所示：

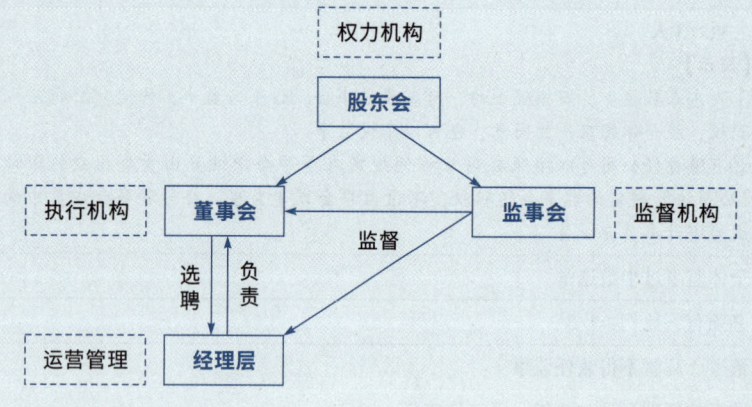

## 考点 6　有限责任公司的股东权与股权转让（★★★）

考频　2023 年多选题、判断题；2022 年单选题、简答题；2021 年多选题、简答题、综合题

### （一）股东查阅权

| 对象 | 权利范围 | 公司能否拒绝 |
| --- | --- | --- |
| 会计账簿、会计凭证 | （书面请求）查阅 | 认定股东有不正当目的的，可以拒绝 |
| 公司章程、股东名册、股东会会议记录、董事会会议决议、监事会会议决议和财务会计报告 | 查阅+复制 | 不得拒绝 |

### （二）名义股东与实际出资人的关系

在实践中，有时会出现公司相关文件记名的股东（名义股东）并不是真正的投资人（实际出资人）的情况，从而导致名义股东与实际出资人在股权认定及投资权益的归属上发生争议，对与各项争议的具体规定如下表所示：

| 项目 | 具体规定 |
| --- | --- |
| 代持股协议效力 | 实际出资人与名义出资人订立合同，约定由实际出资人出资并享有投资权益，以名义出资人为名义股东，该合同原则上有效 |
| 投资权益的归属 | 归实际股东 |
| 名义股东对股权的处分 | （1）名义股东处分名下的股权，第三人按**善意取得**处理；<br>（2）第三人构成善意取得，实际出资人可要求名义股东赔偿损失 |
| 未履行出资义务 | （1）公司债权人主张名义股东在未出资本息范围内对公司债务不能清偿的部分承担补充赔偿责任，股东以其仅为名义股东而非实际出资人为由进行抗辩的，人民法院不予支持；<br>（2）名义股东承担责任后，**可以**向实际出资人**追偿** |

**趁热答题**

**例 2-11 · 多选题（2021 年）** 甲、乙双方订立协议，由甲作为名义股东，代为持有乙在丙有限责任公司的股权，但投资收益由实际投资人乙享有，协议并无其他违法情形。后甲未经乙同意，将其代持的部分股权，以合理价格转让给丙公司的股东丁。丁对甲只是名义股东的事实不知情。根据公司法律制度的规定，下列表述中，正确的有（　　）。

A. 甲、乙之间的股权代持协议无效
B. 甲、乙之间的股权代持协议有效
C. 若乙反对甲、丁之间的股权转让，则丁不能取得甲所转让的股权
D. 即使乙反对甲、丁之间的股权转让，丁亦合法取得甲所转让的股权

**解析** 本题考查名义股东与实际出资人的关系。有限责任公司的实际出资人与名义出资人订立合同，约定由实际出资人出资并享有投资权益，以名义出资人为名义股东，实际出资人与名义股东对该合同效力发生争议的，人民法院应当认定该合同有效，选项 B 正确。名义股东将登记于其名下的股权转让、质押或者以其他方式处分，实际出资人以其对于股权享有实际权利为由，请求认定处分股权行为无效的，人民法院可以参照善意取得的规定处理。如果受让方符合善意取得的条件，受让方即可取得股权。本题中，丁属于善意第三人，因此，丁可取得股权，选项 D 正确。

**答案** BD

### (三) 有限责任公司股东转让股权

| 类型 | | 具体规定 |
|---|---|---|
| 自主转让 | 对内转让 | **无限制**，公司章程另有约定的除外 |
| | 对外转让 | （1）股东向股东以外的人转让股权的，应当将股权转让的数量、价格、支付方式和期限等事项**书面通知其他股东**，其他股东在**同等条件下**有优先购买权。股东自接到书面通知之日起 **30 日**内未答复的，视为**放弃优先购买权**。两个以上股东行使优先购买权的，**协商**确定各自的购买比例；协商不成的，按照转让时各自的**出资比例**行使优先购买权。<br>（2）公司章程对股权转让**另有规定**的，从其规定 |
| 法院强制执行 | | （1）应当通知公司及**全体**股东（无须经其他股东同意）；<br>（2）其他股东在同等条件下有优先购买权 |
| 异议回购 | | 有下列情形之一的，对股东会该项决议投反对票的股东可以请求公司按照合理的价格收购其股权，退出公司：<br>（1）公司连续 **5 年**不向股东分配利润，且公司该 **5 年连续盈利**，并且符合公司法规定的分配利润条件的；<br>（2）公司**合并、分立、转让主要财产**的；<br>（3）公司章程规定的营业期限届满或者章程规定的其他解散事由出现，股东会会议通过决议**修改章程使公司存续**的。<br>【记忆技巧】连盈 5 年不分钱，合并分立转财产，期限届满继续干。<br>【提示】公司的控股股东滥用股东权利，严重损害公司或者其他股东利益的，其他股东有权请求公司按照合理的价格收购其股权 |

> 🚩 **通关文牒**
>
> ▶ **很好懂** ▶
>
> 有限责任公司具有人合性，股东的个人信用及相互关系直接影响到公司的风格甚至信誉。股东之间股权的转让只会影响内部股东的出资比例，股东之间的相互信任没有发生变化，所以对内转让几乎无限制。而对外转让时，会引入新的股东，可能会破坏之前的人合性，所以对外转让有限制条件。
>
> (举例) 甲、乙、丙共同设立 A 有限责任公司：
> （1）甲拟向丙转让其持股→对内自由转让（无须其他股东同意，也无须通知其他股东）；
> （2）甲拟向公司股东以外的丁转让其持股→应当将股权转让的数量、价格、支付方式和期限等事项书面通知其他股东，其他股东在同等条件下有优先购买权。
>
> ▶ **很会考** ▶
>
> "有限责任公司的股权转让"属于客观题和主观题的高频考点，考生应重点关注"对外转让"的规定。

### 考点 7　国家出资公司组织机构的特别规定

#### （一）国家出资公司的概念

国家出资公司是指国家出资的国有独资公司、国有资本控股公司，包括国家出资的有限责任公司、股份有限公司。

**（二）国家出资公司组织机构的特别规定**

（1）国家出资公司的出资方，由**国务院或者地方人民政府**分别代表国家依法履行出资人职责，享有出资人权益。

（2）国有独资公司的股东会。

国有独资公司章程由履行出资人职责的机构制定。国有独资公司**不设股东会**，由履行出资人职责的机构行使股东会职权。履行出资人职责的机构可以授权公司董事会行使股东会的**部分职权**，但**公司章程的制定和修改，公司的合并、分立、解散、申请破产、增加或者减少注册资本，分配利润**，应当由履行出资人职责的机构决定。

（3）国有独资公司的董事会。

①国有独资公司的董事会依照公司法的规定行使职权。

②国有独资公司的董事会成员中，应当**过半数**为**外部董事**，并**应当**有公司职工代表。

③董事会成员由履行出资人职责的机构**委派**；但是，董事会成员中的**职工代表**由公司职工代表大会选举产生。

④董事会设董事长1人，**可以**设副董事长。董事长、副董事长由履行出资人职责的机构从董事会成员中**指定**。

⑤国有独资公司的经理由**董事会**聘任或者解聘。

（4）国有独资公司的监事会。

国有独资公司在董事会中设置由董事组成的审计委员会行使公司法规定的监事会职权的，**不设监事会或者监事**。

# 第四节 股份有限公司

## 考点8 股份有限公司的设立（★★）

> **考频** 2023年单选题、多选题；2022年判断题；2021年单选题

| 项目 | 发起设立 | 募集设立 |
|------|----------|----------|
| 发起人 | （1）1—200人（**半数以上在中国境内有住所**）；<br>（2）可以是中国公民，也可以是外国公民。<br>【提示】公务员**不能**成为公司股东（上市公司除外），国家机关**不能**成为公司股东（国有公司除外） | |
| 注册资本 | 在公司登记机关登记的**已发行股份的股本总额**。发起人应当在公司成立前按照其认购的股份全额缴纳股款。在发起人认购的股份缴足前，**不得**向他人募集股份。<br>【提示】<br>①以发起设立方式设立股份有限公司的，发起人应当认足公司章程规定的公司设立时应发行的股份；<br>②以募集设立方式设立股份有限公司的，发起人认购的股份不得少于公司设立时应发行股份总数的**35%** | |
| 出资 | **劳务**、信用、自然人姓名、商誉、特许经营权、设定担保的财产、土地所有权、非法财产**不得**用于出资 | |

续表

| 项目 | | 发起设立 | 募集设立 |
|---|---|---|---|
| 公司章程 | | 发起人制定 | 发起人制定,并经出席成立大会的认股人所持表决权的**过半数**通过才有效 |
| 设立失败的发起人责任 | 合同责任 | (1) 发起人为设立公司以**自己名义**对外签订合同,合同相对人请求该**发起人**承担合同责任的,人民法院应予支持。公司**成立后**合同相对人请求**公司**承担合同责任的,人民法院应予支持。<br>(2) 发起人以设立中**公司名义**对外签订合同,公司**成立后**合同相对人请求**公司**承担合同责任的,人民法院应予支持。公司成立后有证据证明发起人利用设立中公司的名义为自己的利益与相对人签订合同,公司以此为由主张不承担合同责任的,人民法院应予支持,但相对人为善意的除外。 | |
| | 退还股款 | 发起人对认股人已缴纳的股款,负返**还股款**、**银行同期存款利息**的**连带**责任 | |
| | 设立费用和债务及侵权赔偿 | (1) 公司成立后自动担责。<br>(2) 公司未设立:<br>①**对外**,由全体发起人承担**连带责任**;<br>②**对内**,由部分发起人担责后向其他发起人追责 | |

▶ 很会考 ▶

股份有限公司的设立属于客观题考点,考生需要关注"发起人""发起设立、募集设立的注册资本"的规定。

## 考点 9　股份有限公司的组织机构(★★★)

考频 2023 年单选题、多选题、简答题;2022 年单选题、多选题;2021 年单选题

靶心考点精讲

### (一)股东会

| 项目 | 具体规定 |
|---|---|
| 组成 | 人数≥1 人 |
| 开会 | 每年 1 次(上市公司:在上半年开) |
| 通知 | (1) 年会:会议召开 20 日前。<br>(2) 临时股东会:会议召开 15 日前。<br>(3) 发行无记名股票的:会议召开 30 日前 |
| 会议召集和主持 | (1) 由董事会召集,主持人顺延顺序为:**董事长→副董事长→过半数**董事推选的董事。<br>(2) 董事会不能履行或不履行召集股东会会议职责的,由监事会召集和主持。<br>(3) 监事会不召集和主持的,由**连续 90 天以上**单独或合计持有公司 **10%**以上股份的股东自行召集和主持 |

续表

| 项目 | | 具体规定 |
|---|---|---|
| 表决规则 | 普通决议 | 出席会议股东所持表决权过半数（所持表决权占比>1/2） |
| | 特别表决 | 出席会议股东所持表决权2/3以上（所持表决权占比≥2/3）<br>具体事项：<br>（1）修改公司章程；<br>（2）增减注册资本；<br>（3）合并、分立、解散；<br>（4）变更公司形式 |
| 临时股东会召开条件 | | （1）董事人数不足公司法规定人数（少于3人）或者公司章程所定人数的2/3；<br>（2）公司未弥补的亏损达实收股本总额的1/3；<br>（3）单独或合计持有10%以上股份的股东请求；<br>（4）董事会认为必要；<br>（5）监事会提议召开；<br>（6）公司章程规定的其他情形 |
| 职权 | | （1）选举和更换董事、监事，决定有关董事、监事的报酬事项；<br>（2）审议批准董事会的报告；<br>（3）审议批准监事会的报告；<br>（4）审议批准公司的利润分配方案和弥补亏损方案；<br>（5）对公司增加或者减少注册资本作出决议；<br>（6）对发行公司债券作出决议；<br>【提示】股东会可以授权董事会对发行公司债券作出决议。<br>（7）对公司合并、分立、变更公司形式、解散和清算等事项作出决议；<br>（8）修改公司章程；<br>（9）公司章程规定的其他职权 |

▶ 速提分 ▶

有限责任公司和股份有限公司股东会的详细对比如下表所示：

| 项目 | | 有限责任公司 | 股份有限公司 |
|---|---|---|---|
| 组成 | | 1—50人 | 人数≥1人 |
| 会议召集和主持 | 首次会议 | 由出资最多的股东召集和主持 | — |
| | 常规会议 | 董事会（董事长→副董事长→过半数推举）→监事会→代表1/10以上表决权的股东 | 董事会（董事长→副董事长→过半数推举）→监事会→连续90日以上单独或合计持有公司10%以上股份的股东 |
| 临时股东会召开条件 | | （1）代表1/10以上表决权股东提议；<br>（2）1/3以上的董事提议；<br>（3）监事会或不设监事会的公司的监事提议 | （1）董事人数不足3人或章程所定人数的2/3；<br>（2）公司未弥补的亏损达实收股本总额1/3；<br>（3）单独或合计持有10%以上股份的股东请求；<br>（4）董事会认为必要；<br>（5）监事会提议召开 |

续表

| 项目 | | 有限责任公司 | 股份有限公司 |
|---|---|---|---|
| 表决规则 | 普通决议 | 经代表**过半数**表决权的股东通过 | **出席**会议股东所持表决权过半数（所持表决权占比>1/2） |
| | 特别表决 | **全体**股东所持表决权2/3以上 | **出席**会议股东所持表决权2/3以上（所持表决权占比≥2/3） |
| | | 具体事项：<br>(1) 修改公司**章程**；<br>(2) **增减注册资本**；<br>(3) **合并**、**分立**、解散；<br>(4) 变更公司形式。<br>【记忆技巧】增减资、合分散、改章程、变形式。<br>【提示】上市公司增加股东会特别决议事项：**1年**内购买、出售重大资产或者担保金额超过公司**资产总额**的30% | |
| 职权 | | (1) 选举和更换**董事**、**监事**，决定有关董事、监事的报酬事项；<br>(2) 审议批准董事会的报告；<br>(3) 审议批准监事会的报告；<br>(4) 审议批准公司的利润分配方案和弥补亏损方案；<br>(5) 对公司增加或者减少注册资本作出决议；<br>(6) 对发行公司债券作出决议；<br>(7) 对公司合并、分立、变更公司形式、解散和清算等事项作出决议；<br>(8) 修改**公司章程**；<br>(9) 公司章程规定的其他职权 | |

### 趁热答题

**例 2-12 · 多选题（2023年）** 下列各种情形中，股份有限公司应于2个月内召开临时股东会的有（　　）。

A. 持有公司12%股份的股东要求召开临时股东会

B. 公司实收资本是6 000万元，目前未弥补亏损1 500万元

C. 公司监事会提议召开临时股东会

D. 公司章程规定，董事成员是9人，现在有5人

**解析** 本题考查股份有限公司的股东会。有下列情形之一的，应当在2个月内召开临时股东会：

(1) 董事人数不足《公司法》规定人数或者公司章程所定人数的2/3；

(2) 公司未弥补的亏损达实收股本总额1/3；

(3) 单独或者合计持有公司10%以上股份的股东请求（选项A）；

(4) 董事会认为必要；

(5) 监事会提议召开（选项C）；

(6) 公司章程规定的其他情形。

选项 B，未弥补的亏损占实收股本总额的比例=1 500/6 000<1/3，不符合上述第（2）项情形，故错误。选项 D，实际董事人数占公司章程规定人数比例=5/9<2/3，符合上述第（1）项情形，因此正确。

<u>答案</u>　ACD

### （二）董事会

| 项目 | | 具体规定 |
| --- | --- | --- |
| 组成 | | **3 人以上** |
| 任期 | | 不超过 **3 年**，连选可以连任 |
| 职工代表 | | 成员中**可**以有公司职工代表。**职工人数 300 人以上**的股份有限公司，除依法设监事会并有公司职工代表的外，其董事会成员中**应当有公司职工代表** |
| 会议制度 | 开会 | 至少每年 2 次 |
| | 召开 | 全体董事**过半数**出席 |
| | 决议 | 全体董事**过半数**通过（数人头） |
| 董事长、副董事长 | | 全体董事**过半数**选举产生 |
| 委托出席 | | 董事因故不能出席会议的，可以**书面**委托其他**董事**代为出席 |
| 免责 | | 表决时曾**表明异议并记载于会议记录**的 |
| 临时董事会召开条件 | | （1）代表 **1/10** 以上表决权股东提议；<br>（2）**1/3** 以上的董事提议；<br>（3）**监事会**提议 |
| 职权 | | （1）召集股东会会议，并向股东会报告工作；<br>（2）执行股东会的决议；<br>（3）决定公司的**经营计划**和**投资方案**；<br>（4）**制订**公司的利润分配方案和弥补亏损方案；<br>（5）**制订**公司增加或者减少注册资本以及发行公司债券的方案；<br>（6）**制订**公司合并、分立、变更公司形式、解散的方案；<br>（7）决定公司内部管理机构的设置；<br>（8）决定聘任或者解聘公司**经理**及其报酬事项，并根据经理的提名决定聘任或者解聘公司副经理、财务负责人及其报酬事项；<br>（9）**制定**公司的**基本管理制度**；<br>（10）公司章程规定或者股东会授予的其他职权 |

### （三）监事会

| 项目 | 具体规定 |
| --- | --- |
| 组成 | 人数≥3 人。<br>【提示】<br>①规模较小或者股东人数较少的股份有限公司，可以不设监事会，设 1 名监事，行使监事会职权。<br>②股份有限公司可以按照公司章程的规定，在董事会中设置由董事组成的审计委员会，行使《公司法》规定的监事会的职权，不设监事会或者监事。公司董事会成员中的职工代表可以成为审计委员会成员 |

续表

| 项目 | 具体规定 |
|---|---|
| 监事会主席 | **全体**监事**过半数**选举 |
| 职工代表 | **必须有**，比例≥1/3 |
| 兼任限制 | 董事、高管**不得兼任**监事 |
| 任期 | 监事的任期每届为**3年**，可连选连任。<br>【提示】监事辞职或任期届满未及时改选致监事会成员低于法定人数，在新监事就任前，原监事仍应履行监事职务 |
| 开会频次 | 6个月1次 |
| 决议 | **过半数**监事通过 |
| 职权 | (1) 检查公司财务；<br>(2) 对董事、高级管理人员执行公司职务的行为进行监督，对违反法律、行政法规、公司章程或者股东会决议的**董事**、**高级管理人员提出罢免的建议**；<br>(3) 当董事、高级管理人员的行为损害公司的利益时，要求董事、高级管理人员予以纠正；<br>(4) 提议召开临时股东会会议，在董事会不履行规定的召集和主持股东会会议职责时召集和主持股东会会议；<br>(5) 向股东会会议提出提案；<br>(6) 依照《公司法》的规定，对董事、高级管理人员提起诉讼；<br>(7) 公司章程规定的其他职权 |

**趁热答题**

**例2-13·单选题（2023年）** 根据公司法律制度的规定，下列有关股份有限公司监事会的说法，正确的是（　　）。

A. 监事任期届满，连选可以连任　　B. 监事人数不得少于5人
C. 职工代表不得少于1/2　　D. 董事可以兼任监事

**解析** 本题考查股份有限公司的监事会。监事任期届满，连选可以连任，选项A正确。股份有限公司设监事会，其成员不得少于3人，选项B错误。监事会应当包括股东代表和适当比例的公司职工代表，其中职工代表的比例不得低于1/3，具体比例由公司章程规定，选项C错误。董事、高级管理人员不得兼任监事，选项D错误。

**答案** A

## 考点10　上市公司组织机构的特别规定（★★）

**考频** 2022年单选题

**（一）独立董事**

1. 人数要求

（1）上市公司应当建立独立董事制度。上市公司独立董事占董事会成员的比例**不得低于1/3**，且至少包括一名**会计**专业人士。

（2）上市公司应当在董事会中设置审计委员会。审计委员会成员应当为不在上市公司担任高级管理人员的董事，其中独立董事应当**过半数**，并由独立董事中的**会计**专业人士担任召集人。

（3）上市公司可以根据需要在董事会中设置提名、薪酬与考核、战略等专门委员会。提名委员会、薪酬与考核委员会中独立董事应当**过半数**并担任召集人。

2. 担任独立董事应当符合的基本条件

（1）具备担任上市公司董事的法定资格；

（2）具有**独立性**；

（3）具备上市公司运作的基本知识，熟悉相关法律法规和规则；

（4）具有 **5 年**以上法律、经济或其他履行独立董事职责所必需的法律、会计或经济等工作经验；

（5）具有良好的个人品德，不存在重大失信等不良记录；

（6）法律、行政法规、中国证监会规定、证券交易所业务规则和公司章程规定的其他条件。

3. 不得担任独立董事的人员

（1）在上市公司或者其附属企业**任职的人员**及其**配偶**、**父母**、**子女**、**主要社会关系**；

（2）直接或间接持有上市公司已发行股份 **1%**以上或者是上市公司**前 10 名**股东中的**自然人**股东及其配偶、父母、子女；

（3）直接或间接持有上市公司已发行股份 **5%**以上的股东单位或者在上市公司**前 5 名**股东**单位**任职的**人员**及其**配偶**、**父母**、**子女**；

（4）在上市公司控股股东、实际控制人的附属企业任职的人员及其配偶、父母、子女；

（5）与上市公司及其控股股东、实际控制人或者其各自的附属企业有重大业务往来的人员，或者在有重大业务往来的单位及其控股股东、实际控制人任职的人员；

（6）为上市公司及其控股股东、实际控制人或者其各自附属企业提供财务、法律、咨询、保荐等服务的人员，包括但不限于提供服务的中介机构的项目组全体人员、各级复核人员、在报告上签字的人员、合伙人、董事、高级管理人员及主要负责人；

（7）最近 12 个月内曾经具有第（1）至（6）项所列举情形的人员；

（8）法律、行政法规、中国证监会规定、证券交易所业务规则和公司章程规定的不具备独立性的其他人员。

【提示】上述第（1）至（6）项属于当前的情况；第（7）项是指倒推 1 年时的情况。

▶ 很好懂 ▶

下列是对上述第（1）至（3）项情形的举例，考生可以借此对禁止担任独立董事的情形加以理解：

（1）如果张三在甲上市公司或者甲上市公司的附属企业（如甲的子公司）任职，那么张三、张三的配偶、父母、子女以及张三的主要社会关系均不得担任甲公司的独立董事；

（2）如果张三持有甲上市公司 2%（1%以上）的股份，或张三是甲上市公司第 5（前 10 名）大股东，那么张三以及张三的配偶、父母、子女均不得担任甲公司的独立董事；

（3）如果乙公司持有甲上市公司 8%（5%以上）股份，或乙公司是甲上市公司第 3（前 5 名）大股东，而张三在乙公司上班，那么张三以及张三的配偶、父母、子女均不得担任甲公司的独立董事。

### 趁热答题

**|例2-14·多选题（2020年）|** 根据公司法律制度的规定，下列人员中，不得担任上市公司独立董事的有（　　）。

A. 在上市公司任职的人员
B. 为上市公司提供法律服务的人员
C. 上市公司前10名股东中的自然人股东
D. 在直接持有上市公司已发行股份5%以上的股东单位任职的人员

（解析）本题考查上市公司设立独立董事。下列人员不得担任独立董事：（1）在上市公司或者其附属企业任职的人员及其配偶、父母、子女、主要社会关系（主要社会关系是指兄弟姐妹、岳父母、儿媳女婿、兄弟姐妹的配偶、配偶的兄弟姐妹等），选项A不得担任。（2）直接或间接持有上市公司已发行股份1%以上或者是上市公司前10名股东中的自然人股东及其配偶、父母、子女，选项C不得担任。（3）在直接或间接持有上市公司已发行股份5%以上的股东单位或者在上市公司前5名股东单位任职的人员及其配偶、父母、子女，选项D不得担任。（4）在上市公司控股股东、实际控制人的附属企业任职的人员及其配偶、父母、子女。（5）与上市公司及其控股股东、实际控制人或者其各自的附属企业有重大业务往来的人员，或者在有重大业务往来的单位及其控股股东、实际控制人任职的人员。（6）为上市公司及其控股股东、实际控制人或者其各自附属企业提供财务、法律、咨询、保荐等服务的人员，包括但不限于提供服务的中介机构的项目组全体人员、各级复核人员、在报告上签字的人员、合伙人、董事、高级管理人员及主要负责人，选项B不得担任。（7）最近12个月内曾经具有（4）至（6）项所列举情形的人员。（8）法律、行政法规、中国证监会规定、证券交易所业务规则和公司章程规定的不具备独立性的其他人员。

（答案）ABCD

#### （二）上市公司审计委员会的特别规定

上市公司在董事会中设置审计委员会的，董事会对下列事项作出决议前应当经审计委员会全体成员过半数通过：

（1）聘用、解聘承办公司审计业务的会计师事务所；
（2）聘任、解聘财务负责人；
（3）披露财务会计报告；
（4）国务院证券监督管理机构规定的其他事项。

#### （三）关联关系董事的表决权排除制度

1. 回避制度

上市公司董事与董事会会议决议事项所涉及的企业有关联关系的，自己不得表决，也不得代其他董事表决。

2. 董事会召开条件

该董事会会议由过半数的无关联关系董事出席即可举行。如果出席董事会的无关联关系董事人数**不足3人**（<3），则决议事项将被提交股东会审议。

3. 表决通过条件

董事会会议所作决议须经无关联关系董事过半数通过。

## 趁热答题

**例2-15·单选题（2022年）** 上市公司根据公司章程的规定，就甲公司向乙公司投资事项召开董事会会议。甲公司董事长王某之妻林某在乙公司担任董事长。下列关于甲公司董事会会议的表述中，正确的是（　　）。

A. 王某可以就该项投资决议行使表决权
B. 林某可以代理王某参加会议并就该项投资决议行使表决权
C. 王某可以代理其他董事就该项投资决议行使表决权
D. 若出席会议的无关联关系董事只有2人，甲公司应将该事项提交股东会审议

**解析** 本题考查关联关系董事的表决权排除制度。上市公司董事与董事会会议决议事项所涉及的企业有关联关系的，不得对该项决议行使表决权，也不得代理其他董事行使表决权，选项AC错误。董事因故不能出席的，可以书面委托其他董事代为出席，选项B中林某不属于其他董事，不能代理，错误。出席董事会的无关联关系董事人数不足3人的，应将该事项提交上市公司股东会审议，选项D正确。

**答案** D

## 第五节　公司董事、监事、高级管理人员的资格和义务

### 考点11　公司董事、监事、高级管理人员的资格和义务（★★）

**考频** 2023年单选题

**（一）公司董事、监事、高级管理人员的资格**

有下列情形之一的，不得担任公司的董事、监事、高级管理人员：
（1）**无**民事行为能力或者**限制**民事行为能力；
（2）因**贪污**、**贿赂**、**侵占财产**、**挪用财产或者破坏社会主义市场经济秩序**，被判处刑罚，或者因犯罪被剥夺政治权利，执行期满未逾**5年**，被宣告缓刑的，自缓刑考验期满之日起未逾**2年**；
（3）担任破产清算的公司、企业的董事或者厂长、经理，对该公司、企业的破产负有**个人责任**的，自该公司、企业破产清算完结之日起未逾**3年**；
（4）担任因违法被吊销营业执照、责令关闭的公司、企业的**法定代表人**，并负有**个人责任**的，自该公司、企业被吊销营业执照、责令关闭之日起未逾**3年**；
（5）个人因所负数额较大债务到期未清偿被人民法院列为**失信被执行人**。

**（二）公司董事、监事、高级管理人员的义务**

1.《公司法》规定董事、监事、高级管理人员不得出现的行为
（1）**侵占**公司财产、**挪用**公司资金；
（2）将公司资金以其**个人名义**或者以其他个人名义开立账户存储；
（3）利用职权**贿赂**或者收受其他非法收入；
（4）接受他人与公司交易的**佣金归为己有**；
（5）擅自**披露**公司**秘密**；
（6）违反对公司忠实义务的其他行为。

## 2. 关联交易

（1）董事、监事、高级管理人员，直接或者间接与本公司订立合同或者进行交易，应当就与订立合同或者进行交易有关的事项向**董事会或者股东会**报告，并按照公司章程的规定经**董事会或者股东会**决议通过；

（2）董事、监事、高级管理人员的**近亲属**，董事、监事、高级管理人员或者其近亲属直接或者间接控制的企业，以及与董事、监事、高级管理人员有其他关联关系的关联人，与公司订立合同或者进行交易，适用上述规定。

## 3. 利用公司商业机会

董事、监事、高级管理人员，不得利用职务便利为自己或者他人谋取属于公司的商业机会。但是，有下列情形之一的除外：

（1）向**董事会或者股东会**报告，并按照公司章程的规定经**董事会或者股东会**决议通过；

（2）根据法律、行政法规或者公司章程的规定，公司不能利用该商业机会。

## 4. 经营同类业务

（1）董事、监事、高级管理人员未向**董事会或者股东会**报告，并按照公司章程的规定经**董事会或者股东会**决议通过，不得自营或者为他人经营与其任职公司同类的业务。

（2）董事会对上述三个事项（关联交易、利用公司商业机会、经营同类业务）决议时，**关联董事不得参与表决**，其表决权不计入表决权总数。出席董事会会议的无关联关系董事人数**不足3人**的，应当将该事项提交**股东会**审议。

### 趁热答题

**例2-16·单选题（2023年）** 2023年8月，下列人员中可以担任甲公司独立董事的是（　　）。

A. 某公司法定代表人A，公司于2021年因违法被吊销营业执照，A负主要责任

B. 2006年6月出生的王某，以自己的收入为主要生活来源

C. 某公司董事B，某年因贪污、贿赂、侵占财产、挪用财产被判刑，刑满释放刚满3年

D. 某公司董事C，2021年公司破产清算，C负有个人责任

**【解析】** 本题考查公司董事、监事、高级管理人员的资格。有下列情形之一的，不得担任公司的董事、监事、高级管理人员：

（1）无民事行为能力或者限制民事行为能力（16周岁以上的未成年人，以自己的劳动收入为主要生活来源的，视为完全民事行为能力人，选项B中王某视为完全民事行为能力人，可以担任）。

（2）因贪污、贿赂、侵占财产、挪用财产或者破坏社会主义市场经济秩序，被判处刑罚，执行期满未逾5年，被宣告缓刑的，自缓刑考验期满之日起未逾2年（选项C中的董事B刑满释放未逾5年，不得担任）。

（3）担任破产清算的公司、企业的董事或者厂长、经理，对该公司、企业的破产负有个人责任的，自该公司、企业破产清算完结之日起未逾3年（选项D中的董事C公司破产清算未逾3年，不得担任）。

（4）担任因违法被吊销营业执照、责令关闭的公司、企业的法定代表人，并负有个人责任的，自该公司、企业被吊销营业执照之日起未逾3年（选项A中法人A的公司因违法被吊销营业执照未逾3年，不得担任）。

（5）个人因所负数额较大的债务到期未清偿被人民法院列为失信被执行人。

因此，选项B正确。

**【答案】** B

# 考点12 股东诉讼（★★）

**考频** 2023年单选题；2022年综合题

靶心考点精讲

股东诉讼包括股东直接诉讼和股东代表诉讼，具体规定如下表所示：

| 类型 | 具体规定 |
| --- | --- |
| 股东代表诉讼<br>（侵犯**公司**利益） | （1）董、高侵权，找监事会；监事侵权，找董事会。（交叉）<br>（2）董事会、监事会<u>拒绝起诉</u>、怠于起诉（收到请求**30日未起诉**）或<u>情况紧急</u>，不立即起诉将使公司利益严重受损→股东代表诉讼。<br>【记忆技巧】被拒，30，急。<br>（3）代表资格：<br>①有限责任公司：任意股东。<br>②股份有限公司：连续**180日**以上单独或合计持有**1%**以上股份的股东 |
| 股东直接诉讼<br>（侵犯**个别股东**利益） | 公司董事、高级管理人员违反法律、行政法规或者公司章程的规定，损害股东利益的，股东可以依法向人民法院提起诉讼（谁害我，我直接起诉谁，无须告知公司） |

【提示】全资子公司的董事、监事、高级管理人员执行职务违反法律、行政法规或者公司章程的规定，给公司造成损失的，或者他人侵犯公司全资子公司合法权益造成损失的，有限责任公司的股东、股份有限公司连续180日以上单独或者合计持有公司1%以上股份的股东，可以依照规定书面请求全资子公司的监事会、董事会向人民法院提起诉讼或者以自己的名义直接向人民法院提起诉讼。

▶ 很好懂 ▶

**举例** A有限责任公司章程规定，对外签订500万元以上的合同需经董事会和监事会会议表决通过。2024年4月1日A公司与B公司签订一份600万元买卖合同时仅由董事长兼总经理李某签字同意，未召开董事会和监事会会议，违反了章程规定且造成100万元损失。2024年5月6日，股东张某以李某执行公司职务时违反公司章程的规定为由，<u>直接以自己的名义</u>向人民法院提起诉讼，请求李某向A公司承担赔偿责任，是否符合规定？

**解析** 张某<u>不能</u>直接以自己的名义提起诉讼。根据规定，当董事、高级管理人员执行公司职务时违反法律、行政法规或者公司章程的规定，给公司造成损失的，有限责任公司的股东可以书面请求监事会或者不设监事会的有限责任公司的监事向人民法院提起诉讼。本题中，董事长兼总经理李某违反公司章程的规定，给公司造成损失，股东张某应先书面请求公司<u>监事会</u>以公司为原告起诉李某，只有当监事会接到书面请求后<u>拒绝起诉</u>，或者自收到请求之日起<u>30日内未提起诉讼</u>，或者情况紧急，不立即提起诉讼将会使公司利益受到难以弥补的损害时，张某才可以以自己的名义提起股东代表诉讼。

▶ 速提分 ▶

股东诉讼包括股东直接诉讼和股东代表诉讼，两者的区别主要在于侵害了不同对象的利益：
(1) 侵害**个别股东**利益→股东**直接**诉讼→股东可依法向法院起诉；
(2) 侵害**公司**利益→股东**代表**诉讼。具体总结如下图所示：

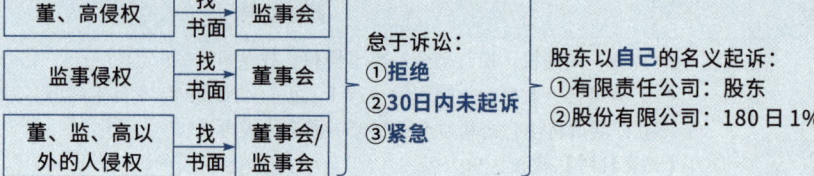

**趁热答题**

**│例 2-17·单选题（2017 年）│** 甲有限责任公司设股东会、董事会、监事会，该公司经理王某违反法律规定，拖延向股东张某分配利润，张某拟通过诉讼维护自己的权利，下列关于张某诉讼权利的表述中，符合公司法律制度规定的是（  ）。

A．张某有权直接向人民法院起诉王某　　B．张某有权书面请求监事会起诉王某
C．张某有权书面请求董事会起诉王某　　D．张某有权书面请求股东会起诉王某

**解析** 本题考查股东直接诉讼。公司董事、高级管理人员违反法律、行政法规或者公司章程的规定，损害股东利益的，股东可以依法直接向人民法院提起诉讼，选项 A 正确。

**答案** A

## 第六节　公司股票和公司债券

### 考点 13　股份发行（★★）

**考频** 2022 年单选题、多选题；2021 年单选题、多选题

**（一）公司股票**

1. 股票的种类

| 分类标准 | 分类 | 具体规定 |
| --- | --- | --- |
| 股东权利、义务的不同 | 普通股 | 普通股股东享有决策参与权、利润分配权、优先认股权和剩余资产分配权 |
| | 类别股 | (1) 类别股股东享有优先权或者权利受到限制。<br>(2) 发行类别股的公司，应当在公司章程中载明以下事项：<br>①类别股分配利润或者剩余财产的**顺序**；<br>②类别股的**表决权数**；<br>③类别股的**转让限制**；<br>④保护中小股东权益的措施；<br>⑤股东会认为需要规定的其他事项。 |

续表

| 分类标准 | 分类 | 具体规定 |
| --- | --- | --- |
| | | (3) 发行类别股的公司，修改公司章程、增加或者减少注册资本，以及公司合并、分立、解散或者变更公司形式等可能影响类别股股东权利的，除应当经出席股东会会议的股东所持表决权的 2/3 以上通过外，还应当经出席类别股股东会议的股东所持表决权的 2/3 以上通过。公司章程可以对需经类别股股东会议决议的其他事项作出规定 |
| 投资主体性质的不同 | 国有股 | — |
| | 发起人股 | — |
| | 社会公众股 | — |
| 票面上是否记载股东的姓名或名称 | 记名股票 | 在票面上记载股东姓名或名称。公司发行的股票，应当为记名股 |
| | 无记名股票 | 在票面上不记载股东姓名或名称 |

2. 股票的发行原则

(1) 公平、公正的原则。

(2) 同股同价原则。同次发行同种类股票，每股发行条件和价格相同。

3. 股票的发行价格

(1) 可平价、溢价发行，**不可折价**发行。

(2) 公司的全部股份，根据公司章程的规定择一采用面额股或者无面额股。采用面额股的，每一股的金额相等。公司可以根据公司章程的规定将已发行的面额股全部转换为无面额股或者将无面额股全部转换为面额股。采用无面额股的，应当将发行股份所得股款的 **1/2 以上计入注册资本**。

**(二) 股份转让的限制**

1. 对公开发行股份前已发行股份转让的限制

公开发行股份前已发行的股份，自公司股票在证券交易所上市交易之日起 **1 年内不得转让**。

2. 对董事、监事、高级管理人员转让股份的限制

(1) 在职期间，每年转让的股份不得超过其所持有本公司股份总数的 **25%**；

(2) 离职以后，自离职日起半年内不得转让股份；

(3) 自公司股票上市交易之日起 **1 年内不得转让股份**；

(4) 所持股份不超过 **1 000 股**的，可一次全部转让。

**趁热答题**

**| 例 2-18·单选题（2016 年）|** 某股份有限公司于 2013 年 8 月在上海证券交易所上市，公司章程对股份转让的限制未作特别规定，该公司有关人员的下列股份转让行为中，符合公司法律制度规定的是（ ）。

A. 发起人王某于 2014 年 4 月转让了其所持本公司公开发行股份前已发行的股份总数的 25%

B. 董事郑某于 2014 年 9 月将其所持本公司全部股份 800 股一次性转让

C. 董事张某共持有本公司股份 10 000 股，2014 年 9 月通过协议转让了其中的 2 600 股

D. 总经理李某于 2015 年 1 月离职，2015 年 3 月转让了其所持本公司股份总数的 25%

**【解析】** 本题考查股份转让的限制。公司公开发行股份前已发行的股份,自公司股票在证券交易所上市交易之日起1年内不得转让,选项A错误。选项BC,董事、监事、高级管理人员(经理、副经理、财务负责人、上市公司董事会秘书)在任职期间每年转让的股份不得超过其所持有本公司股份总数的25%;但上市公司董事、监事和高级管理人员所持股份不超过1 000股的,可以一次性全部转让,不受25%的比例限制,选项B正确,选项C错误。董事、监事、高级管理人员离职后6个月内,不得转让其所持有的本公司股份。选项D中的李某于2015年1月离职,2015年3月转让股份时离职未超过6个月,故错误。

**【答案】** B

### (三) 股份回购的限制

| 可回购情形 | 决议 | 注销 |
| --- | --- | --- |
| **减少**公司注册资本 | 经**股东会**作出决议 | 自收购之日起**10日**内注销 |
| 与持有本公司股份的其他公司**合并** | | |
| 股东因股东会作出的公司合并、分立决议持**异议**,要求公司收购其股份的 | — | 在**6个月**内转让或者注销 |
| 将股份用于员工持股计划或者**股权激励** | 依照公司**章程**的规定或者股东会的授权,经**2/3以上**董事出席的董事会会议决议 | (1) 公司合计持有的本公司股份数不得超过本公司已发行股份总额的**10%**,并应当在**3年**内转让或注销;<br>(2) 通过**公开的集中交易**方式进行 |
| 将股份用于**转换**上市公司发行的可转换为股票的公司**债券** | | |
| 上市公司为**维护公司价值**及股东权益所必需 | | |

**【提示】** 有下列情形之一的,对股东会该项决议投反对票的股东可以请求公司按照合理的价格收购其股份,**公开发行股份的公司除外**:

①公司**连续5年不向股东分配利润**,而公司该5年连续盈利,并且符合《公司法》规定的分配利润条件;

②公司**转让主要财产**;

③公司章程规定的**营业期限届满**或者章程规定的其他**解散**事由出现,股东会通过决议修改章程使公司存续。

### 趁热答题

**【例2-19·多选题(2022年)】** 2022年5月,甲上市公司为了维护公司价值及股东权益,经股东会授权,董事会会议拟决议依法收购本公司股份。下列关于本次收购的表述中,正确的有( )。

A. 甲上市公司应当将本次收购的股份在3年内转让或注销

B. 须经三分之二以上董事出席的董事会会议决议

C. 甲上市公司合计持有的本公司股份数最大份额可以达到本公司已发行股份总额的15%

D. 甲上市公司应当通过公开的集中交易方式完成本次收购

**【解析】** 本题考查对公司收购自身股票的限制。公司因维护公司价值及股东权益收购本公司股份的,可以依照公司章程的规定或者股东会的授权,经2/3以上董事出席的董事会会议决议。公司合计持有的本公司股份数不得超过本公司已发行股份总额的10%(选项C错误),并应当在3年内转让或者注销,应当通过公开的集中交易方式进行。因此,本题选项ABD正确。

**【答案】** ABD

## 考点 14　公司债券（★）

1. 种类
（1）**记名**公司债券和**无记名**公司债券；
（2）**可转换**公司债券和**不可转换**公司债券。

【提示】
①可转换公司债券是指**可以转换成公司股票**的公司债券，在发行时规定了转换为公司股票的条件与办法，当条件具备时，债券持有人拥有将公司债券转换为公司股票的**选择权**；
②可转换公司债券应当在债券上标明"**可转换公司债券**"字样，且在发行时必须规定转换办法。

2. 转让
公司债券可以转让，转让价格由转让人与受让人约定。

## 第七节　公司财务、会计

### 考点 15　公司财务、会计（★★）

**考频** 2023 年单选题、判断题；2022 年单选题、多选题

| 项目 | | 具体规定 |
|---|---|---|
| 基本要求 | 编制 | 应当依法编制财务会计报告 |
| | 披露 | （1）公司应当依法披露有关财务、会计资料；<br>（2）股份有限公司的财务会计报告应当在召开股东会年会的 **20** 日前置备于本公司，供股东查阅 |
| | 聘用 | 应当依法聘用会计师事务所对财务会计报告审查验证 |
| 利润分配 | 分配比例 | （1）**有限责任公司**：约定→按**实缴**的出资比例分配。<br>（2）**股份有限公司**：约定→按股东**持股**比例分配 |
| | 分配顺序 | 弥补以前年度的亏损→缴纳所得税→弥补仍存在的亏损→法定公积金→任意公积金→分配利润 |
| 公积金 | 盈余公积金 **法定公积金** | （1）按照税后利润的 **10%** 提取，当法定公积金累计额为注册资本的 50% 以上时可以不再提取；<br>（2）法定公积金转为资本时，所留存的该项公积金不得少于转增前公司注册资本的 **25%** |
| | 任意公积金 | 按照公司股东会或者股东会决议，从公司税后利润中提取 |
| | 资本公积金 | **可以用于弥补公司亏损。**<br>【提示】公积金弥补公司亏损，应当**先**使用任意公积金和法定公积金；仍不能弥补的，可以按照规定使用资本公积金 |

## 通关文牒

▶ 很好懂 ▶

盈余公积金是公司为增强自身财力，扩大营业范围和预防意外亏损，从利润中提取一定的资金，用于扩大资本或弥补亏损，而资本公积金一般是超出投资额的资金，具有资本的属性，与企业经营取得的收益无关，所以公积金弥补公司亏损，应当先使用盈余公积金，仍不能弥补的，才使用资本公积金。此部分内容以客观题考查，考生应重点关注公司公积金的相关规定，其考频较高。

## 趁热答题

**例 2-20 · 单选题（2023 年）** 根据公司法律制度的规定，下列关于公积金的说法，正确的是（　　）。

A．资本公积金可以弥补亏损
B．法定公积金不得转增资本
C．法定公积金累计提取到 30%，可以不再提取
D．超过股票票面价格所得溢价款，应列入盈余公积金

**解析** 本题考查利润分配。公司的公积金用于弥补公司的亏损、扩大公司生产经营或者转为增加公司资本，选项 A 正确，选项 B 错误。公司法定公积金累计额为公司注册资本的 50% 以上的，可以不再提取，选项 C 错误。股份有限公司以超过股票票面金额的发行价格发行股份所得的溢价款以及国务院财政部门规定列入资本公积金的其他收入，应当列为公司资本公积金，选项 D 错误。

**答案** A

## 第八节　公司合并、分立、增资、减资

### 考点 16　公司合并、分立、增资、减资（★）

**考频** 2023 年综合题；2022 年判断题

| 类型 | | 债务承担 |
| --- | --- | --- |
| 合并 | 吸收合并（A+B→A） | 由合并后存续的公司（A）承继 |
| | 新设合并（A+B→C） | 由合并后新设的公司（C）承继 |
| 分立 | 派生分立（A→A+B） | （1）与债权人无约定：公司分立前的债务由**分立后**的公司承担**连带责任**。<br>（2）与债权人有约定：**从其约定** |
| | 新设分立（A→B+C） | |
| 减资 | | （1）公司需要减少注册资本时，**必须编制**资产负债表及财产清单。<br>（2）自作出减少注册资本决议之日起 **10 日**内通知债权人，并于 **30 日**内在报纸上或者国家企业信用信息公示系统公告。债权人自接到通知书之日起 **30 日**内，未接到通知书的自公告之日起 **45 日**内，有权要求公司清偿债务或提供担保。（2023 年综合题 1 小问）<br>（3）公司减少注册资本，**应当依法向公司登记机关办理变更登记** |
| 增资 | | 公司增加注册资本，**应当依法向公司登记机关办理变更登记** |

【提示】公司与其持股90%以上的公司合并,被合并的公司不需经股东会决议,但应当通知其他股东,其他股东有权请求公司按照合理的价格收购其股权或者股份。公司合并支付的价款不超过本公司净资产10%的,可以不经股东会决议;但是,公司章程另有规定的除外。公司依照上述规定合并不经股东会决议的,应当经董事会决议。

### 通关文牒

▶ 很好懂 ▶

合并与分立后的债务承担是客观题考点。考生主要应把握:公司合并的,合并之后留下了谁,由谁承担;公司分立的,要么分立前和债权人有协议,要么分立后承担连带责任。

### 趁热答题

**例 2-21·单选题(2015 年)** 甲公司欠乙公司 300 万元贷款。后甲公司将部分优良资产分享出去另成立丙公司,甲、丙公司在分立协议中约定,该笔债务由甲、丙公司按 3:7 的比例分担,但甲、丙公司未与乙公司达成债务清偿协议。债务到期后,乙公司要求甲公司清偿 300 万元,遭到拒绝。根据规定,下列关于该笔债务如何清偿的表述中,正确的是(　　)。

A. 乙公司只能向甲公司主张清偿
B. 乙公司只能向丙公司主张清偿
C. 应当由甲、丙公司按连带责任方式向乙公司清偿
D. 应当由甲、丙公司按分立协议约定的比例向乙公司清偿

**解析** 本题考查公司分立。公司分立前的债务由分立后的公司承担连带责任。但是,公司在分立前与债权人就债务清偿达成的书面协议另有约定的除外。本题中,甲与丙达成的协议并未通知乙,所以协议不成立。因此,选项 C 正确。

**答案** C

## 第九节 公司解散和清算

### 考点17 公司解散(★)

考频 2023 年单选题

| 项目 | 具体规定 |
| --- | --- |
| 解散原因 | (1) 公司章程规定的营业期限届满或者公司章程规定的其他解散事由出现;<br>【提示】公司有以上情形的,可通过修改公司章程而使公司存续。<br>(2) 股东会决议解散;<br>(3) 因公司合并或者分立需要解散;<br>(4) 依法被吊销营业执照、责令关闭或者被撤销;<br>(5) 人民法院依法予以解散 |

续表

| 项目 | | 具体规定 |
|---|---|---|
| 司法解散 | 申请人 | 单独或者合计持有公司全部股东表决权 **10%** 以上的股东 |
| | 受理 | (1) 公司**持续2年以上**无法召开股东会，公司经营管理发生严重困难的；（连续2年不开会）<br>(2) 股东表决时无法达到法定或者公司章程规定的比例，**持续2年以上**不能作出有效的股东会决议，公司经营管理发生严重困难的；（连续2年无结果）<br>(3) 公司**董事长期冲突**，且无法通过股东会解决，公司经营管理发生严重困难的；（董事"打架"无人执行）<br>(4) 经营管理发生其他**严重困难**，公司继续存续会使股东利益受到重大损失的情形 |
| | 不受理 | (1) 以**知情权**、**利润分配请求权**等权益受到损害为由；<br>(2) 以公司**亏损**、财产不足以偿还全部债务为由；<br>(3) 以公司**被吊销**企业法人营业执照未进行清算为由 |

## 通关文牒

▶ 速提分 ▶

考生需注意区分法院"应当受理"和"不予受理"两种情形，题目中经常会出现"张冠李戴"的考法。人民法院"应当受理"的结果是司法强制解散公司，强制解散的前提是公司经营困难，强调僵局状态，与公司是否盈利无关。

## 趁热答题

**例2-22·单选题（2023年）** 持有公司全部股东表决权10%以上的股东，以下列事由提起解散公司诉讼，人民法院应予受理的是（　　）。

A. 公司剥夺股东的表决权
B. 公司被吊销企业法人营业执照未进行清算
C. 公司发生亏损
D. 公司持续3年无法召开股东会，公司经营管理发生严重困难的

（解析）本题考查公司解散。单独或者合计持有公司全部股东表决权10%以上的股东，以下列事由之一提起解散公司诉讼，人民法院应予受理：(1) 公司持续2年以上无法召开股东会，公司经营管理发生严重困难的（选项D）；(2) 股东表决时无法达到法定或者公司章程规定的比例，持续2年以上不能作出有效的股东会决议，公司经营管理发生严重困难的；(3) 公司董事长期冲突，且无法通过股东会解决，公司经营管理发生严重困难的；(4) 经营管理发生其他严重困难，公司继续存续会使股东利益受到重大损失的情形。因此，选项D正确。

（答案）D

## 考点 18　公司清算（★）

**考频**：2023 年单选题、多选题；2021 年多选题

| 项目 | | 具体规定 |
|---|---|---|
| 清算组的组成 | 自行清算 | **董事**是公司的清算义务人。清算义务人应当在解散事由出现之日起 **15 日内**成立清算组。清算组由董事组成，但是公司章程另有规定或者股东会决议另选他人的除外 |
| | 强制清算 | 公司因依法被吊销营业执照、责令关闭或者被撤销而解散的，作出吊销营业执照、责令关闭或者撤销决定的部门或者公司登记机关，可以申请**人民法院指定**有关人员组成清算组进行清算。清算组成员可以从下列人员或者机构中产生：<br>（1）公司股东、董事、监事、高管；<br>（2）依法设立的律师事务所、会计师事务所、破产清算事务所等社会中介机构及其中具备相关专业知识并取得执业资格的人员 |
| 清算组职权 | | （1）**清理公司财产**，分别编制资产负债表和财产清单；<br>（2）**通知**、**公告债权人**；<br>（3）处理与清算有关的公司**未了结**的业务；<br>（4）清缴所欠税款以及清算过程中产生的**税款**；<br>（5）清理**债权**、**债务**；<br>（6）分配公司清偿债务后的**剩余财产**；<br>（7）代表公司参与**民事诉讼**活动 |
| 清算工作程序 | 登记债权 | （1）清算组应当自成立之日起 **10 日**内通知债权人，并于 **60 日**内在报纸上或者国家企业信用信息系统公告；<br>（2）债权人应当自接到通知书之日起 **30 日内**，未接到通知书的自公告之日起 **45 日内**，向清算组申报其债权 |
| | 清理财产 | **股东尚未缴纳的出资**，包括到期应缴**未缴的出资**，以及依法**分期缴纳尚未届满缴纳期限的出资** |
| | 清偿顺序 | **清算费用**→职工工资、社保、补偿金→所欠税款→其他债务 |
| | 注销程序 | （1）简易注销程序：通过简易程序注销公司登记，应当通过国家企业信用信息公示系统予以公告，公告期限**不少于 20 日**。<br>（2）强制注销程序：公司被吊销营业执照、责令关闭或者被撤销，**满 3 年未**向公司登记机关申请注销公司登记的，公司登记机关可以通过国家企业信用信息公示系统予以公告，公告期限**不少于 60 日**。公告期限届满后，未有异议的，公司登记机关可以注销公司登记 |

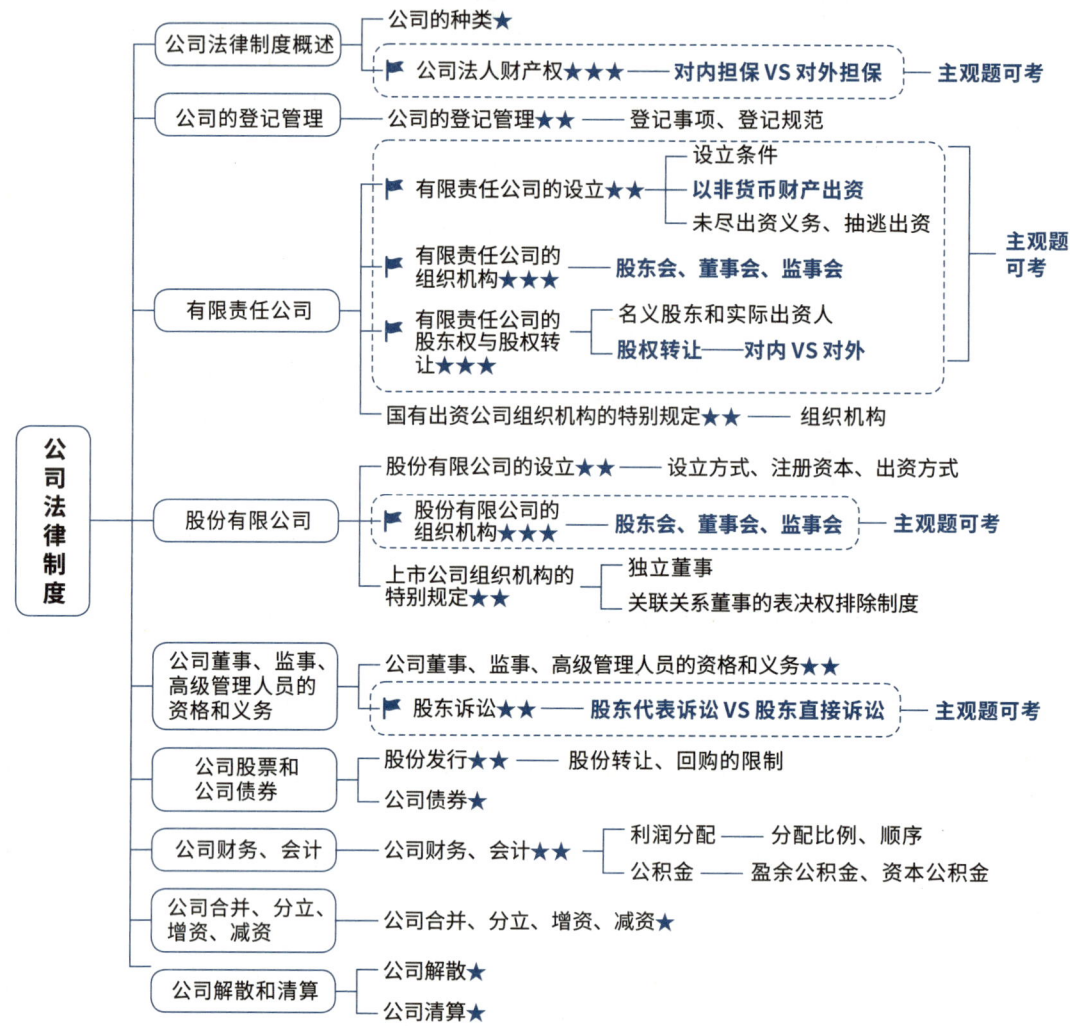

# 第三章 合伙企业法律制度

> 轻装上阵

## 考情驿站

本章属于非重点章节,难度相对较小,是"性价比"较高的章节。本章主要以客观题的形式考查,主要考点包括普通合伙企业的设立、普通合伙企业财产、合伙事务执行、合伙企业与第三人关系、有限合伙企业入伙与退伙的特殊规定、有限合伙企业合伙人性质转变的特殊规定等。本章的内容也会在简答题中考查(甚至在综合题中出现)。主观题的考点主要包括合伙事务执行、合伙企业与第三人关系、有限合伙企业财产出质与转让的特殊规定、有限合伙企业合伙人性质转变的特殊规定等。考生可以通过对比的方式掌握普通合伙人与有限合伙人的区别,以及普通合伙企业与有限合伙企业的区别。近三年考试分值都在12分左右。

## 考点地图

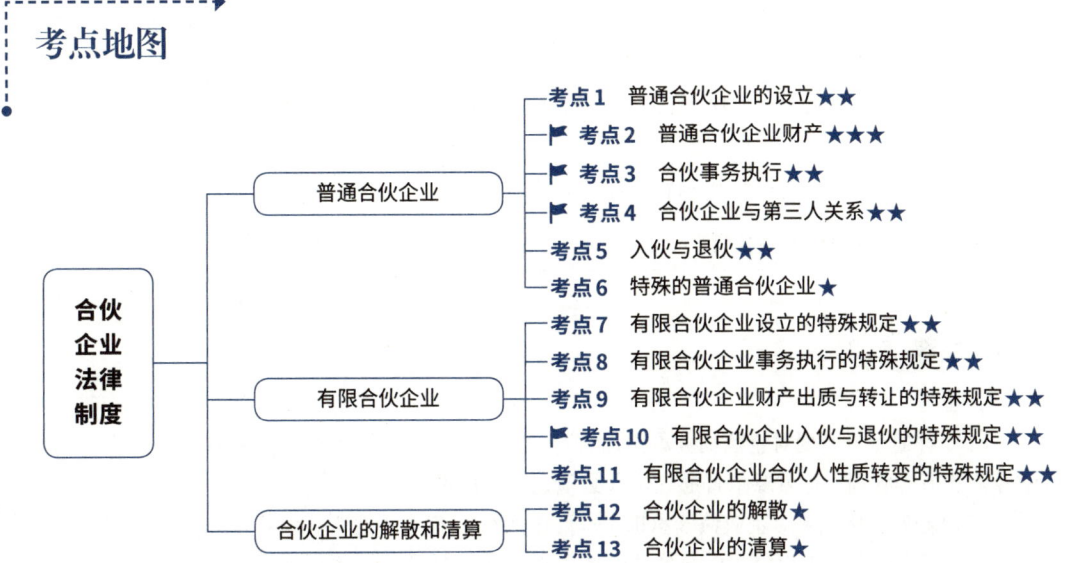

## 2024年本章主要变化

本章无实质性变动。

# 考点速递

## 第一节 普通合伙企业

### 考点 1 普通合伙企业的设立（★★）

**考频** 2023年单选题、多选题、判断题、综合题；2022年单选题、多选题；2021年多选题

| 项目 | | 具体规定 |
|---|---|---|
| 合伙人 | 人数 | 由2个以上普通合伙人组成（人数≥2人） |
| | 自然人 | 应当具有完全民事行为能力。<br>【提示】无民事行为能力人和限制民事行为能力人不得成为普通合伙人 |
| | 法人或其他组织 | 国有独资公司、国有企业、上市公司以及公益性的事业单位、社会团体不得成为普通合伙人 |
| 合伙协议 | | (1) 合伙协议由全体合伙人协商一致，以书面形式订立；（法定一致同意）<br>(2) 修改或补充合伙协议，须经全体合伙人一致同意，但合伙协议另有约定的除外（约定→一致同意） |
| 出资 | | (1) 可用货币、实物、知识产权、土地使用权或其他财产权利作价出资；<br>(2) 以劳务出资的，由全体合伙人协商确定劳务作价 |
| 名称 | | 标明"普通合伙"或"特殊普通合伙"字样 |
| 设立登记 | | 合伙企业的营业执照签发日期，为合伙企业的成立日期 |

### 通关文牒

▶ **很好懂** ▶

（1）普通合伙人要对企业债务承担无限连带责任，并且自然人合伙人要参与合伙企业的日常经营和事务管理，这就要求普通合伙人必须是完全民事行为能力人。

（2）普通合伙人要对企业债务承担无限连带责任，有可能把所有财产都赔进去，故国有独资公司、国有企业、上市公司以及公益性的事业单位、社会团体不得成为普通合伙人。但是这五类主体可以成为有限合伙人，因为有限合伙人承担的是有限责任，仅以认缴的出资额为限承担债务，风险相对低很多。

### 趁热答题

**例 3-1·多选题（2022 年）** 根据合伙企业法律制度的规定，下列关于普通合伙企业设立的表述中，正确的有（　　）。

A. 合伙协议经过全体合伙人签名、盖章后，还需要向登记机关备案方可生效

B. 合伙人可以用劳务出资，其评估办法由全体合伙人协商确定，并在合伙协议中载明

C. 公益性的事业单位不得成为普通合伙人

D. 合伙企业在领取营业执照之前，合伙人不得以合伙企业名义从事合伙业务

【解析】本题考查普通合伙企业的设立。合伙协议经全体合伙人签名、盖章后生效，选项 A 错误。合伙人以劳务出资的，其评估办法由全体合伙人协商确定，并在合伙协议中载明，选项 B 正确。国有独资公司、国有企业、上市公司以及公益性的事业单位、社会团体不得成为普通合伙人，选项 C 正确。合伙企业领取营业执照前，合伙人不得以合伙企业名义从事合伙业务，选项 D 正确。

【答案】BCD

### 考点 2　普通合伙企业财产（★★★）

靶心考点精讲

【考频】2023 年判断题；2022 年单选题、多选题；2021 年单选题

#### （一）普通合伙企业财产的构成和性质

| 项目 | | 内容 |
|---|---|---|
| 构成 | | （1）合伙人的**出资**（"认缴"出资而非"实缴"出资）；<br>（2）以**合伙企业名义**取得的收益（如未分配盈余、合伙企业债权等）；<br>（3）依法取得的其他财产（如合法接受赠与的财产） |
| 性质 | 独立性 | 合伙企业的财产独立于合伙人 |
| | 完整性 | 合伙人在合伙企业清算前私自转移或者处分合伙企业财产的，合伙企业**不得**以此**对抗善意第三人** |

#### （二）合伙人财产份额的转让和出质

| 项目 | | 具体规定 |
|---|---|---|
| 转让 | 对内 | **通知**其他合伙人 |
| | 对外 | （1）除合伙协议另有约定外，须经其他合伙人一致同意；（约定→一致同意）<br>（2）在**同等条件**下，其他合伙人有**优先购买权**，但合伙协议另有约定的除外。<br>【链接】有限责任公司的股东向股东**以外**的人转让股权，应当经其他股东**过半数**同意，其他股东在**同等条件**下有**优先购买权**，公司章程另有规定的除外 |
| | | 身份认定：合伙人以外的人依法受让合伙人在合伙企业中的财产份额的，经**修改合伙协议**即成为合伙企业的合伙人 |
| 出质 | | 须经其他合伙人**一致同意**，未经一致同意的，**无效**，由此给善意第三人造成损失的，由行为人依法承担赔偿责任（一致同意→×） |

▶ 很会考 ▶

"合伙人财产份额的转让和出质"在客观题、主观题均有出题可能，需要重点掌握。建议考生在理解的基础上，对知识点进行归纳整理，与后面的有限合伙人相关考点进行对比记忆。

### 趁热答题

**例3-2·多选题（2022年）** 甲普通合伙企业（以下称"甲企业"）的合伙人张某拟以其在甲企业中的财产份额出质，合伙协议对合伙人财产份额出质事项未作特别约定。下列关于张某财产份额出质的表述中，正确的有（　　）。

A. 张某因出质行为无效给善意第三人造成损失的，张某应承担赔偿责任
B. 张某以其在甲企业中的财产份额出质，通知其他合伙人即可
C. 张某以其在甲企业中的财产份额出质，须经其他合伙人一致同意
D. 张某以其在甲企业中的财产份额出质，经其他合伙人过半数同意即可

【解析】本题考查普通合伙人财产份额的出质。合伙人以其在合伙企业中的财产份额出质的，须经其他合伙人一致同意（选项C正确）；未经其他合伙人一致同意，其行为无效，由此给善意第三人造成损失的，由行为人依法承担赔偿责任（选项A正确）。因此，选项AC正确。

【答案】AC

## 考点3　合伙事务执行（★★）

靶心考点精讲

**考频** 2023年单选题；2022年单选题、多选题、判断题；2021年多选题

### （一）合伙事务执行的形式和决议办法

1. 执行形式
（1）全体合伙人共同执行合伙事务；
（2）委托1名或数名合伙人执行合伙事务。

2. 决议办法
（1）有约定的按约定；
（2）无约定的，一般事项合伙人**过半数**通过即可；
（3）重要事项，应当经**全体一致同意**。

【提示】除合伙协议另有约定外，合伙企业的下列事项应当经全体合伙人一致同意（约定→一致同意）：
①改变合伙企业的**名称**；
②改变合伙企业的经营**范围**、主要经营场所的**地点**；
③**处分**合伙企业的**不动产**；
④转让或处分合伙企业的知识产权和其他财产权利；
⑤以合伙企业名义为他人提供**担保**；
⑥聘任合伙人**以外**的人担任经营管理人员。

### 趁热答题

**例3-3·单选题（2023年）** 甲、乙、丙、丁出资设立某普通合伙企业，各自出资25%。在合伙协议没有约定的情况下，下列合伙人提出的事项中，可以通过的是（　　）。

A. 甲提出将自己的设备卖给合伙企业，乙丙同意，丁不同意
B. 乙提出自己转为有限合伙人，甲丙同意，丁不同意
C. 丙提出修改企业的经营范围，甲乙同意，丁不同意

D. 丁提出装修企业店面，甲乙同意，丙不同意

【解析】本题考查合伙事务执行。除合伙协议另有约定或者经全体合伙人一致同意外，普通合伙人不得同本合伙企业进行交易，选项A未经一致同意，不能通过。除合伙协议另有约定外，普通合伙人转变为有限合伙人，或者有限合伙人转变为普通合伙人，应当经全体合伙人一致同意，选项B未经一致同意，不能通过。除合伙协议另有约定外，合伙企业的下列事项应当经全体合伙人一致同意：（1）改变合伙企业的名称；（2）改变合伙企业的经营范围、主要经营场所的地点；（3）处分合伙企业的不动产；（4）转让或者处分合伙企业的知识产权和其他财产权利；（5）以合伙企业名义为他人提供担保；（6）聘任合伙人以外的人担任合伙企业的经营管理人员。选项C未经一致同意，不能通过。选项D不属于应当一致同意的事项，合伙协议也没有约定，那么全体合伙人一人一票过半数即可通过该事项。因此，选项D正确。

【答案】D

## （二）合伙人在执行合伙事务中的权利和义务

| 项目 | | 具体规定 |
|---|---|---|
| 权利 | 执行事务权 | 合伙人对执行合伙事务享有同等的权利（无论出资多少） |
| | 代表权 | 执行合伙事务的合伙人对外代表合伙企业 |
| | 监督权 | 不执行合伙事务的合伙人有权监督执行事务合伙人执行合伙事务的情况 |
| | 查阅权 | 全体合伙人均有权查阅合伙企业会计账簿等财务资料 |
| | 异议权 | 合伙人分别执行合伙事务的，执行事务合伙人可以对其他合伙人执行的事务提出异议。提出异议时，应当暂停该项事务的执行 |
| | 撤销权 | 受委托执行合伙事务的合伙人不按照合伙协议或者全体合伙人的决定执行合伙事务的，其他合伙人可以决定撤销该委托 |
| 义务 | 竞业禁止 | 合伙人不得自营或者同他人合作经营与本合伙企业相竞争的业务（绝对禁止） |
| | 关联交易 | 除合伙协议另有约定或者经全体合伙人一致同意外，合伙人不得同本合伙企业进行交易（相对禁止） |

## （三）合伙企业的损益分配

| 项目 | | 具体内容 |
|---|---|---|
| 分配限制 | | 不得约定将全部利润分配给部分合伙人或者由部分合伙人承担全部亏损。（有福同享，有难同当）<br>【链接】有限合伙企业不得将全部利润分配给部分合伙人，但合伙协议另有约定的除外 |
| 分配顺序<br>（约定→协商→<br>实缴出资比例→<br>平均分配） | 合伙协议有约定 | 按约定的比例分配和分担 |
| | 合伙协议未约定 | （1）首先由合伙人协商决定；<br>（2）协商不成，由合伙人按实缴出资比例分配、分担；<br>（3）无法确定出资比例的，由合伙人平均分配、分担 |

## 趁热答题

**例 3-4·单选题（2023 年）** 根据合伙企业法律制度的规定，下列关于普通合伙企业合伙协议规定的利润分配，不符合法律规定的是（　　）。

A. 平均分配
B. 按照实缴的出资比例分配利润
C. 按照认缴的出资比例分配利润
D. 将利润全部分配给某个合伙人

**解析** 本题考查合伙企业的损益分配。合伙企业的利润分配、亏损分担，按照合伙协议的约定办理；合伙协议未约定或者约定不明确的，由合伙人协商决定；协商不成的，由合伙人按照实缴出资比例分配、分担；无法确定出资比例的，由合伙人平均分配、分担。普通合伙企业中，合伙协议不得约定将全部利润分配给部分合伙人或者由部分合伙人承担全部亏损。因此，选项 D 不符合法律规定，当选。

**答案** D

## 考点 4　合伙企业与第三人关系（★★）

**考频** 2023 年综合题；2022 年单选题；2021 年多选题

靶心考点精讲

| 项目 | | | 具体规定 |
|---|---|---|---|
| 对外代表权的限制 | | | 合伙企业对合伙人执行合伙事务以及对外代表合伙企业权利的限制，**不得对抗善意第三人** |
| 债务清偿 | 企业债务 | 先企业后个人 | 合伙企业对其债务，应先以**其全部财产**进行清偿 |
| | | 对外连带 | 合伙企业不能清偿到期债务的，普通合伙人承担**无限连带**责任 |
| | | 对内按份 | 合伙人由于承担无限连带责任，清偿数额超过规定的其亏损分担比例的，有权**向其他合伙人追偿** |
| | 个人债务 | 不得 | (1) 债权人**不得**以其债权**抵销**其对合伙企业的债务；<br>(2) 债权人也**不得代位**行使合伙人在合伙企业中的权利 |
| | | 可以 | (1) 该合伙人可以其从合伙企业中分取的收益用于清偿；<br>(2) 债权人还可以找人民法院，通过人民法院**强制执行**该合伙人的财产份额受偿（其他合伙人有优先购买权） |

## 通关文牒

▶ **很好懂** ▶

对合伙企业中涉及的债务，应注意区分是"合伙企业债务"还是"合伙人个人债务"。合伙企业债务由合伙企业先还，不足部分，普通合伙人再承担连带责任；合伙人个人债务禁止三角债抵销，禁止代位执行份额。考生可以通过以下例子，对该内容加以理解：

**举例** A 普通合伙企业的合伙人甲因个人原因对乙负有到期债务 20 万元，其自有财产不足以清偿该债务。同时乙对 A 企业负有到期债务 50 万元。下列债权实现方式是否可行？
(1) 乙以其甲的债权抵销其对 A 企业的债务，不可行；
(2) 乙代位行使甲在 A 企业的权利，不可行；
(3) 甲以其从 A 企业分取的收益清偿对乙所负的债务，可行；
(4) 乙请求人民法院强制执行甲在 A 企业的财产份额用以清偿债务，可行。

### 趁热答题

**例 3-5 · 单选题（2022 年）** 甲普通合伙企业（以下简称"甲企业"）的合伙人张某向非合伙人李某借款 5 万元，李某欠甲企业 8 万元，甲企业尚欠乙公司货款 30 万元。下列关于甲企业及其合伙人债务清偿的表述中，正确的是（　　）。

A. 若张某无力偿还李某 5 万元，李某有权代位行使张某在甲企业中的权利
B. 若甲企业无力清偿乙公司债务，张某清偿的数额超过应分担比例时，有权向其他合伙人追偿
C. 甲企业欠乙公司的 30 万元货款，应当先由各合伙人承担无限连带责任
D. 李某以其对张某的债权抵销对甲企业的债务后，只需偿还甲企业 3 万元

**解析** 本题考查合伙企业与第三人关系。合伙人发生与合伙企业无关的债务，相关债权人不得以其债权抵销其对合伙企业的债务（选项 D 错误）；也不得代位行使合伙人在合伙企业中的权利（选项 A 错误）。合伙企业对其债务，应先以其全部财产进行清偿（选项 C 错误）。如果某一合伙人实际支付的清偿数额超过其依照既定比例所应承担的数额，该合伙人有权就超过部分向其他未支付或者未足额支付应承担数额的合伙人追偿，选项 B 正确。

**答案** B

## 考点 5　入伙与退伙（★★）

**考频** 2023 年多选题；2022 年单选题、判断题；2021 年多选题、判断题

### （一）入伙

1. 入伙条件
新合伙人入伙，须经全体合伙人**一致同意**，但合伙协议另有约定的除外。（约定→一致同意）

2. 责任
（1）新合伙人对**入伙前**合伙企业的债务承担**无限连带**责任；（接盘侠）
（2）入伙的新合伙人与原合伙人**享有同等权利，承担同等责任**。入伙协议另有约定的，从其约定。

### （二）退伙

| 项目 | | | 具体规定 |
|---|---|---|---|
| 责任承担 | | | 对基于**退伙前的原因**发生的合伙企业债务，承担**无限连带**责任 |
| 自愿退伙 | 协议退伙 | 条件 | 合伙协议约定合伙期限的 |
| | | 情形（满足其一） | (1) 合伙协议约定的退伙事由出现；<br>(2) 经全体合伙人一致同意；<br>(3) 发生合伙人难以继续参加合伙的事由；<br>(4) 其他合伙人严重违反合伙协议约定的义务 |
| | 通知退伙 | 条件（全部满足） | (1) 合伙协议未约定合伙期限的；<br>(2) 合伙人在不给合伙企业事务执行造成不利影响的情况；<br>(3) 提前 30 日通知其他合伙人 |

续表

| 项目 | | 具体规定 |
|---|---|---|
| 法定退伙 | 当然退伙 | (1) 作为合伙人的自然人死亡或者被依法宣告**死亡**；（人没了）<br>(2) 作为合伙人的法人或者其他组织依法被吊销营业执照、责令关闭、撤销，或者被宣告**破产**；（人没了）<br>(3) 法律规定或者合伙协议约定合伙人必须具有相关资格而丧**失该资格**；（资格没了）<br>(4) 合伙人在合伙企业中的全部财产份额被人民法院**强制**执行；（钱没了）<br>(5) **个人丧失偿债能力**。（钱没了）<br>【提示】退伙事由实际发生之日为生效日 |
| | 除名 | 合伙人有下列情形之一的，经其他合伙人一致同意，可以决议将其除名：<br>(1) 未履行出资义务；<br>(2) 因故意或者重大过失给合伙企业造成损失；<br>(3) 执行合伙事务时有不正当行为；<br>(4) 发生合伙协议约定的事由。<br>【提示】被除名人接到除名通知之日为生效日 |
| 继承 | | (1) 继承人为**完全**民事行为能力人：按照合伙协议的约定或经全体合伙人**一致同意**，可以取得普通合伙人资格。（约定→一致同意）<br>(2) 继承人为**无**民事行为能力人或**限制**民事行为能力人：经全体合伙人**一致同意**，成为有限合伙人，普通合伙企业转为有限合伙企业 |

## 通关文牒

▶ 很会考 ▶

"合伙人的入伙与退伙的法律责任""当然退伙与除名"是客观题高频考点。考生需注意区分"当然退伙"和"除名"的情形，题目中经常会出现"张冠李戴"的考法，考生要准确记忆。当然退伙是由于某些客观原因导致的，除名是因为合伙人主观犯错导致的。

## 趁热答题

**例3-6·单选题（2019年）** 杨某入伙时甲普通合伙企业（下称"甲企业"）负债30万元，杨某退伙时甲企业已负债80万元。后甲企业解散，尚欠100万元不能清偿。关于杨某对甲企业债务承担责任的下列表述中，正确的是（  ）。

A. 杨某对其退伙前的80万元债务承担无限连带责任
B. 杨某对其入伙前的30万元债务不承担无限连带责任
C. 杨某已退伙，不再对甲企业债务承担责任
D. 杨某对甲企业解散时的100万元债务承担无限连带责任

**解析** 本题考查普通合伙人退伙。新普通合伙人对入伙前合伙企业的债务承担无限连带责任，选项B错误。退伙人对基于其退伙前的原因发生的合伙企业债务，承担无限连带责任，选项A正确，选项CD错误。

**答案** A

## 考点 6　特殊的普通合伙企业（★）

**考频** 2023年单选题、多选题；2022年单选题

### （一）概念

特殊的普通合伙企业，是指以专业知识和专门技能为客户提供有偿服务的专业服务机构，如会计师事务所、律师事务所等。特殊的普通合伙企业名称中应当标明"**特殊普通合伙**"字样。

### （二）责任承担

关于特殊的普通合伙企业的债务，主要可分为普通债务和特定债务，对二者的具体规定如下表所示：

| 债务类型 | | 具体规定 |
| --- | --- | --- |
| 普通债务 | | 合伙人在执业活动中**因非故意或者非重大过失**造成的合伙企业债务以及合伙企业的其他债务，由**全体合伙人**承担无限连带责任。<br>【提示】无责任人大家共担无限责任 |
| 特定债务 | 对外 | 一个或数个合伙人在执业活动中**因故意或者重大过失**给合伙企业造成损失的，应当承担**无限**连带责任，**其他合伙人**以其在合伙企业中的**财产份额为限**承担责任。<br>【提示】责任到人 |
| | 对内 | 合伙人在执业活动中**因故意或者重大过失**造成的合伙企业债务，以合伙企业财产对外承担责任后，该合伙人应当按照合伙协议的约定，对给合伙企业造成的损失**承担赔偿责任** |

### 趁热答题

**例3-7·单选题（2022年）** 赵某、钱某、孙某、李某共同出资成立了甲特殊普通合伙企业。关于该合伙企业，下列说法中正确的是（　　）。

A. 赵某因故意造成合伙企业债务，钱某、孙某和李某以其在合伙企业中实缴的出资额为限承担责任

B. 赵某因故意造成合伙企业债务，赵某、钱某、孙某、李某承担无限连带责任

C. 赵某因重大过失造成合伙企业债务，赵某承担无限责任，钱某、孙某和李某不承担责任

D. 赵某因重大过失造成合伙企业债务，赵某承担无限责任，钱某、孙某和李某以其在合伙企业中的财产份额为限承担责任

**解析** 本题考查特殊的普通合伙企业。针对特殊的普通合伙企业，一个合伙人或者数个合伙人在执业活动中因故意或者重大过失造成合伙企业债务的，应当承担无限责任或者无限连带责任，其他合伙人以其在合伙企业中的财产份额为限承担责任。本题中，赵某因故意或者重大过失造成合伙企业债务，应承担无限责任，其他合伙人（钱某、孙某和李某）以其财产份额为限承担责任。因此，选项D正确。

**答案** D

## 第二节 有限合伙企业

### 考点7 有限合伙企业设立的特殊规定（★★）

2023年单选题；2022年单选题、判断题

| 项目 | 具体规定 |
|---|---|
| 合伙人 | （1）2—50人；<br>（2）**至少有1个普通合伙人**。<br>【提示】仅剩有限合伙人的，应当解散；仅剩普通合伙人的，转为普通合伙企业 |
| 名称 | 标明"**有限合伙**"字样 |
| 出资 | （1）可用货币、实物、知识产权、土地使用权或者其他财产权利作价出资；<br>（2）**不得以劳务出资**；<br>（3）未按期足额缴纳的，应当承担**补缴义务**，并对其他合伙人承担**违约责任** |

**通关文牒**

▶ 速提分 ▶

本考点主要在客观题中考查，建议考生和普通合伙企业的设立对比记忆，详细对比如下表所示：

| 项目 | 普通合伙企业 | 有限合伙企业 |
|---|---|---|
| 合伙人 | （1）人数≥2人；<br>（2）自然人、法人、其他组织 | （1）2—50人；<br>（2）**至少有1个普通合伙人**。<br>【提示】仅剩有限→散；仅剩普通→转 |
| | **国有独资公司、国有企业、上市公司**以及**公益性的事业单位、社会团体**、无民事行为能力人和**限制**民事行为能力人**不得**成为普通合伙人，但**可成为有限合伙人** | |
| 名称 | 标明"普通合伙"或"特殊普通合伙"字样 | 标明"有限合伙"字样 |
| 出资 | （1）可用货币、实物、知识产权、土地使用权或其他财产权利作价出资；<br>（2）以劳务出资的，由全体合伙人**协商**确定劳务作价 | **有限合伙人不得**以劳务出资。<br>【记忆技巧】有限不劳务。<br>【链接】有限责任公司、股份有限公司的股东**不得**以劳务出资 |
| | — | |

**趁热答题**

**|例3-8·单选题（2022年）|** 根据合伙企业法律制度的规定，下列关于有限合伙企业设立和事务执行的表述中，正确的是（　　）。

A. 有限合伙人可以用劳务出资

B. 有限合伙企业至少应当有一个普通合伙人
C. 有限合伙企业名称中应当标明"有限责任"字样
D. 有限合伙人有权代表合伙企业执行合伙事务

（解析）本题考查有限合伙企业设立的特殊规定。有限合伙人不得以劳务出资，选项 A 错误。有限合伙企业名称中应标明"有限合伙"字样，选项 C 错误。有限合伙人不执行合伙事务，选项 D 错误。选项 B 表述正确。

（答案） B

## 考点 8　有限合伙企业事务执行的特殊规定（★★）

考频　2023 年判断题、简答题；2021 年单选题、判断题

### （一）合伙事务执行的形式

（1）由普通合伙人执行合伙事务；
（2）有限合伙人**不执行**合伙事务，**不得对外代表**有限合伙企业；
（3）有限合伙人的下列行为，**不视为执行合伙事务**：（易考多选题）
①参与决定普通合伙人入伙、退伙、选择事务所；
②提出建议；
③查阅账簿、获取财会报告；
④自己诉讼、代表诉讼；
⑤为本企业担保。

### （二）利润分配

有限合伙企业不得将全部利润分配给部分合伙人；但是，合伙协议另有约定的除外。

【提示】有限合伙企业的合伙协议可以约定，部分合伙人（通常是有限合伙人）享有全部企业利润或者一定期限内的全部利润。但不允许合伙协议约定部分合伙人承担全部亏损，或者部分合伙人完全不承担亏损。

▶ 速提分 ▶

建议考生将有限合伙企业和普通合伙企业的合伙事务执行的相关内容对比起来加以记忆。二者的详细对比如下表所示：

| 项目 | 普通合伙企业 | 有限合伙企业 |
| --- | --- | --- |
| 执行方式 | （1）全体合伙人共同执行；<br>（2）委托 1 名或数名合伙人执行 | （1）由普通合伙人执行合伙事务；<br>（2）有限合伙人**不执行**合伙事务，**不得对外代表**有限合伙企业 |
| 利润分配 | **不得**将全部利润分配给部分合伙人 | 不得将全部利润分配给部分合伙人，但另有约定的除外（**约定→×**） |
| 亏损承担 | **不得**由部分合伙人承担全部亏损 | **不得**由部分合伙人承担全部亏损 |

## （三）合伙人权利

| 项目 | 普通合伙人 | 有限合伙人 |
|---|---|---|
| 竞业禁止 | 普通合伙人**不得**自营或者同他人合作经营与本合伙企业相竞争的业务（**绝对禁止**） | 有限合伙人**可以**自营或者同他人合作经营与本有限合伙企业相竞争的业务，但合伙协议另有约定的除外（**约定→√**） |
| 关联交易 | 除合伙协议另有约定或者经全体合伙人**一致同意**外，普通合伙人不得同本合伙企业进行交易（**相对禁止**） | 有限合伙人**可以**同本有限合伙企业进行交易，但合伙协议另有约定的除外（**约定→√**） |

> **通关文牒**
>
> ▶ **很好懂** ▶
>
> 普通合伙人是"出力的"（可以劳务出资），执行合伙事务，作为管理人打理企业。因此，竞业经营和关联交易对普通合伙人的规定十分严格，目的是防止普通合伙人损害本合伙企业的利益。而有限合伙人只是"出钱的"（不能以劳务出资），不执行合伙事务，仅作为投资人分享收益。因此，竞业经营和关联交易对有限合伙人的规定比较宽松。考生可以通过以下例子，对合伙人竞业和关联交易加以理解：
>
> 【举例】甲、乙、丙共设有限合伙企业（生鲜超市），合伙协议对关联交易、竞业禁止未作特别约定。甲能否实施下列行为？
>
> （1）甲（有限合伙人）**可以自营生鲜超市**；
> （2）甲（普通合伙人）**不可以自营生鲜超市**；
> （3）甲（有限合伙人）**可以向本合伙企业采购生鲜**；
> （4）甲（普通合伙人）**不可以向本合伙企业采购生鲜，乙同意、丙反对**。

## 考点9　有限合伙企业财产出质与转让的特殊规定（★★）

| 项目 | | | 普通合伙人 | 有限合伙人 |
|---|---|---|---|---|
| 转让 | 对内 | | 通知其他合伙人 | |
| | 对外 | 行为生效 | 除合伙协议另有约定外，须经其他合伙人一致同意（**约定→一致同意**） | 按协议约定对外转让，提前**30日**通知其他合伙人 |
| | | 优先购买权 | 在**同等条件**下，其他合伙人有**优先购买**权，但合伙协议另有约定的除外 | |
| | | 身份认定 | 合伙人以外的人依法受让合伙人在合伙企业中的财产份额，**经修改合伙协议**即成为合伙企业的合伙人 | |
| 出质 | | | （1）须经其他合伙人**一致同意**；<br>（2）**未经一致同意，无效**，由此给善意第三人造成损失的，由行为人依法承担赔偿责任（**一致同意→×**） | **可以**将其在有限合伙企业中的财产份额出质，但合伙协议另有约定的除外（**约定→√**） |

▶ 很好懂 ▶

**普通合伙人**对合伙企业债务承担**无限连带**责任，改变普通合伙人，可能会影响合伙企业的偿债能力。对内转让财产份额，不会破坏合伙企业的人合性（没有增加"外人"），因此转让限制比较宽松，仅通知即可；而对外转让财产份额，因为合伙人发生变化，要求就严格很多，必须经全部合伙人一致同意才能通过。

**有限合伙人**以其认缴的**出资额为限**承担责任，只要钱在就可以了，有限合伙人是否改变相对不重要。因此，法律对有限合伙人转让或出质财产的规定比较宽松，除非合伙协议另有约定，有限合伙人只需要通知其他合伙人即可。

【链接】有限责任公司的股东向股东**以外**的人转让股权，应当经其他股东**过半数**同意，其他股东在**同等条件**下有**优先购买权**，公司章程另有规定的除外。

【提示】普通合伙人财产份额的转让可以类比有限责任公司的股东股权转让（认"人"），有限合伙人财产份额的转让可以类比股份有限公司的股东股权转让（认"钱"）。

**趁热答题**

| 例 3-9 · 多选题（2013年） | 下列有关有限合伙人财产份额转让及出质的表述中，符合《合伙企业法》规定的有（    ）。

A. 有限合伙人可以将其在合伙企业中的财产份额出质，合伙协议另有约定的除外
B. 有限合伙人可以按照合伙协议的约定向合伙人以外的人转让其在合伙企业中的财产份额，但应当提前30日通知其他合伙人
C. 有限合伙人可以向合伙人以外的人转让其在合伙企业中的财产份额，但必须取得其他合伙人的一致同意
D. 有限合伙人对外转让其在合伙企业中的财产份额时，合伙企业的其他合伙人有优先购买权

（解析）本题考查有限合伙企业财产出质与转让的特殊规定。有限合伙人可以将其在有限合伙企业中的财产份额出质，但合伙协议另有约定的除外，选项A正确。有限合伙人可以按照合伙协议的约定向合伙人以外的人转让其在有限合伙企业中的财产份额，但应当提前30日通知其他合伙人，选项B正确，选项C错误。有限合伙人对外转让其在有限合伙企业中的财产份额时，有限合伙企业的其他合伙人有优先购买权，选项D正确。

（答案）ABD

## 考点10 有限合伙企业入伙与退伙的特殊规定（★★）

靶心考点精讲

**考频** 2023年单选题、简答题、综合题；2022年单选题、判断题

### （一）入伙

| 项目 | 普通合伙人 | 有限合伙人 |
| --- | --- | --- |
| 条件 | 须经全体合伙人一致同意，但合伙协议另有约定的除外 | |
| 责任 | 对入伙前合伙企业的债务承担无限连带责任 | 对入伙前有限合伙企业的债务，以其认缴的出资额为限承担责任 |

## （二）退伙

| 项目 | 普通合伙人 | | 有限合伙人 |
|---|---|---|---|
| 责任承担 | 对基于**退伙前的原因**发生的合伙企业债务，承担**无限连带**责任 | | 对基于其**退伙前的原因**发生的有限合伙企业债务，以其退伙时从有限合伙企业中**取回的财产**承担责任 |
| 法定退伙 | 当然退伙 | （1）作为合伙人的自然人死亡或者被依法宣告死亡；（**人没了**）<br>（2）作为合伙人的法人或者其他组织依法被吊销营业执照、责令关闭、撤销，或者被宣告破产；（**人没了**）<br>（3）法律规定或者合伙协议约定合伙人必须具有相关资格而丧失该资格；（**资格没了**）<br>（4）合伙人在合伙企业中的全部财产份额被人民法院强制执行；（**钱没了**） | |
| | | （5）个人丧失偿债能力（**钱没了**） | 有限合伙人**丧失偿债能力**和**民事行为能力**的，其他合伙人**不得**以此要求其退伙 |
| | 除名 | 合伙人有下列情形之一的，经其他合伙人一致同意，可以决议将其除名：<br>（1）未履行出资义务；<br>（2）因故意或者重大过失给合伙企业造成损失；<br>（3）执行合伙事务时有不正当行为；<br>（4）发生合伙协议约定的事由 | |
| 继承 | （1）继承人为**完全**民事行为能力人：约定→一致同意。<br>（2）继承人为**无或限制**民事行为能力人：一致同意，成为有限合伙人，普通合伙企业转为有限合伙企业 | | 依法**直接**取得。<br>【提示】无须任何人同意，不看继承人行为能力 |

### 趁热答题

**例 3-10·单选题（2022 年）** 赵某、钱某、孙某、李某共同出资设立甲有限合伙企业（下称"甲企业"）。赵某、钱某为有限合伙人，孙某、李某为普通合伙人。下列说法中正确的是（　　）。

A. 若赵某死亡，其继承人可以合法取得合伙人身份
B. 若钱某全部财产份额被人民法院强制执行，该合伙企业应当转为普通合伙企业
C. 若赵某丧失民事行为能力，则其当然退伙
D. 若钱某退出合伙企业，对合伙企业债务不承担责任

**解析** 本题考查有限合伙人入伙与退伙的特殊规定。作为有限合伙人的自然人死亡、被依法宣告死亡或者作为有限合伙人的法人及其他组织终止时，其继承人或者权利承受人可以依法取得该有限合伙人在有限合伙企业中的资格，选项 A 正确。选项 B，钱某全部财产份额被人民法院强制执行，钱某当然退伙，但企业中还有一个有限合伙人赵某，企业不用转为普通合伙企业。作为有限合伙人的自然人在有限合伙企业存续期间丧失民事行为能力的，其他合伙人不得因此要求其退伙，选项 C 错误。有限合伙人退伙后，对基于其退伙前的原因发生的有限合伙企业债务，以其退伙时从有限合伙企业中取回的财产承担责任，选项 D 错误。

**答案** A

## 考点 11　有限合伙企业合伙人性质转变的特殊规定（★★）

**考频** 2023 年判断题；2022 年判断题

| 身份转变 | 责任承担 |
|---|---|
| 有限合伙人→普通合伙人 | 身份转变前后都承担无限连带责任 |
| 普通合伙人→有限合伙人 | 身份转变前承担无限连带责任，转变后承担有限责任 |

### 通关文牒

▶ 速提分 ▶

关于合伙人责任承担的情况，具体对比如下表所示：

| 项目 | 普通合伙人 | 有限合伙人 |
|---|---|---|
| 入伙前的债务 | 无限连带责任 | 以认缴的出资额为限 |
| 合伙期间的债务 | 无限连带责任 | 以认缴的出资额为限 |
| 退伙后的债务（退伙前的原因） | 无限连带责任 | 以退伙时取回的财产为限 |
| 身份转变 | （1）有限合伙人→普通合伙人：身份转变前后承担无限连带责任。<br>（2）普通合伙人→有限合伙人：身份转变前无限连带责任，转变后有限责任。<br>【提示】身份转变以**前**的债，无论当时身份如何，均承担**无限连带**责任；身份转变以**后**，才按合伙人的**身份**承担相应责任 | |

### 趁热答题

**例 3-11·简答题（2014 年）** 2019 年 10 月，甲、乙、丙、丁四人出资设立 A 有限合伙企业（简称 A 企业），合伙协议约定：甲、乙为普通合伙人，丙、丁为有限合伙人；甲以劳务出资；乙出资 5 万元；丙、丁各出资 50 万元。合伙协议对其他事项未作约定。

2021 年 1 月 8 日，A 企业与 B 公司签订买卖合同，双方约定货款 80 万元，收到货物后 7 日内付款。2 月 26 日 A 企业如约收到货物，但因资金周转困难一直未付款。

4 月，乙因发生车祸瘫痪，退出 A 企业，并办理了退伙结算。

7 月，丙未征求其他合伙人的意见，以其在 A 企业中的财产份额出质，向 C 银行借款 15 万元。

8 月，经全体合伙人同意，丁由有限合伙人转为普通合伙人。

9 月，B 公司向 A 企业催要上述到期货款，因 A 企业无力偿还，B 公司遂要求乙承担全部责任，乙以自己已经退伙为由拒绝；B 公司又要求丁承担全部责任，丁以债务发生时自己为有限合伙人为由拒绝。

要求：根据《合伙企业法》的规定，回答下列问题。

（1）丙未经其他合伙人同意将其在 A 企业中的财产份额出质是否合法？简要说明理由。

（2）乙拒绝向 B 公司承担责任的理由是否合法？简要说明理由。

（3）丁拒绝向 B 公司承担责任的理由是否合法？简要说明理由。

**答案**

（1）丙未经其他合伙人同意将其在 A 企业中的财产份额出质合法。根据规定，有限合伙人可以将其在有限合伙企业中的财产份额**出质**，但合伙协议另有约定的除外。本题中，丙是有限合伙人，合伙协议对有限合伙人财产份额出质未作特别约定，所以丙可以将其在A企业中的财产份额出质。

（2）乙拒绝向B公司承担责任的理由不合法。根据规定，退伙的普通合伙人对基于其退伙前的原因发生的合伙企业债务，承担**无限连带**责任。本题中，A企业对B公司负担的债务（2021年1月）发生在普通合伙人乙退伙（2021年4月）之前，故乙应该承担无限连带责任。

（3）丁拒绝向B公司承担责任的理由不合法。根据规定，有限合伙人转变为普通合伙人的，对其作为有限合伙人期间有限合伙企业发生的债务承担**无限连带**责任。本题中，丁由有限合伙人转为普通合伙人，应该对其作为有限合伙人期间（2019年10月至2021年8月）有限合伙企业发生的债务（2021年1月）承担无限连带责任。

## 第三节　合伙企业的解散和清算

### 考点12　合伙企业的解散（★）

**考频**　2022年多选题

合伙企业的解散，是指各合伙人解除合伙协议，合伙企业终止活动。合伙企业有下列情形之一的，应当解散：

（1）合伙**期限届满**，合伙人决定不再经营；
（2）合伙协议约定的解散事由出现；
（3）**全体**合伙人决定解散；
（4）合伙人已不具备法定人数**满30天**；
（5）合伙协议约定的合伙目的已经实现或者无法实现；
（6）依法被吊销营业执照、责令关闭或者被撤销；
（7）法律、行政法规规定的其他原因。

【提示】不具备法定人数的两种情形：
①普通合伙企业合伙人少于2人；
②有限合伙企业仅剩有限合伙人。

### 考点13　合伙企业的清算（★）

**考频**　2023年多选题；2022年判断题

合伙企业解散后应当进行清算，其具体规定如下表所示：

| 项目 | 具体规定 |
| --- | --- |
| 清算人 | （1）由**全体合伙人**担任；<br>（2）经全体合伙人**过半数**同意，可以自合伙企业解散事由出现后**15日**内指定一个或者数个合伙人，或者委托第三人担任清算人；<br>（3）解散事由出现之日起15日内未确定清算人的，合伙人或者其他利害关系人可以申请**人民法院指定**清算人 |

续表

| 项目 | 具体规定 |
| --- | --- |
| 清算人职责 | (1) 清理合伙企业财产，分别编制资产负债表和财产清单；<br>(2) 处理与清算有关的合伙企业未了结事务；<br>(3) 清缴所欠税款；<br>(4) 清理债权、债务；<br>(5) 处理合伙企业清偿债务后的剩余财产；<br>(6) 代表合伙企业参加诉讼或者仲裁活动 |
| 财产清偿顺序 | (1) 清算费用；（第一清偿顺序）<br>(2) 职工工资、社会保险费用和法定补偿金；<br>(3) 所欠税款；<br>(4) 债务；<br>(5) 剩余财产的分配（约定→协商→实缴→平均） |
| 注销登记 | 合伙企业注销后，原普通合伙人对合伙企业存续期间的债务仍应承担无限连带责任 |

【链接】对有限责任公司和股份有限公司的清算可以联系起来记忆。

## 趁热答题

**例 3-12·单选题（2020 年）** 根据合伙企业法律制度的规定，下列关于合伙企业清算人确定的表述中，正确的是（　　）。

A. 合伙人担任清算人必须经全体合伙人一致同意
B. 清算人只能在执行合伙事务的合伙人中选任
C. 合伙企业不可以合伙人以外的第三人担任清算人
D. 自合伙企业解散事由出现之日起 15 日内未确定清算人的，合伙人可以申请人民法院指定清算人

**解析** 本题考查合伙企业的清算。合伙人担任清算人必须经全体合伙人过半数同意，选项 A 错误。合伙企业解散，应当由清算人进行清算。清算人可以由全体合伙人担任；经全体合伙人过半数同意，可以自合伙企业解散事由出现之日起 15 日内指定一个或者数个合伙人，或者委托第三人担任清算人，选项 BC 错误。选项 D 表述正确。

**答案** D

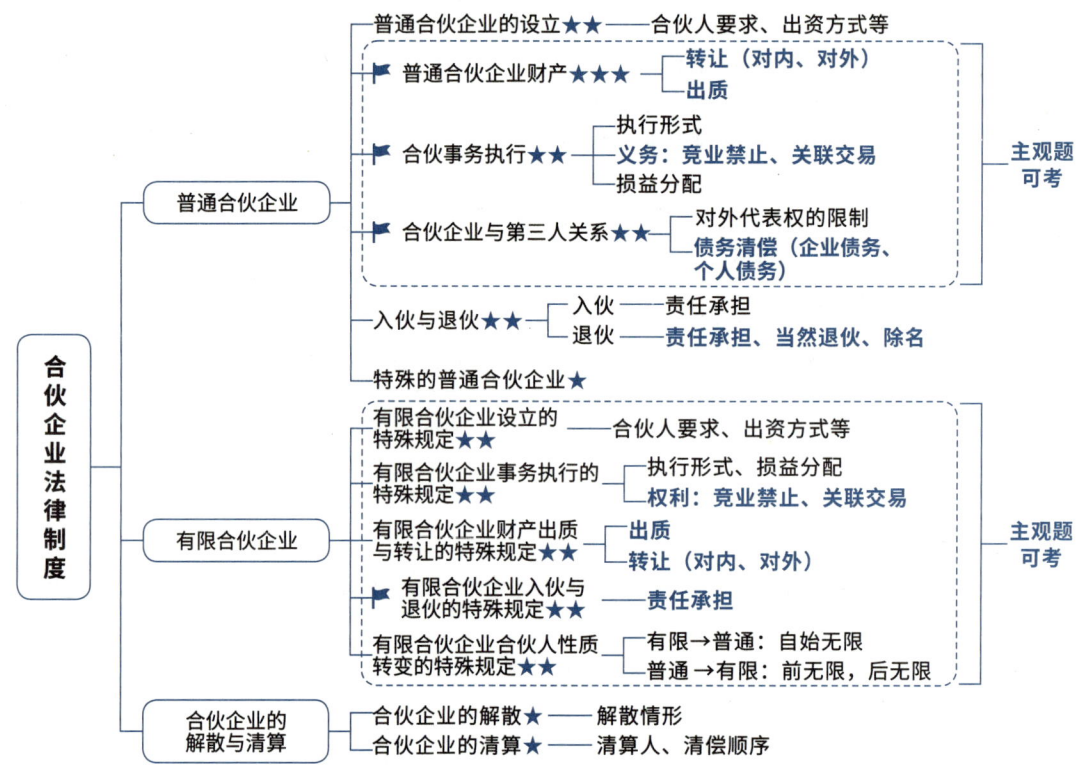

# 第四章 物权法律制度

## 考情驿站

本章属于重点章节,难度较大,是学习合同法律制度的基础。本章主要考点包括物权变动、所有权的取得、共有、用益物权、担保物权等。针对这些内容,考试不仅会以案例形式呈现,在客观题中考查,而且还会结合合同法律制度的知识点以主观题的形式考查,考法灵活多变。考生在学习的过程中,可以联系生活实际,在理解的基础上加以记忆。本章属于2022年新增章节,近两年考试分值都在16分左右。

## 考点地图

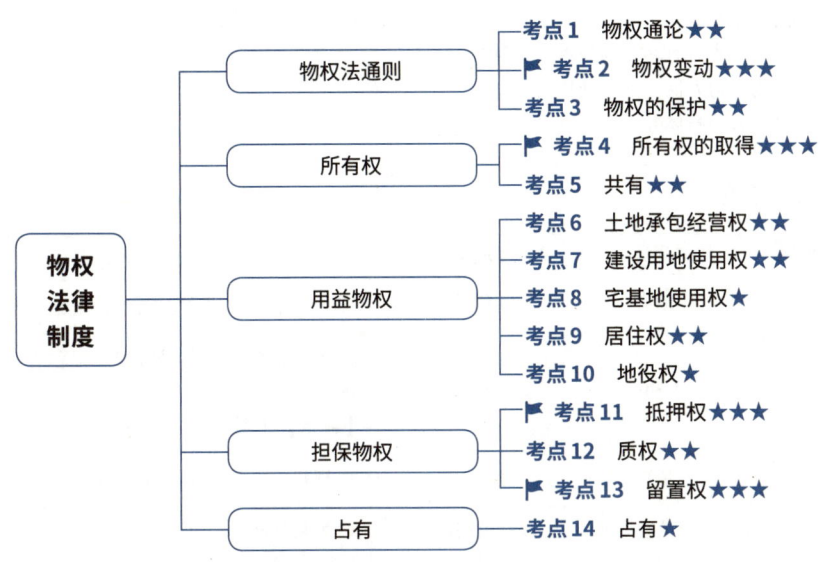

## 2024年本章主要变化

本章内容变动较小,对考试影响不大,具体变动如下:
(1) "物的分类"中新增"可分物与不可分物";
(2) 调整了"流押条款的效力""流质条款的效力"。

# 考点速递

## 第一节 物权法通则

### 考点1 物权通论（★★）

**考频** 2023年单选题、判断题；2022年单选题

**（一）物权的概念**

| 项目 | 具体规定 |
|---|---|
| 界定 | 权利人依法对特定的物享有直接支配和排他的权利，包括所有权、用益物权和担保物权 |
| 属性 | （1）物权是主体直接支配标的物的权利；<br>（2）物权是排他性的财产权，同一标的物上不得存在两个以上不相容的物权；<br>（3）物权的客体具有特定性；<br>（4）物权是对世权，权利人是特定的，义务人不特定 |
| 客体 | 物权的客体是物，是指人们能够支配和利用的物质实体和自然力。<br>（1）物应当具有客观物质性（有体性）；<br>（2）物可为人们支配和使用（可支配性）；<br>（3）活人的身体并不属于物（非人格性） |

**（二）物的分类**

| 分类标准 | 分类 | 概念 | 举例 | |
|---|---|---|---|---|
| 物能否移动且是否因移动而损害其价值 | 动产 | 能移动 | 桌子、手机、书本、汽车、船舶、航空器 | |
| | 不动产 | 不能移动 | 土地、建筑物、在建房屋、纪念碑、林木、矿藏、海域等。<br>【提示】木材、矿石、海水是动产，不是不动产 | |
| 两个独立存在的物在用途上客观存在的主从关系 | 主物 | 主要作用 | 电视机 | |
| | 从物 | 辅助作用 | 电视机遥控器 | |
| 两物之间存在原物产生新物的关系 | 原物 | 能产生新物的物 | 苹果树 | |
| | 孳息 | 原物产生的物 | 天然孳息 | 苹果树上掉落的苹果、动物产下的蛋或崽 |
| | | | 法定孳息 | 利息、股利、租金 |
| 物是否因实物分割而变更其性质或减损其价值 | 可分物 | 分割将不改变其性质 | 大米、石油、牛奶等 | |
| | 不可分物 | 分割将改变其性质 | 一间房屋、一辆汽车、一头用于耕田的牛等 | |

### 通关文牒

▶ 很好懂 ▶

物的分类属于客观题考点，建议考生在掌握概念的基础上牢记典型的例子。主物与从物、原物与孳息都要求独立存在。考生可以通过以下例子，对物的分类加以理解：

**举例**

(1) 汽车及其备胎，是主物与从物关系（备胎脱离汽车就没什么价值了）；

(2) 汽车及其轮胎，不是主物与从物关系，而是整体和部分关系（轮胎是汽车的组成部分）；

(3) 母鸡及其腹中的鸡蛋，不是原物与孳息关系，而是整体和部分关系（此时鸡蛋并非独立存在的新物，不属于孳息）；

(4) 母鸡及其刚产下的鸡蛋，是原物与孳息关系（原物母鸡产出独立存在的鸡蛋）；

(5) 鸡蛋与破壳而出的小鸡，不是原物与孳息关系（孵出小鸡后，鸡蛋本身不复存在，不符合原物出产新物的关系）。

### 趁热答题

**【例 4-1·单选题（2023 年）】** 根据物权法律制度的规定，下列关于物的分类的表述中，不正确的是（　）。

A. 海域属于不动产　　　　　　　　　B. 船舶属于动产
C. 汽车和轮胎属于主物和从物　　　　D. 存款利息属于法定息

**解析** 本题考查物的分类。依据两个独立存在的物在用途上客观存在的主从关系，将物分为主物与从物。备用轮胎属于从物。使用中的轮胎是汽车的组成部分，不属于从物，两者是整体和部分的关系。因此，选项 C 正确。

**答案** C

### （三）物权的分类

| 分类标准 | 分类 | 具体内容 |
| --- | --- | --- |
| 对谁人之物享有物权 | 自物权 | 所有权 |
| | 他物权 | 用益物权、担保物权 |
| 标的物种类 | 动产物权 | 以占有为公示方法；以交付为变动要件 |
| | 不动产物权 | 以登记为公示方法与变动要件 |
| 限制物权以其所支配的内容划分 | 用益物权 | 土地承包经营权、建设用地使用权、宅基地使用权、居住权、地役权 |
| | 担保物权 | 抵押权、质押权、留置权 |

▶ 速提分 ▶

（1）物权包括所有权、用益物权和担保物权，具体总结如下图所示：

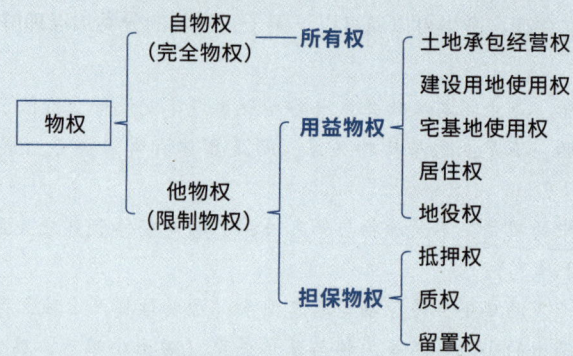

（2）动产物权是设定在动产之上的物权，如动产质权、留置权等；不动产物权则是设定于不动产之上的物权，如土地使用权、不动产抵押权等。关于动产、不动产分别能否设立抵押权、质权、留置权的总结如下表所示：

| 项目 | 抵押权 | 质权 | 留置权 |
|---|---|---|---|
| 动产 | √ | √ | √ |
| 不动产 | √ | × | × |

**趁热答题**

**例 4-2·单选题（2022 年）** 根据物权法律制度的规定，下列权利中，属于担保物权的是（　　）。
A. 居住权　　　　B. 地役权　　　　C. 留置权　　　　D. 土地承包经营权

**解析** 本题考查物权的种类。担保物权包括抵押权、质权以及留置权（选项C）。选项ABD属于用益物权。

**答案** C

### （四）物权的效力

| 类型 | | 具体规定 |
|---|---|---|
| 物权的优先效力 | 物权相互间优先 | 成立在先的物权效力优先于成立在后的物权，但下列情形例外：<br>（1）限制物权优先于所有权（用益物权或者担保物权优先于成立在先的所有权）；<br>（2）法律的特别规定（同一动产上已经设立**抵押权或者质权**，该动产又被**留置**的，**留置权人优先受偿**） |
| | 物权优先于债权 | 例外情形：<br>（1）**买卖不破租赁**；<br>（2）先租后抵；<br>（3）经预告登记的债权 |

续表

| 类型 | 具体规定 |
|---|---|
| 物权的追及效力 | 物权设立后，其标的物不论辗转至何人之手，物权人都有权追及标的物之所在而直接支配该物的效力（**抵押财产转让，抵押权不受影响**） |
| 物权的妨害排除力 | 物权的妨害排除力，是指排除他人妨害，恢复物权人对物正常支配的效力 |

## 考点 2  物权变动（★★★）

靶心考点精讲

**考频** 2023 年单选题、多选题；2022 年单选题、多选题

### （一）物权变动概述

| 形态 | | 具体规定 |
|---|---|---|
| 物权的取得 | 原始取得 | 非依据他人既存的权利而独立取得物权：基于**无主物之先占**、**拾得遗失物**、**添附**、**善意取得**等取得物权 |
| | 继受取得 | 基于他人既存的权利而取得物权：<br>（1）移转继受取得：基于**买卖**、**赠与**而取得所有权。<br>（2）创设继受取得：在他人房屋所有权上设立并取得**抵押权** |
| 物权的变更 | | （1）广义：物权的主体、客体、内容发生改变。<br>（2）狭义：物权的客体、内容部分改变，如建设用地使用权存续期间的延长、建筑物占地面积的增减等。<br>（3）《民法典》中物权的变更是指狭义的变更 |
| 物权的消灭 | 绝对消灭 | 标的物灭失导致物权本身不存在（如房屋被洪水冲毁） |
| | 相对消灭 | 物权与原主体相分离，但物权本身未消灭（如所有权的转让） |

### （二）物权变动的原因

物权变动的原因，是指引起物权发生、变更、消灭的法律事实，包括法律行为与法律行为之外的法律事实。

（1）引起物权变动的法律行为，主要有买卖、互易、赠与、遗赠，以及设定、变更、终止他物权的各种法律行为；

（2）法律行为之外的法律事实，主要有添附、法定继承、无主物的取得、善意取得，以及征用、没收、罚款等。

## （三）不动产物权变动

| 类型 | | 具体规定 |
|---|---|---|
| 基于法律行为而发生的不动产物权变动 | 一般原则 | 登记生效 |
| | 例外情形 | （1）土地承包经营权、地役权以登记为对抗要件而非生效要件；<br>（2）依法属于国家所有的自然资源，所有权可以不登记。<br>【提示】<br>①土地承包经营权自土地承包经营权合同生效时设立；<br>②地役权自地役权合同生效时设立 |
| | 登记机构 | 不动产所在地的登记机构办理 |
| | 首次登记 | （1）不动产物权的第一次登记；<br>（2）未经办理不动产首次登记，不得办理不动产其他类型的登记 |
| | 转移登记 | 移转登记是不动产物权移转的生效要件（涉及权利人变动） |
| | 变更登记 | 不动产物权的分割、合并、设立和增减时所为的登记（不涉及权利人变动） |
| | 更正登记 | 对不正确的不动产登记内容进行更正的登记 |
| | 异议登记 | （1）登记簿记载的权利人不同意更正的，利害关系人可以申请异议登记；申请人自异议登记之日起 **15 日** 内不提起诉讼，异议登记失效。<br>（2）**异议登记不当**，造成权利人损害的，权利人可以向**申请人**请求损害赔偿 |
| | 预告登记 | （1）预告登记后，未经预告登记的权利人同意，处分该不动产的，不发生物权效力；<br>（2）预告登记后，债权消灭或者自能够进行不动产登记之日起 **90 日** 内未申请登记的，预告登记失效；<br>（3）预告登记后，债权消灭的，预告登记失效 |
| | 注销登记 | 可以申请办理注销登记的情形：<br>（1）不动产灭失的；<br>（2）权利人放弃不动产权利的；<br>（3）不动产被依法没收、征收或者收回的；<br>（4）人民法院、仲裁委员会的生效法律文书导致不动产权利消灭的 |
| 非基于法律行为而发生的不动产物权变动 | | （1）因人民法院、仲裁机构的法律文书或者人民政府的征收决定等，导致物权设立、变更、转让或者消灭的，自**法律文书或者征收决定等生效时**发生效力；<br>（2）因继承取得物权的，自**继承开始时**发生效力；<br>（3）因合法建造、拆除房屋等事实行为设立或者消灭物权的，自**事实行为成就时**发生效力 |

### 通关文牒

▶ 很好懂 ▶

（1）对于不动产物权的变动，首先要看是基于法律行为还是非基于法律行为而发生的，然后再考虑发生效力的时间。基于法律行为而发生的不动产物权变动，一般是自"**登记**"时发生效力；非基于法律行为而发生的不动产物权变动，则以法律具体规定为准。

（2）考生要注意区分转移登记与变更登记、更正登记与异议登记。考生可以通过以下例子，对该内容加以理解：

> **举例1** 甲将自己名下的一处房产转让给乙，此为涉及权利人的变动（由甲变为乙所有），应当办理**转移登记**。
>
> **举例2** 甲拥有一个小院共计4间屋子，后甲在院子中央砌墙将之一分为二，此为不涉及权利转移的变动（同一权利人分割不动产），应当办理**变更登记**。
>
> **举例3** 2019年赵二因公外派非洲援建5年，其间父母去世。2024年赵二回国，发现原属父母名下的一套房产，已登记在哥哥赵大名下。所以赵二向不动产权登记机关申请**更正登记**，登记机构通知赵大，赵大以赵二常年生活在国外未对其父母尽孝为由不同意办理更正登记，此时赵二可以提出**异议登记**，并在15日内向法院起诉。

### 趁热答题

**例4-3·多选题（2023年）** 有关不动产物权变动的下列说法中，表述正确的有（  ）。
A. 王某合法建造自己的房屋，自办理产权登记时起，取得该房屋的所有权
B. 张某合法拆除自己的房屋，自拆除完成后，张某对该房屋的所有权消灭
C. 李某因继承取得房屋，自办理产权登记时起，李某享有该房屋的所有权
D. 赵某购买商品房，自办理产权登记时起，赵某取得该房屋的所有权

**解析** 本题考查不动产物权变动。因合法建造、拆除房屋等事实行为设立或者消灭物权的，自事实行为成就时发生效力，选项A错误，选项B正确。因继承取得物权的，自继承开始时发生效力，选项C错误。不动产物权的设立、变更、转让和消灭，经依法登记，发生效力；未经登记，不发生效力，但是法律另有规定的除外，选项D正确。

**答案** BD

### （四）动产物权变动

| 项目 | | 具体内容 | |
|---|---|---|---|
| 变动规则 | 一般公示 | **交付生效** | |
| | 特殊公示 | （1）以动产抵押的，抵押权自**抵押合同生效**时设立；**未经登记，不得对抗善意第三人**。<br>（2）**船舶、航空器和机动车**等的物权的设立、变更、转让和消灭，**未经登记，不得对抗善意第三人** | |
| 交付类型 | 现实交付 | **实际交由对方依法占有** | |
| | **观念交付** | 简易交付<br>（先借/租后买） | 动产物权设立和转让前，权利人已经占有该动产的，物权**自民事法律行为生效时发生效力** |
| | | 占有改定<br>（先卖后借/租） | 动产物权转让时，当事人又约定由出让人继续占有该动产的，物权**自该约定生效时发生效力** |
| | | 指示交付<br>（交易标的物被第三方占有） | 动产物权设立和转让前，第三人占有该动产的，负有交付义务的人**可以通过转让请求第三人返还原物的权利代替交付** |

### 通关文牒

▶ **很好懂** ▶

考生要注意区分简易交付、占有改定和指示交付。考生可以通过以下例子，对该内容加以理解：

**举例** 赵某将其所有的一辆自行车借给钱某，借用期间双方于 2024 年 1 月 10 日达成转让协议，约定钱某以 1 000 元的价格购买该自行车，并于 1 月 25 日支付价款。1 月 11 日，钱某将该自行车以 1 100 元的价格转让给孙某，双方约定钱某以借用人身份继续使用至 2 月 25 日再交还孙某，1 月 13 日，钱某向赵某支付价款。2 月 25 日孙某与李某达成自行车转让协议，但自行车在钱某手里，孙某通知钱某，将该自行车交付给李某。

**解析**（1）赵某将自行车卖给钱某，是简易交付（先借后买），在法律行为生效时（即买卖合同生效时：1 月 10 日）视为交付，所有权转移。

（2）钱某将自行车卖给孙某，是占有改定（先卖后借），在约定生效时（1 月 11 日）视为交付，所有权转移。

（3）孙某将自行车卖给李某，是指示交付（交易标的物被第三方占有），在约定生效时（即原物返还请求权转让协议生效时：2 月 25 日）视为交付，所有权转移。

▶ **速提分** ▶

物权变动是客观题的高频考点，考生需在理解的基础上准确记忆。物权变动的规则如下表所示：

| 情形 | | 物权生效时间 |
| --- | --- | --- |
| 一般原则 | 动产 | 动产**交付**时 |
| | 不动产 | 办理**登记**时 |
| 特殊情形 | 船舶、航空器和机动车 | **交付**时生效，但**未经登记，不得对抗善意第三人** |
| | 人民法院、仲裁机构的法律文书 | **法律文书生效**时 |
| | 人民政府征收决定 | 政府的征收**决定**生效时 |
| | 继承 | **继承**开始时 |
| | 事实行为（如合法建造、拆除房屋等） | 事实行为**成就**时 |

### 趁热答题

**例 4-4·单选题（2023 年）** 2023 年 4 月 10 日，王某到甲汽车销售公司购买一辆小汽车，当日签订合同并支付定金，5 月 10 日交付剩余款项后甲公司向其交付车辆。王某将车停在停车场内，5 月 20 日，王某将车开走，5 月 22 日办理机动车登记。王某取得该车辆所有权的日期是（　　）。

A. 2023 年 4 月 10 日

B. 2023 年 5 月 22 日

C. 2023 年 5 月 10 日

D. 2023 年 5 月 20 日

**解析** 本题考查动产物权变动。动产物权的设立和转让，自交付时发生效力，但是法律另有规定的除外。本题中，5月10日甲公司向王某交付车辆，故王某于2023年5月10日取得该车辆所有权。因此，选项C正确。

**答案** C

## 考点3 物权的保护（★★）

物权的保护方式是"物权请求权"，包括标的物返还请求权、排除妨害请求权、消除危险请求权，具体内容如下表所示：

| 类型 | 具体内容 |
| --- | --- |
| 标的物返还请求权 | 请求人向相对人主张标的物返还请求权，**须举证证明自己**是物权人或依法律规定可以行使标的物返还请求权的人，如破产管理人、遗嘱执行人等 |
| 妨害排除请求权 | 妨害排除请求权**以妨害的存在为前提** |
| | 妨害行为表现形式多样，包括但不限于：<br>（1）妨害他人所有权的行使，如停车于他人车库；<br>（2）可量物或不可量物的侵入，如丢弃废料于他人庭院；<br>（3）未经授权使用他人之物，如在他人墙壁上悬挂广告招牌；<br>（4）对物之实体的侵害，如占用他人土地建房等 |
| 消除危险请求权 | 消除危险请求权**以危险的客观存在为前提** |

### 趁热答题

**例4-5·多选题** 下列情形中，当事人可以主张标的物返还请求权的有（    ）。

A. 张某侵占了李某的电脑，因办公室失火电脑被烧毁，李某请求张某返还电脑
B. 蔡某偷了王某的戒指，王某请求蔡某返还戒指
C. 郑某借给孙某一台摄像机，借期过后，孙某谎称丢失，郑某请求孙某返还摄像机
D. 赵某向刘某购买钢材一吨，赵某取得钢材后即将钢材转卖给徐某，并已交付，但赵某一直未向刘某交付价款，刘某请求赵某返还钢材

**解析** 本题考查标的物返还请求权的构成。选项A中，虽张某对于电脑属于无权占有，但因电脑已经毁损，李某无法再主张所有物返还请求权。选项BC中，蔡某与孙某均构成无权占有，且被占有物都还存在，所以，所有权人可以请求返还所有物。选项D中，刘某基于买卖合同把钢材交付给赵某，赵某即取得钢材所有权，其后，赵某又将钢材所有权转移给徐某，所以，刘某已经丧失钢材所有权，无法主张所有物返还请求权。

**答案** BC

## 第二节 所有权

### 考点 4 所有权的取得（★★★）

**考频** 2023 年多选题；2022 年多选题、综合题

靶心考点精讲

**（一）善意取得**

1. 构成要件

（1）让与人**无权处分**；

（2）受让人受让时**善意**；

（3）以**合理的价格**转让（无须实际支付）；

（4）**不动产**已办理转让**登记**，**动产**已经**交付**给受让人。

【提示】转让人将船舶、航空器和机动车等交付给受让人的，应当认定符合善意取得的交付要件（无论是否办理登记）。

2. 法律效果

（1）**受让人取得**动产或不动产的**所有权**；

（2）**原所有权人**可向让与人主张损害赔偿。

**通关文牒**

▶ 很会考 ◀

善意取得在客观题、主观题均可考查，案例分析题通常会要求考生判断动产或不动产所有权的归属。因此，牢牢掌握善意取得制度的构成要件是做题的关键。

**（二）拾得遗失物**

拾得遗失物是一种取得所有权的特殊方式，拾得行为并不足以使拾得人获得遗失物的所有权；若拾得人将遗失物转让给受让人，且遗失物主从知道受让人之日起 2 年内没有主张返还遗失物，则受让人获得所有权。拾得遗失物的法律效果如下表所示：

| 对象 | 具体规定 |
| --- | --- |
| 拾得人 | （1）拾得人应当及时通知权利人领取，或送交公安等有关部门。<br>（2）拾得人在遗失物送交有关部门前，应当妥善保管遗失物。因故意或重大过失致使遗失物毁损、灭失的，应当承担民事责任。<br>（3）有关部门收到遗失物，应当及时发布招领公告。遗失物自发布招领公告之日起 **1 年**内无人认领的，**归国家所有**。<br>（4）拾得人侵占遗失物的，**无权**请求保管遗失物等支出的费用 |
| 权利人<br>（遗失物主） | （1）权利人领取遗失物时，**应当**向拾得人或者有关部门**支付**保管遗失物等支出的必要费用（允诺的报酬）；<br>（2）遗失物被无权处分，原所有权人自知道或者应当知道受让人之日起 **2 年内**，可以向受让人请求返还原物（一般无偿，但受让人通过**拍卖**或者**具有经营资格**的经营者购得该遗失物的，权利人请求返还原物时应当支付受让人所付的费用）；<br>（3）权利人向受让人支付所付费用后，有权向**无处分权人**追偿 |

## 通关文牒

### ▶ 很好懂 ▶

**举例** 李某将一价值1万元的电脑托朋友王某保管。保管期间,王某因急需用钱,擅自将该电脑以9500元卖给不知情的陈某。陈某取得电脑后不慎丢失,电脑被赵某拾得,赵某将该电脑以9000元卖给其邻居郑某。3个月后陈某获知电脑在郑某处,与郑某就电脑所有权归属产生纠纷。(李某→王某→陈某→赵某→郑某)

要求:根据以上情况,回答下列问题。
(1) 陈某是否取得电脑所有权?说明理由。
(2) 陈某是否有权要求郑某归还电脑?

**解析** (1) 本题中,王某将朋友托其保管的电脑卖给陈某,属于无权处分,但陈某对此并不知情,属于善意买受人,陈某支付了合理的价款且已经取得电脑的占有,所以,陈某可依善意取得制度取得电脑的所有权。

(2) 郑某购买的是陈某的遗失物,陈某可以自知道郑某为买受人之日起2年内要求郑某返还电脑。

### ▶ 速提分 ▶

拾得遗失物的处理情形包括返还和不返还,具体总结如下图所示:

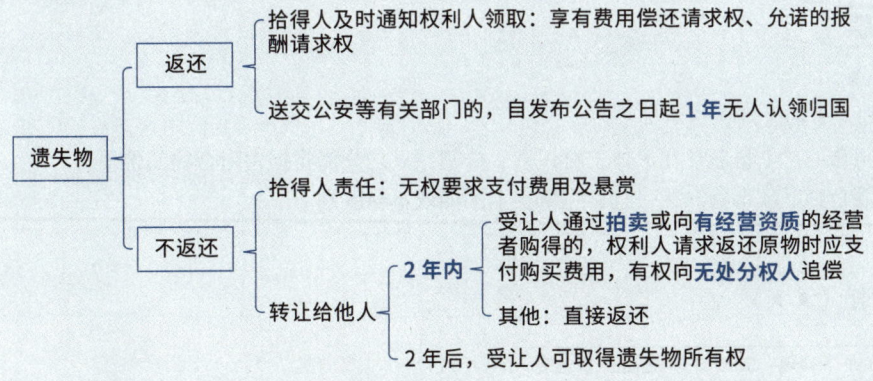

## 趁热答题

**例4-6·多选题(2023年)** 2023年3月1日,张某拾得吴某丢失的一幅名贵字画。3月10日,张某将该字画转让给袁某。4月11日,袁某将该字画交给拍卖行拍卖。4月15日,李某通过拍卖取得了该字画。下列表述正确的有( )。

A. 吴某有权自知道或者应当知道受让人李某之日起2年内向李某请求返还字画
B. 张某无权将字画转让给袁某
C. 吴某有权向张某请求双倍赔偿字画损失
D. 吴某请求李某返还字画时,李某有权请求吴某支付其购买字画的费用

**解析** 本题考查拾得遗失物。拾得遗失物应当返还权利人。拾得人应当及时通知权利人领取,或者送交公安等有关部门,选项B正确。所有权人或者其他权利人有权追回遗失物。该遗失物通过转让被他人占有的,权利人有权向无处分权人请求损害赔偿(非双倍赔偿,选项C错误),或者自

知道或者应当知道受让人之日起 2 年内向受让人请求返还原物,但是,受让人通过拍卖或者向具有经营资格的经营者购得该遗失物的,权利人请求返还原物时应当支付受让人所付的费用。权利人向受让人支付所付费用后,有权向无处分权人追偿,选项 AD 正确。

答案　ABD

### (三) 添附

添附的种类包括附合、混合和加工。三者的详细内容的对比如下表所示:

| 种类 | 含义 | 举例 | 法律后果 |
| --- | --- | --- | --- |
| 附合 | 不同所有权人的物因密切结合而形成**难以分割**的新物,若**分割会毁损该物或花费较大** | 错拿邻居家的砖块砌墙(分离将损害附合物的价值) | (1) 有约定的,按照约定;<br>(2) 没有约定或者约定不明确的,按法律规定;<br>(3) 法律没有规定的,按照充分发挥物的效用以及保护无过错当事人的原则确定 |
| 混合 | 不同所有人的动产因相互混杂或交融,**不能识别或识别费用过大** | 不同所有人的同品质大米被倒入同一仓库里(难以识别分离) | |
| 加工 | 在他人的物上进行劳作或改造,从而使其具有更高价值的活动 | 将他人木材雕刻为木雕作品、在他人画布上作画 | |

> **通关文牒**
>
> ▶ 很好懂 ▶
>
> 附合与混合的区别在于:
> (1) **附合**的数个物通常在形体上可识别、分割,只是**分离将损害附合物的价值**;
> (2) **混合**则是数个物混在一起,在事实上**不能或不易区别**。

## 考点 5　共有(★★)

2023 年多选题;2022 年单选题、多选题

### (一) 按份共有和共同共有

| 项目 | | 按份共有 | 共同共有 |
| --- | --- | --- | --- |
| 特征 | | 数人按份额对同一物享有所有权 | 以共同关系为前提(夫妻、家庭关系) |
| 界定 | | **没有约定**为按份共有或者共同共有,或者约定不明确的,除共有人具有家庭关系等外,**视为按份共有** | |
| 对内效力 | 共有物的**管理** | (1) 对共有财产作**处分、重大修缮、变更性质或用途**的,应当经占份额 **2/3 以上**的按份共有人同意,另有约定的除外;<br>(2) 对共有物的**管理费用**及其他负担,**有约定的按约定**,没有约定或约定不明的按**份额**负担 | 对于共同物的使用和**管理**,应当经**全体**共同共有人同意,另有约定的除外(**约定→100%**) |

续表

| | 项目 | 按份共有 | 共同共有 |
|---|---|---|---|
| 对内效力 | 处分 — 份额 | 对于各自的份额，**自由转让**，对外转让的，其他共有人享有**同等条件**下的**优先购买权**。<br>【提示】两个以上其他共有人主张，**协商**确定购买比例；协商不成的，按照转让时各自的共有**份额比例**行使优先购买权 | — |
| | 处分 — 共有物（整体处分） | 应当经占份额 **2/3 以上**的按份共有人同意，但共有人之间另有约定的除外（**约定→2/3 以上**） | 应当经全体共同共有人同意，但共有人之间另有约定的除外（**约定→100%**） |
| | 分割 | 按份共有人对共有物有分割请求权 | 只有在共有的基础丧失或者有重大理由需要分割时才可以请求分割 |
| 对外效力 | | **连带债权**、**连带债务**，法律另有规定或第三人知道共有人不具有连带债权债务关系的除外 | |

▶ 速提分 ▶

共有主要包括共同共有和按份共有。共同共有通常建立在家庭、夫妻关系的基础上，其特点是共同共有人对共有财产享有**共同**的权利，承担**共同**的义务。按份共有的特点在于**分享**权利、**分担**义务，这是它与共同共有最大的不同之处。考生只要掌握了按份共有和共同共有的异同点，学习起来就会轻松很多。对于按份共有，考生还需注意转让的是**共有物**还是**共有份额**，前者有 2/3 以上按份共有人同意的限制，后者自由转让。按份共有的债务，**对外连带**，**对内按份**。

**趁热答题**

| **例 4-7·多选题（2023 年）** | 甲乙二人以 7∶3 的比例按份共有一套房屋，双方约定二人平均承担亏损。甲居住期间，房屋外墙由于失修，掉落墙皮砸伤罗某，需要赔偿 5 000 元。对此下列表述正确的有（　　）。

A. 罗某只能找甲乙其中一人赔偿
B. 如果甲承担了 5 000 元可以向乙追偿 2 500 元
C. 罗某可以找甲乙承担连带责任
D. 乙主张自己仅有 30% 的比例，不承担责任

（解析）本题考查按份共有。因共有的不动产或者动产产生的债权债务，在对外关系上，共有人享有连带债权，承担连带债务，但是法律另有规定或者第三人知道共有人不具有连带债权债务关系的除外，选项 AD 错误，选项 C 正确。在共有人内部关系上，除共有人另有约定外，按份共有人按照份额享有债权，承担债务，偿还债务超过自己应当承担份额的按份共有人，有权向其他共有人追偿，选项 B 正确。因此，本题选项 BC 正确。

（答案）BC

### （二）区分所有

1. 区分所有的概念

区分所有，是由区分所有建筑物的专有部分所有权（专有权）、共有部分共有权（共有权）以及因区分所有建筑物共同关系所生的成员权（共同管理权）共同构成的特别所有权。

2. 业主共有部分

（1）建筑区划内的道路，属于业主共有，但是属于城镇公共道路的除外；
（2）建筑区划内的绿地，属于业主共有，但是属于城镇公共绿地或者明示属于个人的除外；
（3）建筑区划内的其他公共场所、公用设施和物业服务用房，属于业主共有；
（4）占用业主共有的道路或者其他场地用于停放汽车的车位，属于业主共有。

3. 收益分配和费用分摊

建筑物及其附属设施的**费用分摊**、**收益分配**等事项，有约定的，按照**约定**；没有约定或者约定不明确的，按照业主**专有部分面积所占比例**确定。

## 第三节 用益物权

### 考点6 土地承包经营权（★★）

考频：2022年单选题、多选题

| 项目 | 具体规定 | |
|---|---|---|
| 概念 | 以种植、养殖、畜牧等农业目的，对集体经济组织所有或国家所有由农民集体使用的农用土地依法享有的占有、使用、收益的权利 | |
| 特征 | （1）**主体**只能是**农业经营者**；<br>（2）**客体**是耕地、林地、山岭、草原、荒地、滩涂、水面等**不动产**；<br>（3）权利人**在他人土地上**为**农业性质**的耕作、养殖、畜牧等用益 | |
| 存续期限 | （1）耕地：30年。<br>（2）草地：30—50年。<br>（3）林地：30—70年 | |
| 承包权取得 | 合同 | 土地承包经营权自土地承包经营权**合同生效时**设立 |
| | 互换、转让 | （1）互换、转让的对象**只能是本集体经济组织成员**；<br>（2）**互换**需进行**备案**，**转让**需要得到**发包方**的同意；<br>（3）**未经登记，不得对抗善意第三人** |
| | 招标、拍卖、公开协商等方式 | （1）客体主要限于**四荒土地**，即荒山、荒沟、荒丘、荒滩；<br>（2）承包人**不限于**本集体经济组织成员 |

续表

| 项目 | | 具体规定 |
|---|---|---|
| 经营权流转 | 前提 | **不改变**土地所有权**性质**（国有或集体所有）和土地农业**用途** |
| | 原则要求 | （1）应遵循平等自愿原则；<br>（2）**不得改变**土地所有权**性质**和农业**用途**；<br>（3）期限**不得超过承包期的剩余期限**；<br>（4）流转受让方须有农业经营能力，但**不限于**本集体经济组织成员 |
| | 具体规定 | （1）土地承包经营权人可以自主决定依法采取出租、入股或者其他方式向他人流转土地经营权；<br>（2）流转期限为**5年以上**的土地经营权，自**流转合同生效**时设立；<br>（3）当事人可以向登记机构申请土地经营权登记；未经登记，**不得**对抗善意第三人 |

### 通关文牒

▶ 速提分 ▶

考生学习土地承包经营权相关内容时，可以将其拆分成"承包权"和"经营权"，并重点区分两者流转的区别。其中，特别要注意的是，"承包权"互换、转让的对象**只能**是本集体经济组织成员（除四荒外）；但是"经营权"流转对象**不限于**本集体经济组织成员。即能够对外流转的只是土地经营权，不包括土地承包权。

### 趁热答题

**| 例4-8·多选题（2022年）|** 下列关于土地承包经营权的说法中，正确的有（　　）。

A. 土地承包经营权人有权将土地承包经营权互换，互换的对象只能是本集体经济组织成员
B. 本集体经济组织之外的人可以通过招标的方式承包本集体经济组织的荒山
C. 通过招标方式承包农村土地，经依法登记取得权属证书的，可以采取出租方式流转土地经营权
D. 土地承包经营权可以向本集体经济组织之外的人转让

（解析）本题考查土地承包经营权。土地承包经营权人依照法律规定，有权将土地承包经营权互换、转让，互换、转让的对象只能是本集体经济组织成员，选项A正确，选项D错误。对于"四荒"土地，即荒山、荒沟、荒丘、荒滩，承包人不限于本集体经济组织成员，集体经济组织以外的自然人、法人或其他组织均可取得此类土地的承包经营权，选项B正确。通过招标、拍卖、公开协商等方式承包农村土地，经依法登记取得权属证书的，可以依法采取出租、入股、抵押或者其他方式流转土地经营权，选项C正确。

（答案）ABC

## 考点 7　建设用地使用权（★★）

**考频**：2023 年判断题、简答题

| 项目 | 具体规定 | |
|---|---|---|
| 概念 | 以在他人土地上拥有建筑物、构筑物及其附属设施为目的，而使用其土地的权利 | |
| 期限 | (1) **居住**用地 **70 年**（**届满自动续期**）；<br>(2) **工业**用地和**教育、科技、文化、卫生、体育**用地 **50 年**；<br>(3) **商业、旅游、娱乐**用地 **40 年**；<br>(4) 其他 **50 年** | |
| 权利取得 | 无偿划拨 | (1) **公益目的性**；<br>(2) **无偿性**；<br>(3) 取得的土地使用权的**转让受到限制**；<br>【提示】只有依法办理相关手续并缴足土地出让金后，才可转让。<br>(4) **无期限性**；<br>(5) **行政性** |
| | 有偿出让 | (1) 订立**书面**出让合同；<br>(2) 建设用地使用权**自登记时**设立；<br>(3) 出让的具体形式包括协议、招标、拍卖。<br>【提示】工业、商业、旅游、娱乐和商品住宅等经营性用地以及同一土地有两个以上意向用地者的，应当采取招标、拍卖等**公开竞价**的方式出让 |
| 权利转让 | 方式 | 出售、交换、赠与等 |
| | 条件 | (1) 订立**书面**转让合同；<br>(2) 办理**过户登记** |
| | 使用期限 | **不得超过**建设用地使用权的**剩余期限** |

**趁热答题**

**例 4-9·判断题（2023 年）** 住宅建设用地使用权期限届满的，需经过土地管理部门审批后才能续期。（　）

**解析** 本题考查建设用地使用权。住宅建设用地使用权期限届满的，自动续期。因此，本题表述错误。

**答案** ×

## 考点 8　宅基地使用权（★）

### （一）宅基地使用权的特点

1. 农村宅基地使用权是无偿取得的、**永久性**的权利。
2. 宅基地使用权的分配，坚持"**一户一宅**"原则。

### （二）宅基地使用权的流转

1. **原则上禁止流转**，即**不得买卖**、赠与、投资入股、**抵押**等。

2. 两类可以流转的特殊情形
(1) 承认宅基地使用权**可以继承**；
(2) **随宅基地上的房屋所有权**的转让而流转。

【提示】对于第（2）种可以流转的特殊情形，有如下限制：
①受让人只能是**本集体经济组织**的成员；
②"一户一宅"原则：农村村民出卖住房后，**不得再申请宅基地**；
③受让人的宅基地**面积不得超过**省、自治区、直辖市规定的标准。

## 考点9　居住权（★★）

**考频** 2023年多选题；2022年单选题、多选题、判断题

居住权，是指按照合同约定，为了满足生活居住的需要，对他人所有的住宅得以占有、使用并排除房屋所有权人干涉的用益物权。对居住权的具体规定如下表所示：

| 项目 | 具体规定 |
|---|---|
| 设立 | (1) 应当采用**书面**形式订立居住权合同，也可以以**遗嘱**方式设立居住权；<br>(2) 居住权自**登记**时设立 |
| 特点 | (1) 居住权**无偿**设立，但是当事人另有约定的除外；（**约定→无偿**）<br>(2) 设立居住权的住宅**不得出租**，但是当事人另有约定的除外；（**约定→不得出租**）<br>(3) 居住权**不得转让**、**继承** |
| 消灭 | (1) 居住权期限**届满**或者居住权人**死亡**的，居住权**消灭**；<br>(2) 居住权消灭的，应当及时办理**注销登记** |

### 通关文牒

▶ 速提分 ▶

用益物权包括土地承包经营权、建设用地使用权、宅基地使用权、居住权、地役权。该内容通常以客观题形式考查，考生要重点掌握"设立时点"，具体总结如下表所示：

| 用益物权 | 设立时点 |
|---|---|
| 建设用地使用权 | 自**登记**时设立 |
| 居住权 | |
| 土地承包经营权 | **合同生效**时设立，登记可对抗善意第三人 |
| 地役权 | |
| 宅基地使用权 | 依法设立 |

### 趁热答题

**例4-10·多选题（2023年）** 根据物权法律制度的规定，下列关于居住权的说法中正确的有（　　）。
A. 居住权登记设立
B. 居住权可以继承
C. 当事人可以口头设立
D. 居住权可以有偿设立

**解析** 本题考查居住权。设立居住权的，应当向登记机构申请居住权登记，居住权自登记时设立，选项 A 正确。居住权不得转让、继承，选项 B 错误。当事人设立居住权，应当采用书面形式订立居住权合同，也可以以遗嘱方式设立居住权，选项 C 错误。居住权无偿设立，但是当事人另有约定的除外，所以当事人可以约定有偿设立居住权，选项 D 正确。

**答案** AD

## 考点 10　地役权（★）

**考频** 2023 年多选题、简答题

地役权，是指为实现自己土地的利益而使用他人土地的权利。考生学习地役权时，要注意和相邻关系作区分。地役权和相邻关系的概念及特点对比如下表所示：

| 项目 | 地役权 | 相邻关系 |
| --- | --- | --- |
| 概念 | 为实现自己土地的利益而使用他人土地的权利。<br>【提示】供需关系如下：<br>供役地：供他人土地便利而使用的土地。<br>需役地：为自身便利而使用他人土地的土地。 | 相邻各方在对各自所有或使用的不动产行使所有权或使用权时，因相互间依法应当给予对方方便或接受限制而发生的权利义务关系 |
| 特点 | （1）当事人应当采用书面形式订立地役权合同。<br>（2）地役权自地役权合同生效时设立；未经登记，不得对抗善意第三人 | 属于所有权内容之限制或扩张，实为所有权社会化的具体表现 |

### 通关文牒

▶ 很好懂 ▶

考生学习地役权相关知识时，要注意将其与相邻关系相区分。地役权源于合同约定，是为提升自己的不动产价值而使用他人不动产的权利；相邻关系属于所有权，是法定权利，其目的是保障不动产的基本使用功能不受影响。考生可以通过以下例子，对地役权和相邻关系加以区分：

举例1 甲在海边有一块平地，乙在旁边建一高楼，乙给甲一笔钱，要求甲 20 年之内不得在该平地上建房，以便其观海，双方于 1 月 1 日签订了地役权合同，于 4 月 5 日办理了地役权登记手续。本例中，乙对甲的土地的权利就是地役权。地役权自合同生效时设立（1 月 1 日）。乙的土地为需役地，甲的土地为供役地。

举例2 甲修建房屋时，需与邻居乙保持适当的距离，不得妨碍邻居的通风和采光，相邻各方使用噪声过大的生产生活资料时，不得影响邻居生活，否则就侵害了对方的相邻权，对方有权要求停止侵害，造成损害的，对方可以请求赔偿。

## 第四节　担保物权

### 考点 11　抵押权（★★★）

靶心考点精讲

考频：2023 年单选题、多选题、判断题、简答题、综合题；2022 年单选题、多选题、简答题、综合题；2021 年单选题

**（一）抵押合同**

1. 形式

设立抵押权，当事人应当采取**书面**形式订立抵押合同。

2. 流押条款

（1）概念：抵押权人在债务履行期届满前，**与抵押人约定**债务人不履行到期债务时**抵押财产归债权人所有**的，这种条款称为"流押条款"。

（2）当事人在抵押合同中约定流押条款的，债务人不履行到期债务时，抵押权人不能直接取得抵押财产的所有权，只能依法就抵押财产优先受偿。

▶ 很会考 ▶

流押条款可以在主观题中考查一问，考生应重点掌握流押条款的效力。

**（二）抵押财产**

1. 可以抵押的财产

（1）建筑物和其他土地附着物；

（2）建设用地使用权；

（3）海域使用权；

（4）生产设备、原材料、半成品、产品；

（5）正在建造的建筑物、船舶、航空器；

（6）交通运输工具。

2. 禁止抵押的财产

（1）**土地所有权**；

（2）宅基地、自留地、自留山等**集体所有土地的使用权**，但是法律规定可以抵押的除外；

（3）学校、幼儿园、医疗机构等为公益目的成立的**非营利法人**的教育设施、医疗卫生设施和其他公益设施；

（4）所有权、使用权**不明或者有争议**的财产；

（5）依法**被查封**、**扣押**、**监管**的财产。

3. 其他规定

（1）以**建筑物**抵押的，该建筑物占用范围内的建设用**地使用权一并抵押**。以建设用地使用权抵押的，该土地上的建筑物**一并抵押**。（房随地走，地随房走）

（2）抵押人将建设用地使用权、土地上的建筑物或者正在建造的建筑物分别抵押给不同债权人的，人民法院应当根据**抵押登记的时间先后**确定清偿顺序。

（3）以**违法的建筑物抵押**的，抵押合同**无效**，但是一审法庭辩论终结前已经办理合法手续的除外。

（4）土地依法抵押，地上存在违法的建筑物，抵押合同有效。

（5）**划拨**建设用地使用权抵押（包括划拨建设用地上建筑抵押），**无须批准**，抵押权**登记**设立，实现抵押权时所得价款，优先补缴土地出让金。

（6）乡镇、村企业的建设用地使用权不得单独抵押。以乡镇、村企业的厂房等建筑物抵押的，其占用范围内的建设用地使用权一并抵押。

（7）以集体所有土地的使用权依法抵押的，实现抵押权后，未经法定程序，**不得**改变土地所有权的性质和土地用途。

### 通关文牒

▶ 很会考 ◀

"判断某财产是否能用于抵押"是客观题的常考点。抵押财产的范围非常广泛，原则上法律规定不予禁止的财产都可以转让，考生备考时要重点掌握**不得抵押的财产**，运用排除法做题。

### 趁热答题

**例 4-11·多选题（2022 年）** 根据物权法律制度的规定，下列财产中，可以设立抵押权的有（ ）。

A. 船舶　　　　　　　　　　　B. 正在建造的房屋
C. 海域使用权　　　　　　　　D. 集体土地所有权

**解析** 本题考查抵押财产。债务人或者第三人有权处分的下列财产可以抵押：（1）建筑物和其他土地附着物；（2）建设用地使用权；（3）海域使用权（选项 C）；（4）生产设备、原材料、半成品、产品；（5）正在建造的建筑物（选项 B）、船舶（选项 A）、航空器；（6）交通运输工具等。选项 D，集体土地所有权**不得**设立抵押权。因此，选项 ABC 正确。

**答案** ABC

### （三）抵押登记

| 类型 | 范围 | 抵押权生效 | 未登记的后果 |
|---|---|---|---|
| 登记生效<br>（**不动产**） | （1）建筑物和其他土地附着物；<br>（2）建设用地使用权；<br>（3）海域使用权；<br>（4）正在建造的建筑物 | **自登记时**设立 | 未经登记，抵押权未设立，但**不影响抵押合同生效** |
| 登记对抗<br>（**动产**） | （1）生产设备、原材料、半成品、产品；<br>（2）交通运输工具；<br>（3）正在建造的船舶、航空器 | **自抵押合同生效时**设立 | 未经登记，**不得对抗善意第三人** |

> ▶ 很好懂 ▶
>
> 在理解不动产抵押，未办理抵押登记的后果时，考生可以这样思考：既然抵押权未设立，那么抵押合同生效还有何用？
>
> （举例）2024年1月1日，张三将其A房屋抵押给李四，双方签订抵押合同，合同约定"在2024年2月1日之前办理抵押登记手续"。直到2024年2月2日，尚未办理抵押登记。虽然未办理抵押登记，李四的抵押权未设立，但是张三和李四间的抵押合同已于2022年1月1日生效，因此，李四有权依照生效的抵押合同要求张三履行办理抵押登记的合同义务。

### （四）抵押权的效力

1. 抵押权担保的范围

抵押权的担保范围包括主债权及其利息、违约金、损害赔偿金和实现担保物权的费用。抵押合同另有约定的，按照约定。

【链接1】质权的担保范围包括主债权及其利息、违约金、损害赔偿金、**保管担保财产**和实现担保物权的费用。当事人另有约定的，按照约定。

【链接2】留置权的担保范围包括主债权及其利息、违约金、损害赔偿金、**保管担保财产**和实现担保物权的费用。

2. 抵押权效力所及的标的物的范围

抵押权效力所及的标的物的范围，是指抵押权人行使抵押权时有权依法予以变价的抵押财产的范围。该标的物的范围，除了抵押物本身外，尚有诸多问题需要关注，详见下表：

| 项目 | 具体规定 | |
|---|---|---|
| 孳息 | 债务人不履行到期债务或者发生当事人约定的实现抵押权的情形，致使抵押财产被人民法院依法扣押的，**自扣押之日起**抵押权人有权收取该抵押财产的天然孳息或者法定孳息，但抵押权人未通知应当清偿法定孳息的义务人的除外 | |
| | 清偿顺序 | （1）充抵收取孳息的费用；（2）主债权的利息；（3）主债权 |
| 从物 | （1）从物产生于抵押权设立**前**，抵押权的效力**及于从物**；<br>（2）从物产生于抵押权设立**后**，抵押权的效力**不及于从物**；但在抵押权实现时可以**一并处分**，抵押权人对该从物**不享有优先受偿权** | |
| 添附物 | （1）添附物**归第三人所有**的，抵押权效力及于抵押人应获得的补偿金；<br>（2）**抵押人**对添附物享有所有权的，抵押权的效力**及于添附物**，但是添附导致抵押财产价值增加的，抵押权的效力**不及于增加的价值部分**；<br>（3）抵押权依法设立后，抵押人与第三人因添附成为添附物的**共有人**，抵押权的效力及于抵押人对共有物享有的份额。<br>【提示】上述添附都是抵押权依法设立后，抵押财产被添附的情形 | |
| 代位物 | 抵押权的效力当然**及于抵押物的代位物**（保险金、赔偿金或者补偿金） | |
| 抵押权设立后新增的建筑物 | （1）**新增**的建筑物**不属于抵押财产**；<br>（2）实现抵押权时，应当将新增的建筑物与建设用地使用权**一并处分**，但新增建筑物所得的价款，抵押权人**无权优先受偿** | |

3. 抵押人的权利

| 项目 | | 具体规定 |
|---|---|---|
| 抵押物出租的权利 | 先出租后抵押 | 原租赁关系不受抵押权影响（抵押不破租赁，主观题常考） |
| | 先抵押后出租 | （1）抵押权已登记，租赁权不得对抗抵押权；<br>（2）抵押权未登记，租赁关系不受抵押权影响，但抵押权人能够证明承租人知道或者应当知道已经订立抵押合同的除外 |
| 抵押物转让的权利 | | （1）抵押期间，抵押人可以转让抵押财产；当事人另有约定的，按照其约定；抵押财产转让的，抵押权不受影响。<br>（2）抵押人转让抵押财产的，应当及时通知抵押权人。<br>（3）抵押权人能够证明抵押财产转让可能损害抵押权的，可以请求抵押人将转让所得的价款向抵押权人提前清偿债务或者提存。转让的价款超过债权数额的部分归抵押人所有，不足部分由债务人清偿。<br>（4）当事人约定禁止或限制转让：<br>①该约定未登记：转让合同有效，抵押权不受影响，抵押权人可追究抵押人违约责任。<br>②该约定已登记：转让合同有效，物权不转移 |

### 通关文牒

▶ 很会考 ▶

抵押人的权利是主观题高频考点，考生需重点掌握"抵押不破租赁""抵押物转让的权利"的规定。

### 趁热答题

**例4-12·简答题（2022年）** 2021年8月17日，赵某因生产经营需要向钱某借款100万元，借款期限一年，年利率为10%，到期一次还本付息。双方同时签订了书面抵押合同，约定以赵某所有的一套价值110万元的房屋设立抵押权，若赵某在2022年8月16日未能按照合同约定向钱某支付本息，该套房屋归钱某所有。

2021年8月19日，赵某与钱某办理了抵押登记。8月20日，双方达成补充协议，约定该套房屋在抵押期间不得转让，但双方未将该约定进行登记。

2022年8月15日，赵某因急需周转资金，将该套房屋以105万元的价格转让给善意第三人李某，并办理了房屋所有权转移登记。次日，赵某向钱某偿还15万元。

钱某多次向赵某催讨剩余借款本息未果，2022年8月31日向人民法院提起诉讼，确认赵某的转让行为不发生物权转移效力，该房屋归钱某所有，以抵偿剩余借款本息。

要求：根据上述资料和物权法律制度的规定，不考虑其他因素，回答下列问题。

（1）钱某对赵某房屋的抵押权何时设立？简要说明理由。

（2）赵某与钱某的抵押合同约定，若赵某未能按照合同约定支付本息，该套房屋归钱某所有，该约定是否有效？简要说明理由。

（3）2022年8月31日，钱某请求确认赵某的转让行为不发生物权转移效力，人民法院是否应予支持？简要说明理由。

【答案】

(1) 钱某对赵某房屋的抵押权于2021年8月19日设立。根据规定，不动产设立抵押的，自登记时抵押权设立。本题中，2021年8月19日，赵某与钱某办理了抵押登记，所以从2021年8月19日起抵押权设立。

(2) 该约定无效。根据规定，抵押权人在债务履行期届满前，与抵押人约定债务人不履行到期债务时抵押财产归债权人所有的，只能依法就抵押财产优先受偿。该流押条款无效。

(3) 人民法院不予支持。根据规定，当事人约定禁止或者限制转让抵押财产但是未将约定登记，抵押人违反约定转让抵押财产，抵押财产已经交付或者登记，抵押权人请求确认转让不发生物权效力的，人民法院不予支持，但是抵押权人有证据证明受让人知道的除外。本题中，赵某、钱某虽然约定了该套房屋在抵押期间不得转让，但双方未将该约定进行登记，且受让人李某为善意第三人，因此钱某不得主张转让行为不发生物权转移效力。

4. 抵押权人的权利

| 项目 | | 具体规定 |
| --- | --- | --- |
| 抵押权的顺位权 | 确定标准 | (1) 已登记的，按登记的时间先后确定清偿顺序；<br>(2) 已登记的先于未登记的受偿；<br>(3) 未登记的，按照债权比例清偿 |
| | 放弃 | 其他担保人在抵押权人丧失优先受偿权益的范围内免除担保责任，但是其他担保人承诺仍然提供担保的除外 |
| | 变更 | 未经其他抵押权人书面同意的，不得对其他抵押权人产生**不利影响** |
| 抵押权的处分 | 转让 | 债权转让的，抵押权一并转让，另有约定的除外 |
| | 担保 | 可将其抵押权与其所担保的债权一并为他人债权设立担保，成立附抵押权的债权质权 |
| | 抛弃 | 其他担保人在抵押权人丧失优先受偿权益的范围内免除担保责任，但是其他担保人承诺仍然提供担保的除外 |
| 抵押权的保全 | 抵押财产价值减少 | 抵押人应当恢复抵押财产的价值，或提供与减少的价值相应的担保；否则**提前清偿债务** |
| | 抵押物灭失、毁损或被征用 | (1) 抵押权人可以就该抵押物的**保险金、赔偿金**或者**补偿金**优先受偿；<br>(2) 抵押权所担保的债权**未届清偿期**的，可对保险金、赔偿金或补偿金等采取**保全措施** |

趁热答题

| 例4-13·单选题（2022年） | 甲向乙、丙、丁三家银行借款，均以自己的一套房屋抵押。乙的债权为100万元，丙的债权为300万元，丁的债权为500万元，登记的顺序为乙、丙、丁。后未经丙的同意，乙和丁协议变更抵押权顺位。甲到期不能偿还债务，房屋拍卖所得价款为400万元，下列关于乙、丙、丁三家银行的抵押权顺位表述正确的是（　　）。

A. 丁银行400万元，丙银行0，银行乙0
B. 丁银行100万元，丙银行300万元，乙银行0
C. 乙银行100万元，丙银行300万元，丁银行0
D. 乙银行100万元，丁银行300万元，丙银行0

**解析** 本题考查抵押权的效力。抵押权人与抵押人可以协议变更抵押权顺位以及被担保的债权数额等内容。但是，抵押权的变更未经其他抵押权人书面同意的，不得对其他抵押权人产生不利影响。因此乙丁变更顺序后，未经丙书面同意，不能影响丙的利益。由于房屋拍卖所得价款为400万元，按照变更前乙丙丁的顺位，丙可以受偿300万元。乙丁变更抵押权顺位以后，丙仍应受偿300万元，所以丁在第一顺位只能优先受偿100万元，丙受偿300万元，最后的乙得不到受偿。因此，选项B正确。

**答案** B

5. 动产抵押权的特别效力

| 项目 | | 具体规定 |
| --- | --- | --- |
| 正常买受人规则 | 定义 | 动产抵押**即使登记**，亦**不得对抗正常经营**活动中**已经支付合理价款**并取得抵押财产的买受人（**主观题常考**） |
| | 不适用的情形 | （1）购买商品的数量明显超过一般买受人；<br>（2）购买出卖人的**生产设备**；（易设坑点）<br>（3）订立买卖合同的目的在于担保出卖人或者第三人履行债务；<br>（4）买受人与出卖人存在直接或者间接的控制关系；<br>（5）买受人应当查询抵押登记而未查询的其他情形 |
| 价款债权抵押权 | 定义 | 动产抵押担保的主债权是抵押物的价款，标的物交付后**10日**内办理抵押登记的，该抵押权人**优先于抵押物买受人的其他担保物权人**受偿，但是**留置权人除外** |
| | 常见情形 | （1）融资机构提供贷款专用于购置标的物形成的债权；<br>（2）出卖人允许买受人赊购标的物形成的债权 |
| | 设立条件 | （1）被担保的债权是**购置物的价款债权**；<br>（2）购置物**已交付**给买受人；<br>（3）自购置物交付之日起**10**日内办理完抵押**登记** |

> **通关文牒**
>
> ▶ 很好懂 ▶
>
> **举例** 甲企业向乙银行贷款时，以其现有的以及将有的生产设备、原材料、产成品一并抵押给乙银行，双方签订了书面抵押合同，并**办理了抵押登记**。抵押期间，甲企业未经乙银行同意，以合理价格将一件**产成品**和一台**生产设备**分别出卖给不知情的丙、丁公司，均已交付。后甲企业到期无力偿还贷款，乙银行能否对已出卖给丙公司的产成品、丁公司的生产设备主张抵押权？
>
> **解析**（1）以动产抵押的，无论是否办理抵押登记，均不得对抗**正常经营**活动中已支付合理价款并取得抵押财产的买受人（丙公司）。乙银行**不能**对已出卖给丙公司的**产成品**主张抵押权。
>
> （2）转让生产设备属于**非正常经营活动**，此时**不适用**"以动产抵押的，不得对抗正常经营活动中已经支付合理价款并取得抵押财产的买受人"。乙银行**能**对已出卖给丁公司的**生产设备**主张抵押权。

▶ 速提分 ▶

做题时遇到"××能否行使抵押权"的问题,可分三步思考:

第一步,判断题目中的抵押物的性质,是动产还是不动产。

第二步,看抵押权是否设立,**动产**看**合同生效**,**不动产**看**登记**。

第三步,如果抵押物是动产类,未经登记,不得对抗善意第三人;但是,如果买受人属于正常经营活动中已支付合理价款并取得抵押财产的,无论是否办理抵押登记,抵押权人均不得对抗此类买受人。(**正常买受人规则**)

### (五)抵押权的实现

1. 实现方式

(1) 协议以抵押财产**折价**或者以**拍卖**、**变卖**该抵押财产;

(2) 请求**人民法院拍卖**、**变卖**抵押财产。

2. 抵押行使期间

抵押权人应当在**主债权诉讼时效期间**行使抵押权。

3. 抵押物变价款分配

对于抵押物变价款的分配,有约定的按约定,没有约定的,按下列顺序清偿:

(1) **实现抵押权的费用**;

(2) 主债权的利息;

(3) 主债权。

**趁热答题**

| 例 4-14 · 单选题(2023 年)| 根据物权法律制度的规定,抵押物折价或者拍卖、变卖所得的价款,当事人没有约定的,按( )顺序清偿。

A. 实现抵押权的费用;主债权的利息;主债权

B. 实现抵押权的费用;主债权;主债权的利息

C. 主债权;主债权的利息;实现抵押权的费用

D. 主债权的利息;实现抵押权的费用;主债权

(**解析**)本题考查抵押权的实现。抵押物折价或者拍卖、变卖所得的价款,当事人没有约定的,按下列顺序清偿:(1) 实现抵押权的费用;(2) 主债权的利息;(3) 主债权。因此,选项 A 正确。

(**答案**) A

### (六)最高额抵押权

1. 概念

最高额抵押权,为担保债务的履行,债务人或者第三人对一定期间内将要连续发生的债权提供担保财产的,债务人不履行到期债务或者发生当事人约定的实现抵押权的情形,抵押权人有权在**最高债权额限度内**就该担保财产**优先受偿**(**抵押权设立时债权不确定**)。

2. 特征

(1) 抵押担保的是将来发生的债权,现在尚未发生,但最高额抵押权**设立前已经存在**的债权,**经当事人同意**,可以转入最高额抵押担保的债权范围;

（2）抵押担保的债权额不确定，但设有最高限制额；
（3）实际发生的债权是连续的、不特定的，即债权人并不规定对方实际发生债权的次数和数额；
（4）债权人仅对抵押财产行使**最高限度内的优先受偿权**；
（5）最高额抵押**只需首次登记**即可设立，即尽管最高额抵押权所担保的是一定期间内连续发生的债权，但无须每个新生债权都到登记部门办理抵押登记，只需办理首次抵押登记即可。

3. 所担保的债权确定

有下列情形之一的，抵押权人的债权确定：

（1）约定的债权**确定期间届满**；
（2）没有约定债权确定期间或者约定不明确，抵押权人或者抵押人自最高额抵押权设立之日起**满 2 年后**请求确定债权；
（3）新的债权**不可能发生**；
（4）抵押权人知道或者应当知道抵押财产被**查封**、**扣押**；
（5）债务人、抵押人被宣告**破产或者被解散**；
（6）法律规定债权确定的其他情形。

| 例 4-15·多选题（2023 年） | 根据物权法律制度的规定，下列各项中，最高额抵押权所担保的债权确定的有（　　）。

A. 约定的债权确定期间届满
B. 抵押权人知道或应当知道抵押财产被查封、扣押
C. 债务人、抵押人被宣告破产或者被解散
D. 新的债权不可能发生

【解析】本题考查最高额抵押权。有下列情形之一的，抵押权人的债权确定：
（1）约定的债权确定期间届满（选项 A）；
（2）没有约定债权确定期间或约定不明确，抵押权人或抵押人自最高额抵押权设立之日起满 2 年后请求确定债权；
（3）新的债权不可能发生（选项 D）；
（4）抵押权人知道或应当知道抵押财产被查封、扣押（选项 B）；
（5）债务人、抵押人被宣告破产或者被解散（选项 C）；
（6）法律规定债权确定的其他情形。
因此，选项 ABCD 正确。

【答案】ABCD

### （七）浮动抵押权

1. 概念

浮动抵押权，是指企业、个体工商户、农业生产经营者可以将现有的以及将有的生产设备、原材料、半成品、产品抵押，债务人不履行到期债务或者发生当事人约定的实现抵押权的情形，债权人有权就抵押财产确定时的动产优先受偿（**抵押权设立时，抵押财产不确定**）。

2. 抵押财产确定的情形

浮动抵押，抵押财产自下列情形之一发生时确定：

（1）债务履行期届满，债权未实现；

(2) 抵押人被宣告破产或者解散；
(3) 当事人约定的实现抵押权的情形；
(4) 严重影响债权实现的其他情形。

3. 效力

动产浮动抵押权相比普通的动产抵押权，效力更加特殊。普通的动产抵押权登记了就可以对抗善意第三人，而动产**浮动抵押权**，即使登记了，也**不得对抗正常经营活动中已支付合理价款并取得抵押财产的买受人**。（常考主观题）

【提示】如果转让的不是"产品"，而是"**生产设备**"，那么不属于正常经营活动，此时**不适用**"以动产抵押的，不得对抗正常经营活动中已经支付合理价款并取得抵押财产的买受人"。

### 趁热答题

**例4-16·单选题（2022年）** 甲公司向乙银行借款100万元，将其现有的以及将有的生产设备、原材料、半成品、产品一并抵押给乙银行，但未办理抵押登记。抵押期间，未经乙银行同意，甲公司以市场价格将一台生产设备转让给善意第三人丙公司，并已交付，后甲公司不能向乙银行清偿到期债务，下列关于该抵押权的表述中，正确的是（　　）。

A. 该抵押权虽已设立但不能对抗丙公司
B. 乙银行有权对丙公司从甲公司处购买的生产设备行使抵押权
C. 该抵押权因抵押物不特定而不能设立
D. 该抵押权因未办理抵押登记而不能设立

**解析** 本题考查特殊抵押权。浮动抵押权无论是否办理抵押登记，均不得对抗正常经营活动中已支付合理价款并取得抵押财产的买受人。由于本题中转让的是"生产设备"，不属于正常经营活动，所以要考虑一般原则，即"以动产抵押的，抵押权自抵押合同生效时设立；未经登记，不得对抗善意第三人"。本题中，抵押未登记，不能对抗善意第三人，因此抵押权人不能就转让的生产设备行使抵押权。因此，选项A正确。

**答案** A

## 考点12　质权（★★）

考频　2023年多选题；2022年单选题

质押分为动产质权和权利质权。

### （一）动产质权

| 项目 | | 具体规定 |
|---|---|---|
| 质押合同 | 形式 | 应当采用**书面**形式；**质押合同自成立时生效** |
| | 流质条款 | (1) 质权人在债务履行期届满前，**不得**与出质人约定债务人不履行到期债务时质押财产归债权人所有；<br>(2) 当事人在质押合同中约定流质条款的，债务人不履行到期债务时，质权人并不能直接取得质押财产的所有权，只能依法就质押财产优先受偿。<br>【提示】与流押条款类似 |
| 质权设立 | | **质权**自出质人**交付**质押财产时设立（最常考） |

续表

| 项目 | 具体规定 |
| --- | --- |
| 质权人对质物的权利 | 质权人**有权收取**质押财产的**孳息**,但合同另有约定的除外。该孳息应当先充抵收取孳息的费用 |
| 质权人对质物的责任 | (1) 质权人在质权存续期间,未经出质人同意,**擅自使用**、**处分质押财产**,给出质人造成损害的,应当**承担赔偿责任**;<br>(2) 质权人负有妥善保管质押财产的义务,因**保管不善**致使质押财产毁损、灭失的,应当**承担赔偿责任**;<br>(3) 质权人在质权存续期间,**未经出质人同意转质**,造成质押财产毁损、灭失的,应当向出质人**承担赔偿责任** |

### (二)权利质权

1. 可用于质押的权利

(1) 汇票、本票、支票;

(2) 债券、存款单;

(3) 仓单、提单;

(4) 可以转让的基金份额、股权;

(5) 可以转让的注册商标专用权、专利权、著作权等知识产权中的财产权;

(6) 现有的以及将有的应收账款;

(7) 其他。

【记忆技巧】三票三单一债券,基股专利应收款。

2. 质权的设立时间

(1) 汇票、支票、本票、债券、存款单、仓单、提单:质权自权利凭证**交付**质权人时设立;没有权利凭证的,质权自办理出质**登记**时设立。

(2) 基金份额、股权:质权自办理出质**登记**时设立。

(3) 注册商标专用权、专利权、著作权等知识产权中的财产权:质权自办理出质**登记**时设立。

(4) 应收账款:质权自办理出质**登记**时设立。

3. 现有应收账款质押特殊规定

(1) 设立质权时与应收账款债务人**确认真实性**,应收账款债务人**不得**以应收账款不存在或者已经消灭为由主张不承担责任;

(2) 设立质权时**未**与应收账款债务人**确认真实性**,质权人**不能**举证**证明**办理出质登记时应收账款真实存在的,**不得**仅以已经办理出质登记为由,请求就应收账款优先受偿;

(3) 应收账款债务人已向应收账款债权人履行债务的,质权人不得请求应收账款债务人履行,但是应收账款债务人接到质权人要求向其履行的**通知**后,仍然向应收账款债权人履行的除外。

### 速提分

质权包括动产质权和权利质权。质权通常自**交付**时设立,只有部分权利质权自**登记**时设立。质权的设立是客观题常考点,具体总结如下表所示:

| 分类 | 财产范围 | | 质权的设立 |
| --- | --- | --- | --- |
| 动产 | 有权处分的动产 | | **交付**时设立 |
| 权利 | 汇票、支票、本票、债券、存款单、仓单、提单 | 有权利凭证 | 交付时设立 |
| | | 没有权利凭证 | 登记时设立 |
| | 可以转让的基金份额、股权、注册商标专用权、专利权、著作权(知识产权中的财产权)、应收账款 | | **登记**时设立 |

### 趁热答题

**| 例 4-17·单选题(2022 年)|** 吴某拟将其对赵某的应收账款出质给林某,吴某于 2022 年 1 月 10 日将拟出质事项以电子邮件方式通知赵某,赵某于 1 月 11 日表示无异议。吴某与林某于 1 月 16 日签订质押合同,于 1 月 18 日办理了出质登记,该质权生效的时间为(    )。

A. 2022 年 1 月 10 日
B. 2022 年 1 月 11 日
C. 2022 年 1 月 16 日
D. 2022 年 1 月 18 日

**解析** 本题考查权利质权。以应收账款出质的,质权自办理出质登记时(1 月 18 日)设立。

**答案** D

## 考点 13　留置权(★★★)

靶心考点精讲

**考频** 2023 年简答题;2022 单选题、多选题;2021 年判断题

### (一) 留置权的概念

留置权,是指债务人**不履行到期债务**,债权人可以留置已经**合法占有**的债务人的**动产**,并有权就该动产优先受偿。

### (二) 留置权的成立要件

(1) 债权人合法占有债务人的动产;(**不动产不能被留置**)
(2) 债务人不履行到期债务;
(3) 动产之占有与债权属**同一法律关系,企业之间除外**。

### (三) 留置权的实现

(1) 留置权人**有权收取**留置财产的**孳息**,该孳息应当先充抵收取孳息的费用。
(2) 留置权人与债务人应当约定留置财产后的债务履行期间;没有约定或者约定不明确的,留置权人应当给债务人 **60 日**以上履行债务的期间,但鲜活易腐等不易保管的动产除外。
(3) 债务人逾期未履行的,留置权人可以与债务人协议以留置财产折价,也可以就拍卖、变卖

留置财产所得的价款**优先受偿**。留置财产折价或者变卖的,应当参照市场价格。

（4）同一动产上已设立抵押权或者质权,该动产又被留置的,**留置权人优先受偿**。

### （四）留置权的消灭

留置权因下列原因而消灭：

（1）留置权人对留置财产丧失占有；
（2）留置物灭失、毁损而无代位物；
（3）与留置物有同一法律关系的债权消灭；
（4）债务人另行提供价值相当的担保并被债权人接受；
（5）实现留置权。

---

**通关文牒**

▶ 很好懂 ◀

留置权多以客观题形式考查,但也会结合抵押权、公司法或合同法律制度的主观题考查一问,考生应重点掌握留置权的成立要件及其效力。考生可以通过以下例子,对该内容加以理解：

（举例）甲公司为修理厂,乙公司为食品加工厂,王某为自然人。逐一判断在下列情形中,当事人是否可以行使留置权。

（1）王某将自家汽车送甲公司维修,未支付修理费。

（解析）同一法律关系的**民事**留置,债权人（甲公司）对债务人（王某）的财产（汽车）**可以**行使留置权。

（2）王某向甲公司借款10万元未归还,王某将自家汽车送至甲公司维修,已支付修理费。

（解析）非同一法律关系的**民事**留置,债权人（甲公司）对债务人（王某）的财产（汽车）**不能**行使留置权。

（3）甲公司委托乙公司加工一批月饼作为员工福利,支付了加工费,但上次委托加工的粽子加工费未付。

（解析）非同一法律关系的**商事**留置,属于**营业债权**的,债权人（乙公司）对债务人（甲公司）的财产（月饼）**可以**行使留置权。

---

**趁热答题**

**例4-18·多选题（2022年）** 2022年3月1日,周某以其所有的一辆轿车设立抵押权,向吴某借款10万元,双方签订抵押合同但未办理抵押登记。3月23日,周某为获得李某20万元的借款,又将该轿车抵押给李某,双方签订抵押合同并办理了抵押登记。4月10日,该轿车因故障需要维修,周某将其送至王某处进行维修,周某一直未支付维修费用。上述债务均已到期,因周某无力偿还,该轿车被拍卖,吴某、李某、王某均主张就轿车拍卖价款优先受偿。下列关于债权人受偿顺序的表述中,正确的有（　　）。

A. 王某优先于李某受偿　　　　B. 李某优先于吴某受偿
C. 吴某优先于李某受偿　　　　D. 李某优先于王某受偿

（解析）本题考查留置权的实现。同一财产向两个以上债权人抵押的,抵押权已经登记的先于未登记的受偿,因此李某优先于吴某受偿,选项B正确,选项C错误。同一动产上已经设立抵押权或者质权，该动产又被留置的，留置权人优先受偿，因此王某优先于李某受偿，选项A正确，选项D错误。

答案 AB

## 第五节 占有

### 考点14 占有（★）

考频 2022年单选题、判断题

**（一）占有的分类**

| 判断标准 | 分类 | 具体规定 |
| --- | --- | --- |
| 占有是否具有法律依据 | 有权占有 | 基于法律上的原因的占有。如保管人对保管物的占有 |
|  | 无权占有 | 欠缺法律上的原因的占有。如对赃物的占有 |
| **无权占有人**是否误信为有占有的法律依据 | 善意占有 | 占有人**不知**无占有的权源，而误信有正当权源且无怀疑地占有。如继承人误以为是遗产的财产而占有该财产 |
|  | 恶意占有 | 占有人**明知**无占有的权源，或对是否有权源虽怀疑而仍为占有。如盗窃者对盗窃物的占有 |
| 占有人对物的占有是否**具有所有的意思** | 自主占有 | 以所有的意思为占有。如买受人对标的物的占有、盗窃者对盗窃物的占有 |
|  | 他主占有 | 不以所有的意思为占有。如承租人、借用人、保管人、质权人等对标的物的占有 |
| 占有人在事实上是否**直接占有其物** | 直接占有 | 占有人事实上占有其物。如质权人、保管人、借用人、承租人对标的物的占有 |
|  | 间接占有 | 基于一定法律关系而对事实上占有其物之人有返还请求权的占有。如出质人、出租人等基于一定法律关系对物的占有 |

> **通关文牒**
>
> ▶ 速提分 ▶
>
> （1）考试对于"占有"的相关内容多以客观题形式考查，考题中多以案例考查占有的分类，考生需重点掌握。
>
> （2）善意占有和恶意占有的**前提**是**无权占有**，即有权占有不涉及善意和恶意。
>
> （3）不论是否属于自己的物，只要以所有的意思而占有的，均属于自主占有，即自主占有可能是有权占有，也可能是无权占有（如盗窃者对盗窃物的占有）。

| 例 4-19·单选题（2022 年） | 孙某将其所有的一辆小汽车出质给钱某。钱某经孙某同意，驾驶该辆小汽车与林某、赵某一起出游。林某驾驶的小汽车是其从甲公司租赁而来。赵某驾驶的小汽车为其同宿舍好友陈某所有，赵某未经陈某同意私自开走，赵某准备在陈某考试结束以后电话告知陈某。下列关于各主体占有类型的表述中，不正确的是（　　）。

A. 赵某对小汽车的占有属于恶意占有
B. 孙某对小汽车的占有属于间接占有
C. 林某对小汽车的占有属于自主占有
D. 钱某对小汽车的占有属于有权占有

【解析】本题考查占有的分类。恶意占有，是指占有人对物知其无占有的法律依据，或对于是否有权占有虽有怀疑而仍为占有，本题赵某对小汽车的占有属于无权占有中的恶意占有，选项 A 正确。间接占有，是指自己不直接占有其物，基于一定法律关系而对事实上占有其物之人有返还请求权，因而对其物有间接控制力，如出质人（孙某）、出租人等基于一定法律关系对物的占有，选项 B 正确。自主占有，是指以所有的意思而为占有，本题林某是小汽车的承租人，对小汽车的占有属于他主占有，而非自主占有，选项 C 错误。有权占有，是指基于法律依据而为的占有，主要指基于各种物权或债权的占有，本题钱某是基于质权关系而占有，是有权占有，选项 D 正确。

【答案】C

### （三）占有的保护

占有作为一种受法律保护的事实，对于占有人而言，系属利益。占有被侵害，除了可能基于其占有权源受保护外，《民法典》占有编还专门规定了占有保护请求权。占有保护的请求权的详细内容如下表所示：

| 占有保护的请求权种类 | 具体规定 |
| --- | --- |
| 占有物返还请求权 | 占有的不动产或者动产被侵占的，占有人有权请求返还原物。<br>【提示】占有人返还原物的请求权，自侵占发生之日起 1 年内未行使的，该请求权消灭 |
| 占有妨害排除请求权和<br>占有妨害防止请求权 | 对妨害占有的行为，占有人有权请求排除妨害或者消除危险 |
| 占有损害赔偿请求权 | 因侵占或者妨害造成损害的，占有人有权依法请求损害赔偿 |

## 考点加油站

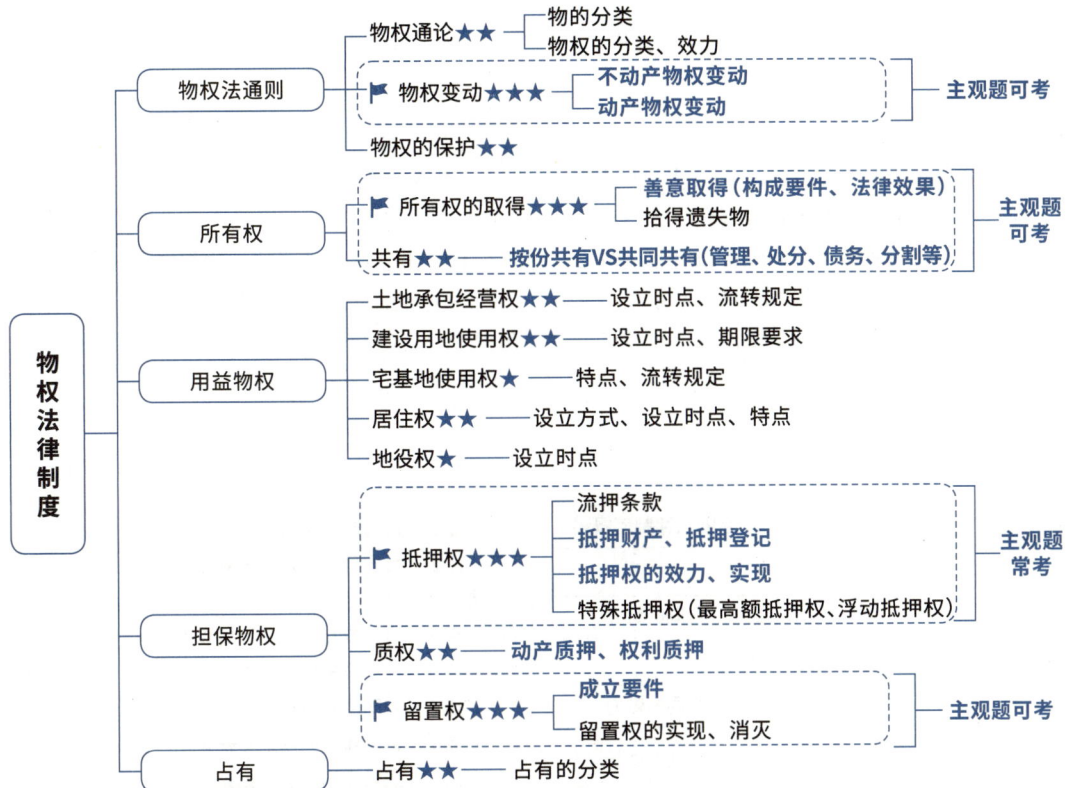

# 第五章　合同法律制度

## 考情驿站

本章属于重点章节，考点较多，但较容易理解。本章是主观题核心命题章节，题目灵活多变；此外，本章的内容在客观题中也常以案例形式考查。其中，保证担保、买卖合同、借款合同、租赁合同和赠与合同经常以简答题的形式考查，有时还会结合公司法、物权法在综合题中考查。考生在学习的过程中，可以联系生活实际，结合案例对重点法条进行理解与记忆。准确把握历年考题是攻克本章的关键。近三年考试分值都在18分左右。

## 考点地图

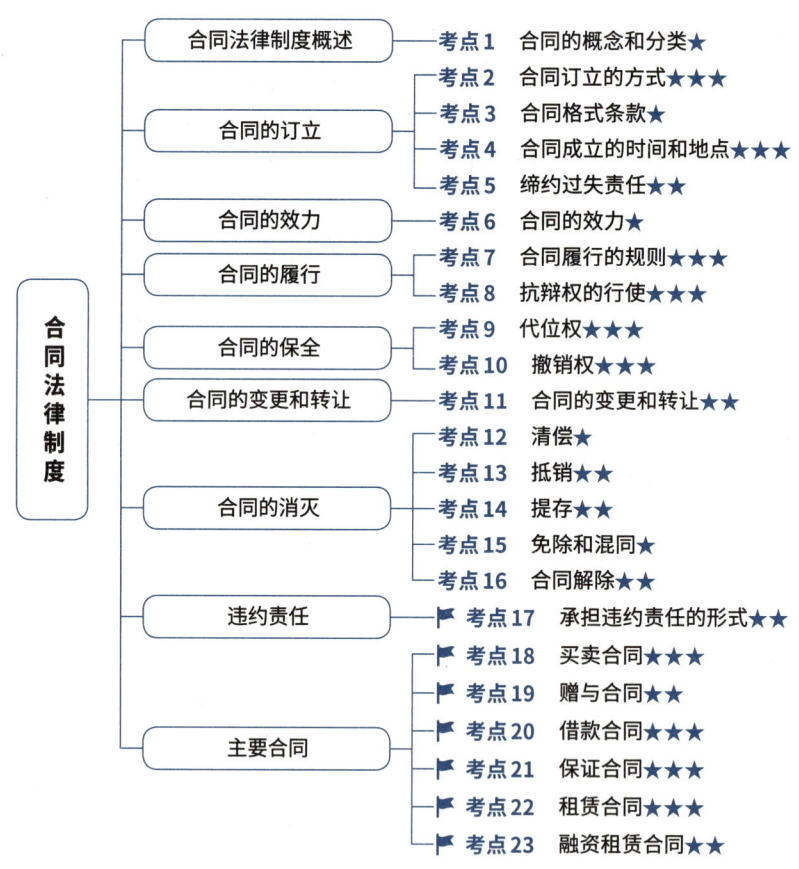

## 2024 年本章主要变化

本章内容变动较大，主要体现在《民法典合同编通则解释》的内容上，对考试影响较大，具体变动如下。

1. 新增
(1) 格式条款的提示、说明义务及电子合同中履行提示、说明义务的规定；
(2) 定金的效力中新增不可抗力导致合同不能履行的情况；
(3) 商品房消费者权利保护；
(4) 公益主体提供担保合同无效的除外情况。

2. 调整
(1) 代位权中专属于债务人自身权利的情形；
(2) 撤销权中"明显不合理"价格的认定；
(3) 撤销权诉讼的被告、管辖法院；
(4) 法定抵销中不得抵销的债务；
(5) 违约金中"过分高于"的认定及处理。

### 考点速递

## 第一节　合同法律制度概述

### 考点 1　合同的概念和分类（★）

**考频** 2023 年判断题；2022 年多选题

| 分类标准 | 分类 | 概念与典型例子 |
| --- | --- | --- |
| 法律是否赋予其名称并作出明确规定 | 有名合同 | 法律设有规范，赋予名称 |
|  | 无名合同 | 适用《民法典合同编》通则规定，并参照合同编分则或其他法律最相类似合同的规定 |
| 是否需交付标的物才能成立 | 诺成合同 | 意思一致即可，如买卖合同、租赁合同、赠与合同等 |
|  | 实践合同 | 意思一致+交付标的物，如自然人之间的借款合同、定金合同等 |
| 是否要求合同具有特定形式和手续 | 要式合同 | 要求书面等形式，如融资租赁合同、建设工程合同、技术开发合同等 |
|  | 不要式合同 | 法律、法规没有特别规定的合同 |
| 双方是否互负给付义务 | 单务合同 | 只有一方负给付义务，如赠与合同、无偿保管合同等。<br>【提示】赠与合同是单务合同，但是赠与属于多方法律行为，不是单方法律行为 |
|  | 双务合同 | 互付给付义务，如买卖合同、租赁合同等 |

续表

| 分类标准 | 分类 | 概念与典型例子 |
| --- | --- | --- |
| 合同相互间的主从关系 | 主合同 | 独立存在的合同为主合同，不能独立存在的合同为从合同，如**借款合同（主合同）与作为履行债务担保的保证合同（从合同）** |
| | 从合同 | |
| 是否以订立另一合同为内容 | 预约合同 | 约定将来订立相关联的另一个合同，如认购书、订购书、预订书等。当事人一方**不履行**预约合同约定的订立合同义务，对方可以请求其**承担**预约合同的**违约责任** |
| | 本约合同 | 履行预约合同而订立的合同 |

### 通关文牒

▶ 很会考 ▶

本考点以客观题形式考查，考生应主要掌握诺成合同和实践合同、单务合同和双务合同这两对合同，关注典型例子即可。

### 趁热答题

**例 5-1 · 多选题（2022 年）** 下列合同中，属于诺成合同的有（　　）。

A. 郑某与王某之间的借款合同
B. 周某与吴某之间的赠与合同
C. 孙某与李某之间的租赁合同
D. 赵某与钱某之间的买卖合同

**解析** 本题考查合同的概念和分类。诺成合同是指当事人的意思表示一致即成立的合同，如买卖合同（选项 D）、租赁合同（选项 C）、赠与合同（选项 B）。实践合同，又称要物合同，是指除当事人的意思表示一致以外，尚须交付标的物或完成其他给付才能成立的合同，如自然人之间的借贷合同（选项 A）、定金合同。因此，选项 BCD 正确。

**答案** BCD

## 第二节　合同的订立

### 考点 2　合同订立的方式（★★★）

**考频** 2023 年多选题；2022 年多选题；2021 年单选题

（一）要约

| 项目 | 具体规定 |
| --- | --- |
| 要约的特征 | 希望与他人订立合同的意思表示，**内容**（如标的、数量、价格等）**具体确定** |

续表

| 项目 | 具体规定 |
| --- | --- |
| 要约邀请的特征 | 希望他人向自己发出要约的表示，**内容不明确**（典型案例：**拍卖公告、招标公告、招股说明书、债券募集办法、基金招募说明书、商业广告和宣传、寄送的价目表**）。<br>【提示】商业广告和宣传原则上属于**要约邀请**，但如果其内容符合要约条件，构成**要约**。<br>【链接】商品房广告中出卖人就商品房开发规划范围内的房屋及相关设施所作的说明和许诺**具体确定**，并对商品房买卖合同的订立以及房屋价格的确定有**重大影响**，构成**要约** |

| 项目 | | | 具体规定 |
| --- | --- | --- | --- |
| 生效 | 对话方式 | | 自相对人**知道**其内容时生效（即时生效） |
| | 非对话方式 | 一般原则 | **到达**受要约人时生效（送达通常的地址、住所或受其控制的现实或虚拟空间）。<br>【提示】到达≠看到 |
| | | 数据电文 | **有约定从约定** |
| | | | **指定**特定系统：数据电文**进入**该特定系统时生效 |
| | | | **未指定**特定系统：相对人**知道或者应当知道**该数据电文进入其系统时生效 |
| 撤回 | | | 撤回要约的通知应当在要约到达受要约人**前**或与要约**同时**到达受要约人 |
| **撤销** | 可以 | | (1) 对话形式：在受要约人发出承诺之**前**为受要约人所知道。<br>(2) 非对话形式：在受要约人作出承诺之**前**到达受要约人 |
| | 不可以 | | (1) 要约人以**确定承诺期限**或者其他形式**明示要约不可撤销**；<br>(2) 受要约人**有理由**认为要约是不可撤销的，并已经为履行合同做了**合理准备工作** |
| 失效原因 | | | (1) 要约**被拒绝**；<br>(2) 受要约人依法**撤销**要约；<br>(3) 承诺期限届满，受要约人**未作出承诺**；<br>(4) 受要约人对要约的内容作出**实质性变更** |

### 通关文牒

▶ 很好懂 ▶

考生要注意区分要约和要约邀请，判断的关键点是"内容是否具体明确"。考生可以通过以下例子，对二者加以区分：

**举例1** 本人现欲出售一台电脑（品牌名称：XXX；型号：＊＊＊），价格3 000元，请需要的人在3天之内联系我。

**解析** 明确出售电脑，并将电脑的价格、数量、时间等列示，属于**要约**(内容具体明确)。

**举例2** 本人现要出售一台电脑，谁要买？

**解析** 只是明确出售电脑，其他事项未涉及，属于**要约邀请**(内容不具体明确)。

### 趁热答题

**例5-2 · 多选题（2022年）** 赵某有一台电脑，5月1日赵某向李某发出邮件称欲以8 000元出售该电脑，5月3日李某回复称如果价格能降至7 500元且能够送货上门则愿意购买，5月5日赵某复函称送货上门没有问题，但价格最低为7 800元。5月7日李某复函表示同意。根据合同法律制度的规定，下列各项中属于要约的有（　　）。

A. 5月1日赵某的第一次发函
B. 5月3日李某的第一次回函
C. 5月5日赵某的第二次发函
D. 5月7日李某的第二次回函

**解析** 本题考查要约。要约是希望与他人订立合同的意思表示，5月1日赵某的第一次发函是要约。受要约人对要约的内容作出实质性变更的，视为新要约。5月3日李某回复称如果价格能降至7 500元且能够送货上门则愿意购买，从"8 000元"改为"7 500元且送货上门"属于对原要约内容作了实质性变更，这是新要约。5月5日赵某的第二次发函，对李某新要约的内容又有实质性变更，这又是新要约。5月7日李某复函表示同意，这是承诺。因此，选项ABC正确。

**答案** ABC

**例5-3 · 多选题（2022年）** 甲公司以邮政快递的形式向乙公司发出了一份购买100台空调的书面要约。下列情形中甲公司不得撤销要约的有（　　）。

A. 甲公司在要约中明示要约不可撤销
B. 甲公司的要约已经到达乙公司法定地址，且乙公司尚未作出承诺
C. 乙公司有理由认为要约是不可撤销的，且已为履行合同做了合理准备工作
D. 甲公司在要约中确定了承诺期限

**解析** 本题考查要约撤销。法律规定了两种不得撤销要约的情形：（1）要约人以确定承诺期限（选项D）或者其他形式明示要约不可撤销（选项A）；（2）受要约人有理由认为要约是不可撤销的，并已经为履行合同作了合理准备工作（选项C）。

**答案** ACD

### （二）承诺

1. 承诺应当具备的条件
（1）承诺必须由受要约人作出；
（2）承诺必须向要约人作出；
（3）承诺的内容必须与要约的内容一致；
（4）承诺必须在承诺期限内作出并到达要约人。

2. 作出承诺的方式
承诺应当以通知的方式作出，**书面或口头**形式皆可。

3. 期限
（1）承诺应当在要约**确定的期限内到达**要约人。
【提示】承诺期限的起算点：
①电话、传真、电子邮件等快速通信方式，**到达时开始计算**；
②信件：**已载明日期的，按信件载明的日期**；未载明日期的，**按寄出的邮戳日期**。
（2）要约没有确定承诺期限的，承诺应当依照下列规定到达：

①要约以对话方式作出的，应当即时作出承诺；

②要约以非对话方式作出的，承诺应当在合理期限内到达。

（3）受要约人**主观故意**，超过承诺期限发出承诺，或在承诺期内发出但通常不能及时到达，一般视为**新要约**；**客观原因**导致承诺通知迟到，但在承诺期限内发出承诺且通常能及时到达的，一般视为**有效**。

4. 生效

（1）**承诺通知到达要约人时生效**；承诺不需要通知的，根据交易习惯或要约的要求作出承诺的行为时生效。

（2）承诺可以撤回。撤回的承诺通知应当在承诺通知到达要约人之**前**，或者与承诺通知**同时**到达要约人。

▶ 速提分 ▶

考生要注意要约的撤回与撤销的区别、要约的撤回与承诺的撤回的区别，具体总结如下表所示：

| 项目 | 要约 | 承诺 |
| --- | --- | --- |
| 撤回<br>（生效前反悔） | 应当在要约到达受要约人之**前**或者与要约**同时**到达受要约人（要约尚未生效）。<br>【提示】原则上，只有以非对话方式作出的要约可能被撤回，要约未生效 | 应当在承诺通知到达要约人之**前**或者与承诺通知**同时**到达要约人 |
| 撤销<br>（有效变无效） | （1）对话形式：在受要约人发出承诺之**前**为受要约人所知道。<br>（2）非对话形式：在受要约人作出承诺之**前**到达受要约人 | 一旦承诺生效，合同即成立。因此，承诺不存在撤销问题 |

**举例** 张三有一台电脑近期欲出售，他6月1日向李四发出要约："本人有一台电脑（品牌名称：XXX；型号：＊＊＊）出售，价格3 000元，想要可以找我购买。"李四6月10日收到张三出售电脑的要约，他考虑了两天，于6月12日通过信件发出愿意购买的承诺，该信件于6月15日到达张三处。时间线如下图所示：

```
发出要约      要约到达      受要约人发出承诺    承诺到达
───┼───────────┼──────────────┼─────────────┼───
 6月1日      6月10日         6月12日         6月15日
```

假设1：张三突然不想卖电脑了，那么他可以在6月10日前（包括要约到达时点）撤回要约或在要约到达后李四发出承诺前（6月12日）撤销要约。

假设2：李四发出承诺后又不想买电脑了，那么他可以在6月15日前（包括承诺通知到达时点）撤回承诺。

**趁热答题**

**例5-4·多选题（2023年）** 根据合同法律制度的规定，下列关于承诺的表述中，正确的有（    ）。

A. 承诺到达要约人后，可以撤销
B. 承诺对要约的内容作出实质性变更的为新要约
C. 承诺通知方式可以是口头的也可以是书面的
D. 承诺通知到达要约人时生效

> **解析** 本题考查承诺。承诺只能撤回，不能撤销，选项 A 错误。受要约人对要约的内容作出实质性变更的，为新要约，选项 B 正确。承诺应当以通知的方式作出，通知的方式可以是口头的，也可以是书面的，选项 C 正确。承诺通知到达要约人时生效，选项 D 正确。因此，选项 BCD 正确。

> **答案** BCD

## 考点 3　合同格式条款（★）

**考频** 2023 年多选题、判断题；2022 年多选题；2021 年多选题

**（一）提供格式条款一方的义务**

（1）提供方应当依法对格式条款的接受方进行提示和说明；

（2）提供方未履行提示或者说明义务，致使对方没有注意或者理解与其有重大利害关系的条款的，对方可以主张该条款不成为合同的内容；（**只是该条款无效，并不是整个合同无效**）

（3）提供格式条款一方对已尽合理提示及说明义务承担**举证责任**；

（4）提供格式条款的一方在合同订立时采用通常足以引起对方注意的文字、符号、字体等明显标识，提示对方注意免除或者减轻其责任、排除或者限制对方权利等与对方有重大利害关系的异常条款的，人民法院可以认定其已经履行提示义务；

（5）提供格式条款的一方按照对方的要求，就与对方有重大利害关系的异常条款的概念、内容及其法律后果以书面或者口头形式向对方作出通常能够理解的解释说明的，人民法院可以认定其已经履行说明义务；

（6）对于通过互联网等信息网络订立的电子合同，提供格式条款的一方仅以采取了设置勾选、弹窗等方式为由主张其已经履行提示义务或者说明义务的，人民法院不予支持，但是其举证符合上述规定的除外。

**（二）格式条款无效的情形**

格式条款有下列情形之一的，无效：

（1）提供格式条款的一方**不合理**地免除或减轻其责任，加重对方责任，限制对方主要权利。

（2）提供格式条款的一方**排除**对方主要权利。

（3）《民法典》第六章第三节规定的无效情形：

①使用格式条款与无民事行为能力人订立合同；

②行为人与相对人以虚假的意思表示订立合同；

③恶意串通，损害他人合法权益的合同；

④违反法律、行政法规的强制性规定或违背公序良俗的合同等。

（4）《民法典》第五百零六条规定的无效情形：

①造成对方**人身损害**的免责条款；

②因**故意或重大过失**造成对方**财产损失**的免责条款。

**（三）对格式条款的解释**

（1）对格式条款的理解发生争议的，应当按照**通常理解**予以解释；

（2）对格式条款有两种以上解释的，应当作出**不利于提供格式条款一方的**解释；

（3）格式条款和非格式条款不一致的，应当采用**非格式条款**。

【记忆技巧】有争议，先通常；二对一，不利提。

▶ 速提分 ▶

合同格式条款以客观题形式考查，考生应注意区分关于格式条款的解释，当出现争议时，应当优先考虑通常解释，而非直接选择对"提供格式条款"一方不利的解释。

**例 5-5·多选题（2022 年）** 下列关于格式条款的说法中，正确的有（　　）。

A. 格式条款和非格式条款不一致的，应当采用非格式条款
B. 提供格式条款的一方不合理地限制对方主要权利的，格式条款无效
C. 提供格式条款的一方应当遵循公平原则确定当事人之间的权利和义务
D. 对格式条款有两种以上解释的，应当作出不利于提供一方的解释

**解析** 本题考查对格式条款适用的限制。对格式条款的理解发生争议的，应当按照通常理解予以解释；对格式条款有两种以上解释的，应当作出不利于提供格式条款一方的解释；格式条款和非格式条款不一致的，应当采用非格式条款，选项 AD 正确。提供格式条款一方不合理地免除或者减轻其责任、加重对方责任、限制对方主要权利的，格式条款无效，选项 B 正确。采用格式条款订立合同的，提供格式条款的一方应当遵循公平原则确定当事人之间的权利和义务，并采取合理的方式提示对方注意免除或者减轻其责任等与对方有重大利害关系的条款，按照对方的要求，对该条款予以说明，选项 C 正确。因此，选项 ABCD 正确。

**答案** ABCD

## 考点 4　合同成立的时间和地点（★★★）

**考频** 2022 年单选题；2021 年单选题

### （一）合同成立的时间

| 类型 | 具体规定 |
| --- | --- |
| 一般情况 | **承诺生效时**合同成立 |
| 直接对话 | |
| 合同书 | 自双方当事人**签名、盖章或者按指印时**合同成立；<br>在签名、盖章或者按指印之前，当事人一方已经履行主要义务并且对方接受的，合同成立 |
| 信件、数据电文等 | 合同成立前要求签订确认书的，**签订确认书时**合同成立 |
| 互联网购物 | 对方选择该商品或者服务并**提交订单成功时**合同成立<br>（例如，淘宝网购，自选择商品并提交订单成功时合同成立） |

续表

| 类型 | 具体规定 |
| --- | --- |
| 法律、行政法规规定或者当事人约定采用书面形式 | 当事人未采用书面形式但一方已经**履行主要义务并且对方接受**的，该合同成立 |
| 要式合同 | 以法律、法规规定的特殊形式要求完成的时间为合同成立时间（例如，自然人之间的借款合同，自贷款人提供借款时成立）|

**趁热答题**

**例5-6·单选题（2021年）** 根据《民法典》的规定，下列关于采用数据电文形式订立合同的表述中，不正确的是（　　）。

A. 以电子邮件等数据电文形式订立的合同，属于采用书面形式订立的合同
B. 对通过电子邮件发出的要约，当事人未约定生效时间的，该要约自电子邮件发出时生效
C. 采用数据电文形式订立合同，收件人没有主营业地的，收件人的住所地为合同成立的地点
D. 当事人采用数据电文形式订立合同，在合同成立前要求签订确认书的，签订确认书时合同成立

（**解析**）本题考查合同成立的时间。以非对话方式作出的采用数据电文形式的意思表示，相对人指定特定系统接收数据电文的，该数据电文**进入**该特定系统时生效；未指定特定系统的，相对人知道或者应当知道该数据电文进入其系统时生效。当事人对采用数据电文形式的意思表示的生效时间另有约定的，按照其约定。因此，选项B错误，当选。

（**答案**）B

### （二）合同成立的地点

| 类型 | 具体规定 |
| --- | --- |
| 一般情况 | **承诺生效的地点**为合同的成立地点 |
| 数据电文 | 收件人的**主营业地**为合同成立的地点，没有主营业地的，其**住所地**为合同成立的地点 |
| 合同书、确认书 | 双方当事人签名、盖章或者按指印的地点（**不一致**的，以**最后**签名、盖章或者按指印的地点为准）|
| 特殊的约定或法定 | 以完成合同的约定形式或法定形式的地点为合同的成立地点 |
| 另有约定的 | 按照其约定。如果是采用书面形式订立的合同，合同约定的成立地点与实际签字或者盖章地点不符的，应当认定**约定**的地点为合同成立地点 |

▶ 很会考 ▶

合同成立的时间、地点属于客观题考点，考生应注意对细节的把握。考生应牢记，当事人对合同约定了成立地点，从其约定，其他内容均为干扰项。

### 趁热答题

**例 5-7·单选题（2022 年）** 刘某与张某在甲地谈妥买卖合同的主要条款，刘某于乙地在合同上签字，随后张某于丙地在合同上签字，合同在丁地履行，当事人对合同成立地点未作特别约定，该买卖合同的成立地点为（　　）。

A. 丙地　　　　　B. 甲地　　　　　C. 乙地　　　　　D. 丁地

**解析** 本题考查合同成立的地点。当事人采用合同书、确认书形式订立合同的，双方当事人签名、盖章或者按指印的地点为合同成立的地点。双方当事人签名、盖章或者按指印不在同一地点的，最后签名、盖章或者按指印的地点（丙地）为合同成立地点。当事人对合同成立的地点另有约定的，按照其约定。本题中，当事人对合同成立的地点未作特别约定。因此，选项 A 正确。

**答案** A

## 考点 5　缔约过失责任（★★）

### （一）定义

缔约过失责任，是指当事人在订立合同过程中，因故意或者过失致使合同**未成立**、**未生效**、被**撤销**或**无效**，给他人造成损失而应承担的损害赔偿责任。

### （二）承担缔约过失责任的具体情形

当事人在订立合同过程中有下列情形之一，造成对方损失的，应当承担损害赔偿责任：
（1）假借订立合同，恶意进行磋商；
（2）**故意隐瞒**与订立合同有关的重要事实或提供**虚假**情况；
（3）当事人泄露或不正当地使用在订立合同过程中知悉的商业秘密或其他应当保密的信息；
（4）有其他违背诚实信用原则的行为。

### 通关文牒

▶ 速提分 ▶

考生要注意区分缔约过失责任和违约责任，两者的详细对比如下表所示：

| 项目 | 缔约过失责任 | 违约责任 |
| --- | --- | --- |
| 产生时间 | 合同成立之前 | 合同生效之后 |
| 适用范围 | 合同未成立、未生效、无效等 | 合同生效 |
| 赔偿 | 信赖利益的损失 | 履行利益损失，一般大于或等于信赖利益 |

## 第三节 合同的效力

### 考点6 合同的效力（★）

| 情形 | 合同效力 | 追认期限 |
|---|---|---|
| 限制民事行为能力人订立的**纯获利益**的合同或者与其**年龄**、**智力**、**精神健康状况相适应**的合同 | **直接有效** | 无须追认 |
| 限制民事行为能力人**超出自己的行为能力范围**与他人订立的合同 | **效力待定** | 30日内 |
| 行为人**没有代理权**、**超越代理权**或者代理权终止后以被代理人名义订立的合同 | | |

#### 通关文牒

▶ 速提分 ▶

本考点可以结合"总论"章节中"法律行为"这一考点一起复习。对限制民事行为能力人实施的法律行为的效力判定是客观题高频考点，考生需要精准判断什么情形"有效"，什么情形"效力待定"。对于"限制行为能力人"做的事要辩证地看待：

(1)"收礼物"：不分金额，都有效。

(2)"送礼物"：金额小则有效，金额大（千元以上）则效力待定。

**举例** 张三赠送给李四9岁的儿子小明一台价值1万元的电脑以及一块价值2元的橡皮。随后，小明将电脑和橡皮又转赠给了同学小红。小明的受赠行为和赠与行为是否有效？

**解析** (1) 小明受赠电脑以及橡皮的行为属于**纯获利益**（接受奖励、赠与、报酬）的行为，**直接有效**。

(2) 小明赠与电脑的行为已经超出了他的行为能力范围，因为电脑的金额（1万元）足够大，和一个9岁儿童的**年龄**、**智力状况不相适应**，因此，赠与电脑的行为属于**效力待定**的行为。

(3) 小明赠与橡皮的行为与他的**年龄**、**智力状况相适应**，因此赠与橡皮的行为直接有效。

#### 趁热答题

**例5-8·单选题（2019年）** 11周岁的张某未事先征得法定代理人的同意，将其价值3 000元的学习机赠送给同学李某。该赠与的效力为（　　）。

A. 无效　　　　B. 有效　　　　C. 可撤销　　　　D. 效力待定

**解析** 本题考查合同的效力。限制民事行为能力人超出自己的行为能力范围与他人订立的合同，为效力待定合同，经法定代理人追认后，该合同有效。因此，选项D正确。

**答案** D

## 第四节 合同的履行

### 考点7 合同履行的规则（★★★）

**考频** 2021年单选题

**（一）合同履行法定的规则**

当事人对合同中内容约定不明时，先**协议补充**，补充不成的，按合同有关条款或**交易习惯**，仍不能确定的，适用下列规定：

| 类型 | 具体规定 |
| --- | --- |
| 质量要求不明确 | 按以下顺序确定：<br>强制性国家标准→推荐性国家标准→行业标准→常标准或者符合合同目的的特定标准 |
| 价款或者报酬不明确 | 按**订立**合同时**履行地**的市场价格履行（不是履行合同时的价格） |
| 履行地点不明确 | 给付**货币**的：在**接受货币**一方所在地履行（不是支付货币方所在地）<br>交付**不动产**：在**不动产**所在地履行<br>其他标的：在**履行义务一方**所在地履行 |
| 履行期限不明确 | 债务人可以随时履行，债权人也可以随时要求履行，但是应当给对方必要的准备时间 |
| 履行方式不明确 | 按照**有利于实现合同目的**的方式履行 |
| 履行费用的负担不明确 | （1）由**履行义务一方**负担；<br>（2）因债权人原因增加的履行费用，由债权人负担 |

**趁热答题**

**例5-9·单选题（2021年）** 根据《民法典》的规定，当事人就有关合同内容约定不明确的，可以协议补充，不能达成补充协议的，按照合同有关条款或者交易习惯确定，仍不能确定的，适用法定规则。下列关于该法定规则的表述中，正确的是（　　）。

A. 履行费用的负担不明确的，由接受履行一方承担
B. 价款或者报酬约定不明确的，按照履行合同履行地的市场价格履行
C. 履行地点约定不明确，给付货币的，在支付货币一方所在地履行
D. 履行方式不明确的，按照有利于实现合同目的的方式履行

**解析** 本题考查当事人就有关合同内容约定不明确时的履行规则。履行费用的负担不明确的，由**履行义务一方**负担，因债权人原因增加的履行费用，由债权人负担，选项A错误。价款或者报酬不明确，按照**订立合同时履行地的市场价格**履行，依法应当执行政府定价或政府指导价的，依照规定履行，选项B错误。履行地点不明确，给付货币的，在**接受货币一方**所在地履行，选项C错误。选项D表述正确。

**答案** D

**（二）涉及第三人的合同履行**

涉及第三人的合同包括向第三人履行的合同和由第三人履行的合同，两种合同的详细对比总结

如下表所示：

| 项目 | 向第三人履行的合同 | 由第三人履行的合同 |
| --- | --- | --- |
| 违约责任 | （1）法律规定或者当事人约定第三人可以直接请求债务人向其履行债务，第三人表示接受该权利或者未在合理期限内明确拒绝，债务人未向第三人履行债务或者履行债务不符合约定的，**第三人可以请求债务人承担违约责任**；<br>（2）债务人对债权人可行使的一切抗辩权，可对第三人行使 | （1）必须征得第三人**同意**；<br>（2）第三人不履行债务或履行债务不符合约定的，**债务人**应当向债权人**承担违约责任** |
| 增加的履行费用 | 除双方当事人另有约定外，由**债权人**承担 | 除合同另有约定外，一般由**债务人**承担 |

### 通关文牒

▶ 很好懂 ▶

在涉及第三人履行的合同当中，由第三人履行的合同考频最高，对于此类合同，考生可以这样理解：合同的当事人没有发生变化，因此，当违约情况发生时，一般适用"合同相对性原则"，即我跟谁签的合同，我找谁承担违约责任。考生可以通过下面的例子，对这两种合同加以理解。

**举例1** 网上购物，收件人不是本人，是第三人。当店家不向第三人发货时，第三人可以请求"店家"承担违约责任。本例属于"向第三人履行的合同"。

**举例2** 网上购物，本人下单，但是付款不是本人。当第三人不向店家付款时，店家应当请求"下单本人"承担违约责任。本例属于"由第三人履行的合同"。

### 趁热答题

**例 5-10·单选题（2019 年）** 王某向张某购买一台电脑，与张某约定一个月后由李某支付电脑价款。一个月后，李某未支付电脑价款。下列关于张某请求承担违约责任的表述中，正确的是（  ）。

A. 请求王某或李某承担　　　　B. 请求李某承担
C. 请求王某承担　　　　　　　D. 请求王某和李某共同承担

**解析** 本题考查由第三人履行的合同。当事人约定由第三人向债权人履行债务的，第三人不履行债务或者履行债务不符合约定，债务人（王某）应当向债权人承担违约责任。因此，选项C正确。

**答案** C

## 考点 8　抗辩权的行使（★★★）

**考频** 2023 年单选题；2022 年多选题；2021 年多选题

抗辩权是指在双务合同中，一方当事人在对方不履行债务或履行债务不符合约定时，依法对抗对方请求或否认对方权利主张的权利。抗辩权可以分为同时履行抗辩权、后履行抗辩权和不安抗辩权，详细总结如下表所示：

| 类型 | 具体规定 | | |
|---|---|---|---|
| 同时履行抗辩权 | 双方互负债务，**无先后履行顺序**，一方不履行另一方有权拒绝履行（**双方中任意一方均可行使**） | | |
| 后履行抗辩权 | 双方互负债务，**有先后履行顺序**，先履行一方不履行，后履行一方有权拒绝履行（**后手行使**） | | |
| **不安抗辩权** | 适用情形 | 双方互负债务，**有先后履行顺序**，先履行一方有确切证据证明另一方丧失履行债务能力的，可以行使不安抗辩权（**先手行使**）：<br>（1）经营状况严重恶化；<br>（2）转移财产、抽逃资金，以逃避债务；<br>（3）丧失商业信誉；<br>（4）有丧失或可能丧失履行债务能力的其他情形 | |
| | 效力 | （1）先履行一方首先可以**中止履行**，并及时**通知对方**（不能直接解除）。<br>（2）对方恢复履行能力或**提供担保**的，先履行一方应**恢复履行**；对方**不提供担保**，也**未恢复**履行能力的，先履行一方可以**解除合同**，并请求对方承担违约责任 | |

## 通关文牒

▶ 速提分 ▶

履行双务合同时，先看合同有没有约定先后履行顺序，再确定是哪一方当事人主张抗辩权。具体总结如下图所示：

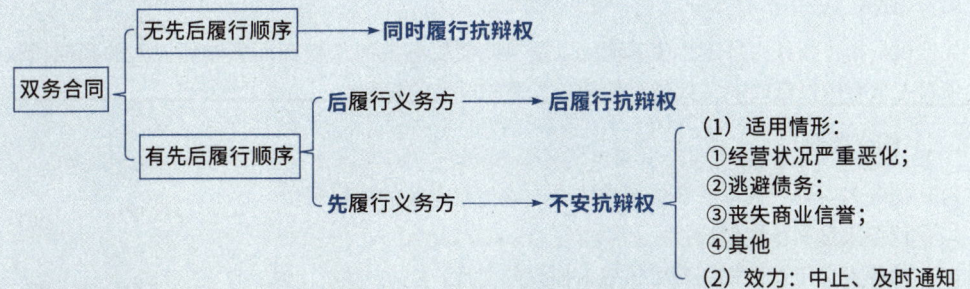

（举例）判断下列抗辩权的类型：

（1）甲、乙约定，甲向乙购买钢材，价款为1万元，甲对乙有直接请求交付该钢材之权，若甲届期不支付货款，则乙可以拒绝甲交付钢材的请求。

【答案】同时履行抗辩权。（一手交钱，一手交货）

（2）甲、乙约定，甲应提前支付钢材货款1万元，乙在收到货款后3日内送货上门。若甲不履行付款义务，则乙有权拒绝甲所要求的送货义务。

【答案】后履行抗辩权。

（3）甲、乙约定，甲先交货。交货前夕，甲有确切证据证明乙负债严重，不能按时支付货款。甲遂决定中止交货，并及时通知乙公司。

【答案】不安抗辩权。

### 趁热答题

**例 5-11·单选题（2018 年）** 甲公司与乙公司签订买卖合同，约定甲公司先向乙公司支付货款，乙公司再向甲公司交付货物。后来乙公司经营状况严重恶化，对于乙公司提出的给付请求权，甲公司拟行使不安抗辩权。下列关于不安抗辩权行使的表述中，不正确的是（　　）。

A. 甲公司行使不安抗辩权，必须有确切证据证明乙公司经营状况严重恶化
B. 乙公司提供相应担保的，甲公司应当恢复合同的履行
C. 甲公司可以通过行使不安抗辩权直接解除合同
D. 甲公司行使不安抗辩权而中止履行的，应当及时通知乙公司

**解析** 本题考查不安抗辩权。中止履行合同后，如果对方在合理期限内未恢复履行能力并且未提供适当担保，中止履行合同的一方可以解除合同，并可以请求对方承担违约责任，但不能直接解除合同。因此，选项 C 错误，当选。

**答案** C

## 第五节　合同的保全

### 考点 9　代位权（★★★）

**考频** 2022 年单选题

**（一）概念**

代位权是指，债务人怠于行使其债权以及与该债权有关的从权利而影响债权人的到期债权实现的，债权人享有的以<u>自己名义</u>代位行使债务人对相对人的权利。

**（二）构成要件**

(1) 债务人对第三人享有<u>合法</u>债权或者与该债权有关的从权利；
(2) 债务人<u>怠于</u>行使债权；
(3) 债务人怠于行使权利<u>有害债权人债权</u>的实现；
(4) 债务人的债权<u>已到期</u>；
(5) 债务人的权利<u>不是专属于债务人自身</u>的。

【提示】专属于债务人自身的权利包括：①抚养费、赡养费或者扶养费请求权；②人身损害赔偿请求权；③劳动报酬请求权，但是超过债务人及其所扶养家属的生活必需费用的部分除外；④请求支付基本养老保险金、失业保险金、最低生活保障金等保障当事人基本生活的权利；⑤其他专属于债务人自身的权利。

**（三）代位权的行使**

对代位权的行使的总结如下表所示：

| 项目 | 具体规定 |
|---|---|
| 行使规则 | (1) 债权人**以自己的名义**通过诉讼方式行使；<br>(2) 以债权人的**债权为限**，对于超出的部分，债权人无权干涉 |
| 法律效力 | (1) 次债务人直接向债权人清偿；<br>(2) 债权人行使代位权的**必要费用**，由**债务人**负担 |
| 当事人 | 原告：债权人（自己）。<br>**被告**：债务人的债务人**（次债务人）**。<br>第三人：债务人 |

**趁热答题**

**例5-12·单选题（2022年）** 赵某对钱某有200万元的到期债权，钱某对孙某享有300万元的到期债权怠于行使，危及赵某债权的实现，赵某为了保障自己的债权，拟向人民法院提起诉讼，请求行使代位权，赵某在起草起诉书时，拟定的下列四种方案中，符合法律规定的是（　　）。

A. 以自己的名义请求孙某清偿300万元
B. 以钱某的名义请求孙某清偿200万元
C. 以钱某的名义请求孙某清偿300万元
D. 以自己的名义请求孙某清偿200万元

**解析** 本题考查代位权。债权人必须以自己的名义通过诉讼形式行使代位权，代位权的行使范围以债权人的到期债权为限。因此，赵某应以自己的名义请求孙某清偿200万元，选项D正确。

**答案** D

## 考点10　撤销权（★★★）

**考频** 2023年单选题、多选题；2021年单选题

**（一）概念**

撤销权，是指债务人实施减少财产的行为并危及债权人债权实现时，债权人为了保障自己的债权，请求人民法院撤销债务人减少财产行为的权利。

**（二）构成要件**

(1) 债权人对债务人享有**有效的债权**。
(2) 债务人实施了处分其财产的行为，具体包括：
①**放弃**到期债权。
②**无偿**转让财产。
③以**明显不合理**的低价转让财产（低于70%）或以明显不合理的高价受让他人财产（高于30%）。债务人与相对人存在亲属关系、关联关系的，不受上述70%、30%的限制。
(3) 债务人处分其财产的行为有害于债权人债权的实现。
(4) 第三人的主观要件：
①债务人**有偿转让、受让财产或提供担保**的，若第三人**无恶意，不得撤销**；若第三人恶意，可以撤销。
②债务人**放弃到期债权、无偿转让财产的**，**无论第三人是否恶意，均可撤销**。

### （三）撤销权的行使

撤销权的行使的总结如下表所示：

| 项目 | 具体规定 |
|---|---|
| 行使期限 | （1）自债权人知道或应当知道撤销事由之日起1年内行使；<br>（2）自债务人行为发生之日起5年内没有行使撤销权，该撤销权消灭 |
| 法律效力 | （1）债务人、第三人的行为被撤销的，其行为自始无效，第三人应向债务人返还财产或折价补偿；<br>（2）无优先受偿权；<br>（3）债权人行使撤销权的必要费用，由债务人负担 |
| 当事人 | 原告：债权人。<br>被告：债务人和债务人的相对人。<br>第三人：受益人或受让人 |

▶ 速提分 ▶

保全措施包括代位权和撤销权，考生做题时容易混淆两者，可以这样理解：当债务人**不行权**时，债权人行使**代位权**；当债务人**乱行权**时，债权人行使**撤销权**。考生还需要精准判断哪些属于可以撤销行为。对可撤销行为的总结如下表所示：

| 行为分类 | 具体行为 | 结果 |
|---|---|---|
| 无偿行为 | 放弃债权（放弃到期、未到期债权；放弃债权担保；恶意延长到期债权履行期），无偿转让财产 | 不看第三人性质，均可撤销 |
| 不合理的有偿行为 | 以明显不合理的低价转让财产（低于市场交易价70%）；<br>以明显不合理的高价受让他人财产（大于市场交易价30%）。<br>【提示】债务人与相对人存在亲属关系、关联关系的，不受上述70%、30%的限制 | 第三人为恶意，可以撤销 |
| 恶意担保行为 | 为他人的债务提供担保 | |

考生可以通过以下例子，对二者加以区分：

【举例】甲对乙享有5万元债权，已到清偿期限，但乙一直宣称无能力清偿欠款。甲调查发现，乙对丁享有3个月后到期的1万元债权，乙明确表示放弃；乙对戊享有已到期的2万元债权，乙明确表示放弃；另外在半年前乙将市场价格10万元的汽车，以6.5万元的价格转让给了丙，丙觉得挺合适，于是购买了该汽车；同时，乙用7万元从庚手中购入了价值只有5万元的商品，庚知道乙欠甲债务的情形和高价购买的目的。判断下列行为中，甲是否可以请求人民法院进行撤销？

（1）乙放弃对丁的1万元债权（未到期），可撤销；
（2）乙放弃对戊的2万元债权（已到期），可撤销；
（3）乙与丙之间的交易行为，不可撤销（丙是善意的）；
（4）乙与庚之间的交易行为，可撤销（乙以7万元购买庚5万元的商品，高于市场交易价30%，属于不合理的高价，且庚是恶意的）。

## 趁热答题

**例 5-13·单选题（2019 年）** 甲公司欠乙公司 30 万元货款，一直无力偿付。现与甲公司有关联关系的丙公司欠甲公司 20 万元且已到期，但甲公司明示放弃对丙公司的债权。对于甲公司放弃债权的行为，乙公司拟行使撤销权的下列表述中，正确的是（　　）。

A. 乙公司可以请求人民法院判令丙公司偿还乙公司 20 万元
B. 乙公司可以请求人民法院撤销甲公司放弃债权的行为
C. 乙公司行使撤销权的必要费用应由丙公司承担
D. 乙公司应在知道或应当知道甲公司放弃债权的 2 年内行使撤销权

**解析** 本题考查合同保全措施撤销权。因债务人放弃债权（到期、未到期均可），对债权人造成损害的，债权人可以请求人民法院撤销债务人的行为，选项 A 错误，选项 B 正确。行使撤销权的必要费用由债务人承担，选项 C 错误。撤销权自债权人知道或者应当知道撤销事由之日起 1 年内行使；自债务人的行为发生之日起 5 年内没有行使撤销权的，该撤销权消灭，选项 D 错误。

**答案** B

## 第六节　合同的变更和转让

### 考点 11　合同的变更和转让（★★）

**考频** 2023 年多选题、判断题、简答题；2022 年判断题；2021 年判断题

**（一）合同的变更**

1. 合同变更的要件
（1）当事人之间已存在合同关系；
（2）合同内容发生了变化；
（3）合同的变更必须遵守法律的规定或当事人的约定。

2. 合同变更的形式
双方经协商取得一致，并采用书面形式。

3. 法律后果
（1）当事人对合同变更的内容约定不明确的，推定为未变更；
（2）仅对未履行的部分有效，对已履行的部分没有溯及力。

**（二）合同的转让**

1. 合同权利转让

| 项目 | 具体规定 |
|---|---|
| 概念 | 债权人（转让人）将合同的权利全部或者部分转让给第三人（受让人） |

续表

| 项目 | 具体规定 |
|---|---|
| 条件 | （1）存在**有效**的合同权利；<br>（2）合同权利**具有可转让性**；<br>【提示】以下合同权利**不得转让**：<br>①根据合同性质不得转让（如委托合同、扶养请求权等）；<br>②根据当事人的约定不得转让（当事人约定非金钱债权不得转让的，不得对抗**善意第三人**；当事人约定金钱债权不得转让的，不得对抗**第三人**）；<br>③依照法律规定不得转让。<br>（3）当事人之间订立合同权利转让的协议 |
| 生效 | 无须债务人同意，但应**通知**债务人；未经通知，对债务人不发生效力 |
| 效力 | （1）合同权利**全部**转让的，原合同关系消灭，**受让人成为新的债权人**，原债权人脱离合同关系；<br>（2）受让人也**取得与债权有关的从权利**，但从权利专属于债权人自身的除外；<br>【提示】受让人取得从权利不因该从权利未办理转移登记手续或者未转移占有而受到影响。<br>（3）债务人对让与人的抗辩，可以向受让人主张；<br>（4）因债权转让增加的履行费用，由**让与人**负担 |

2. 合同义务转移

| 项目 | 具体规定 |
|---|---|
| 概念 | 债务人将合同义务的全部或者部分转移给第三人 |
| 条件 | （1）存在**有效**的合同义务；<br>（2）合同义务具有**可转移性**；<br>【提示】以下合同义务不得转让：<br>①性质上不可转移；<br>②当事人约定不可转移；<br>③法律规定不可转移。<br>（3）须存在合同义务转移的协议；<br>（4）必须经**债权人同意** |
| 效力 | （1）合同义务全部转移的，**新的债务人成为合同一方当事人**，如不履行或不适当履行合同义务，债权人可以向其请求**履行债务或承担违约责任**，合同义务部分转移的，则第三人加入合同关系，与原债务人共同承担合同义务；（高频考点）<br>（2）债务人转移义务的，新债务人可以**主张**原债务人对债权人的**抗辩**；<br>（3）**从债务**随主债务一并转移，但专属于原债务人自身的除外；<br>（4）担保人未明确表示继续承担保证责任，则**担保责任随债务转移而消灭** |

## 通关文牒

▶ 速提分 ▶

（1）对于合同转让，考试中多以客观题形式考查，个别时候也以主观题形式考查。考生要注意区分债权转让与债务转让，两者的对比总结如下表所示：

| 项目 | 债权转让 | 债务转让 |
| --- | --- | --- |
| 要求 | 无须债务人同意，但应通知债务人；未经通知，对债务人不发生效力 | 应经债权人同意（主要是为了保护债权人的利益）；否则对债权人不发生效力 |
| 效力 | 全部转让后，受让人取代原债权人的地位，债务人应向受让人履行 | 新债务人成为合同一方当事人，向债权人履行债务 |

（2）"由第三人履行的合同"和"合同义务转移"的区别：

①在由第三人履行的合同中，原合同并没有发生变更，第三人始终不是合同的当事人。因此，当第三人履行不符合约定时，债权人找合同当事人（债务人）承担违约责任。

②在合同义务转移中，发生了债权债务关系的变更。一旦变更，原债务人退出债权债务关系，第三人（新的债务人）成为合同的当事人。因此，当第三人履行不符合约定时，债权人只能找合同当事人（新的债务人）承担违约责任。

③当题目明确说到，"债务人以后不再履行债务，并且债权人同意"，一般属于合同的变更，如果没有出现上述字眼，一般属于由第三人履行的合同。

（3）对于法人合并、分立后债权债务关系的处理，可能会以案例形式出现在选择题中，请注意法人分立后债务的清偿，尤其注意题目中是否涉及债权人与分立的债务人的约定，有约定的按约定，无约定的才是"分立后债务人连带"。

## 趁热答题

**例 5-14 · 单选题（2018 年）** 甲公司向乙公司购买一台车床，价款 50 万元，甲公司与丙公司约定，由丙公司承担甲公司对乙公司的 50 万元价款债务，甲公司不再承担付款责任，乙公司表示同意。后丙公司始终未清偿 50 万元价款，下列关于乙公司主张债权的表述中，正确的是（　　）。

A. 乙公司可以要求甲公司和丙公司共同偿还 50 万元价款

B. 乙公司可以选择向甲公司或者丙公司主张清偿 50 万元价款

C. 乙公司应当向丙公司主张清偿 50 万元价款

D. 乙公司应当向甲公司主张清偿 50 万元价款

**解析** 本题考查合同的变更和转让。根据规定，债务人将合同义务全部或者部分转移给第三人，应当经债权人同意，否则债务人转移合同义务的行为对债权人不发生效力，债权人有权拒绝第三人向其履行，同时有权要求债务人履行义务并承担不履行或迟延履行义务的法律责任。合同义务转移后，新债务人成为合同一方当事人，如不履行或不适当履行合同义务，债权人可以向其请求履行债务或承担违约责任。本题乙公司表示同意说明该转让已经对债权人发生了效力，乙公司应当向丙公司主张清偿 50 万元价款。

**答案** C

## 第七节 合同的消灭

### 考点 12 清偿（★）

**考频** 2023年单选题

**（一）概念**

清偿是指债务人按照合同约定的标的、质量、数量、价款或报酬、履行期限、履行地点和方式全面履行债务，使得债权债务关系消灭的行为。

**（二）清偿抵充**

（1）债务人对同一债权人负担的数项债务种类相同，债务人的给付不足以清偿全部债务的，**有约定的按约定**，没有约定的按债务人的**指定**，没有指定的分下列情形履行：

①优先履行**已到期**的债务；

②数项债务均到期的，优先履行对债权人**缺乏担保或者担保最少**的债务；

③均无担保或者担保相等的，优先履行**债务人负担较重**的债务；

④负担相同的，按照债务**到期的先后**顺序履行；

⑤到期时间相同的，按照**债务比例**履行。

（2）债务人除履行主债务之外，还应当支付利息和费用，当其给付不足以清偿全部债务时，并且当事人没有约定的，应当按照下列顺序履行：

①实现债权的有关费用；

②利息；

③主债务。

**（三）清偿的效力**

（1）债权债务关系因清偿而消灭，债权的从权利一般随之消灭，但**通知**、**协助**、**保密**、**旧物回收**等后合同义务因是法定之债，**不随之消灭**；

（2）在第三人代为清偿情形，债权人接受第三人履行后，其对债务人的债权转让给第三人，但债务人和第三人另有约定的除外。

**趁热答题**

| 例5-15·单选题（2023年） | 甲向乙借款，到期后甲不还钱，于是乙向法院起诉，支付律师费2万元。甲拟清偿2万元，对于履行顺序当事人没有约定。则这2万元应当优先清偿的是（　　）。

A. 本金和利息各1万元　　B. 本金
C. 利息　　D. 律师费

**解析** 本题考查清偿。债务人在履行主债务外还应当支付利息和实现债权的有关费用，其给付不足以清偿全部债务的，除当事人另有约定外，应当按照下列顺序履行：（1）实现债权的有关费用；（2）利息；（3）主债务。因此，选项D正确。

**答案** D

## 考点 13 抵销（★★）

**考频** 2023年多选题

抵销包括法定抵销和约定抵销，详细内容如下表所示：

| 类型 | | 具体规定 |
|---|---|---|
| 法定抵销 | 条件 | (1) 双方**互负**债务，**互享**债权；<br>(2) 抵销的债务要求**同一种类**、**同一品质**，不要求数额或价值相等；<br>(3) 原则上若一项债务已到期，另一项债务未到期，则**未到期**的债务人可以主张抵销；如果双方债务均到期，则均可以主张抵销；<br>(4) 均为可抵销的债务 |
| | 不得抵销的情形 | (1) 按**债务性质**不能抵销（不作为债务、提供劳务的债务、与人身不可分离的债务，如抚恤金、退休金、最低生活保障金等）；<br>(2) 按照约定应当**向第三人**给付的债务；<br>(3) 当事人**约定**不得抵销的债务；<br>(4) 因侵害自然人人身权益，或者故意、重大过失侵害他人财产权益产生的损害赔偿债务 |
| | 方法 | (1) 当事人主张抵销，应当**通知**对方；<br>(2) 抵销**不得附条件**或附期限 |
| | 效力 | (1) 双方对等数额债务因抵销而消灭；<br>(2) 抵销后剩余的债权的诉讼时效期间，**重新起算** |
| 约定抵销 | | 当事人互负债务，标的物种类、品质不相同的，经双方协商一致，也可以抵销 |

### 通关文牒

▶ 很好懂 ▶

(1) 对条件（3）中的"已到期""未到期"如何理解？

举例来说，张三欠李四10万元，6月1日到期，李四欠张三20万元，7月1日到期。则6月1日到7月1日间，李四有权主张抵销，张三无权主张抵销。7月1日以后，张三、李四都有权主张抵销。

(2) 对"债务的同一种类"如何理解？

举例来说，张三于2月1日找李四借用一台电脑，李四于2月3日找张三借用了一部手机。到期后，张三没有向李四归还电脑，李四并不能因此主张行使抵销权，拒绝归还手机，因为债务的种类不同（一个是电脑，一个是手机）。

### 趁热答题

**例5-16·多选题（2023年）** 根据合同法律制度的规定，关于法定抵销，下列表述中，正确的有（　　）。

A. 等额债务抵销后消灭　　　　　　　B. 抵销可以附条件和期限

C. 抵销后剩余债务重新计算诉讼时效　D. 抵销通知到达对方时生效

**解析** 本题考查抵销。抵销不得附条件和期限，选项 B 错误。选项 ACD 表述正确。

**答案** ACD

## 考点 14 提存（★★）

**考频** 2023 年单选题；2022 年单选题

**（一）概念**

提存是指由于**债权人的原因**，债务人无法向其交付合同标的物而将该标的物交给提存机关，从而消灭债务，终止合同的制度。

**（二）提存情形**

有下列情形之一，难以履行债务的，债务人可以将标的物提存：

(1) 债权人**无正当理由拒绝**受领；

(2) 债权人**下落不明**；

(3) 债权人**死亡未确定**继承人、遗产管理人或者**丧失**民事行为能力**未确定**监护人等。

【提示】不是债务人的过失。

**（三）提存效力**

(1) 自提存之日起，提存人的**债务归于消灭**；

(2) 毁损、灭失的**风险由债权人**承担；

(3) 标的物的**孳息归债权人**所有；

(4) **提存费用**由**债权人**负担。

**（四）提存物领取**

(1) 债权人领取提存物的权利，自提存之日起 **5 年内**不行使则消灭。

(2) 领取权消灭的，扣除提存费用后，**提存物归国家**；但是，债权人未履行对债务人的到期债务，或者债权人向提存部门书面表示放弃领取提存物权利的，债务人负担提存费用后有权取回提存物。

**趁热答题**

**例 5-17·单选题（2023 年）** 张某与李某约定 2 月 28 日交货，2 月 28 日李某如约交货，但此时买受人张某下落不明，于是李某提存货物，后发生不可抗力导致提存货物毁损。则对货物毁损承担责任的是（　　）。

A. 张某　　　　　　　　　　B. 李某
C. 提存机关　　　　　　　　D. 张某和提存机关共同负责

**解析** 本题考查提存。标的物提存后，毁损、灭失的风险由债权人承担。本题的债权人为张某，故由张某承担责任。因此，选项 A 正确。

**答案** A

## 考点 15　免除和混同（★）

**考频** 2023年多选题；2022年单选题

免除和混同都属于合同消灭的方式，考生做题时应注意区分，具体总结如下表所示：

| 项目 | | 具体规定 |
| --- | --- | --- |
| 免除 | 概念 | 权利人放弃自己的全部或部分权利，从而使合同义务减轻或使合同 |
| | 要件 | (1) 债权人或其代理人应向债务人或其代理人**作出抛弃债权的意思表示**；<br>(2) 免除应符合法律行为要件的有关规定，如免除人须**具备民事行为能力**；<br>(3) 免除**不得损害第三人**的利益 |
| | 效力 | (1) 债权人免除债务人部分或者全部债务的，合同的权利义务部分或者全部**终止**，但是债务人在合理期限内拒绝的除外；<br>(2) 免除债务，债权的**从权利也随之消灭**；<br>(3) 债权人免除连带债务人之一的债务的，其余连带债务人在扣除该连带债务人应分担的份额后，仍应就剩余债务承担连带责任 |
| 混同 | 概念 | 债权债务**同归于一人**，致使合同关系消灭的事实 |
| | 效力 | (1) 债权和债务同归于一人的，债权债务终止，但是**损害第三人利益的除外**。<br>(2) 混同不导致债之关系消灭的例外情形：<br>①债权是他人权利之标的；<br>②法律规定混同不发生债之关系消灭效力 |

### 趁热答题

**例 5-18·单选题（2022年）** 乙公司与甲公司签订5万元的借款合同，乙公司尚未还款，后债务因甲、乙公司合并为丙公司而终止。该债权债务关系终止的情形属于（　　）。

A. 免除
B. 抵销
C. 法定解除
D. 混同

**解析** 本题考查混同。混同，即债权债务同归于一人，致使合同关系消灭的事实。本题中，由于甲、乙两公司合并，甲、乙公司之间原先订立的合同中的权利义务同归于合并后的公司，债权债务关系自然终止，属于混同。因此，选项D正确。

**答案** D

## 考点 16　合同解除（★★）

**考频** 2023年单选题

### （一）约定解除

约定解除有协商解除和约定解除权两种情形。协商解除是指合同**生效后**，当事人协商一致，可以解除合同；约定解除权是一种单方解除，即双方在**订立合同时**或在**履行合同的过程中**，约定了合同当事人一方解除合同的事由。

## （二）法定解除

| 项目 | 具体规定 | |
|---|---|---|
| 情形 | （1）因**不可抗力**致使不能实现合同目的；<br>（2）**预期违约**：在履行期限届满之前，当事人一方明确表示或者以自己的行为表明不履行主要债务；<br>（3）当事人一方延迟履行主要债务，经**催告**后在合理期限内仍未履行；<br>（4）当事人一方**延迟履行**债务或者有其他**违约行为**致使**不能实现合同目的** | |
| 行使 | 行使主体 | （1）因不可抗力导致，**双方**均可解除合同；<br>（2）其他情形，**守约方**可解除合同 |
| | 解除要求 | 当事人一方依法主张解除合同的，应当**通知**对方 |
| | 行使期限 | 法律没有规定或者当事人没有约定解除权行使期限，自解除权人知道或者应当知道解除事由之日起**1年内**不行使 |
| 效力 | （1）合同解除后尚未履行的，终止履行；已经履行的，根据履行情况和合同性质，当事人可以要求**恢复原状**、采取其他**补救措施**，并要求**赔偿损失**。<br>（2）合同的权利义务终止，**不影响合同中结算条款、清理条款的效力**。<br>（3）因违约解除的，解除权人可以请求违约方承担违约责任，另有约定除外。<br>（4）主合同解除后，**担保人仍应当承担担保责任**，另有约定的除外 | |

### 趁热答题

**例5-19·单选题（2023年）** 根据《民法典》的规定，合同一方当事人有权解除合同的，未通知另一方当事人，直接向人民法院起诉主张解除合同，人民法院确认该主张的，合同解除的时间起算点是（  ）。

A. 人民法院判决作出时　　B. 起诉时
C. 起诉状副本送达时　　　D. 合同签订时

**解析** 本题考查合同解除。当事人一方未通知对方，直接以提起诉讼或者申请仲裁的方式依法主张解除合同，人民法院或者仲裁机构确认该主张的，合同自起诉状副本或者仲裁申请书副本送达对方时解除。因此，选项C正确。

**答案** C

## 第八节　违约责任

### 考点17　承担违约责任的形式（★★）

靶心考点精讲

**考频** 2023年单选题、简答题；2021年单选题

| 项目 | 具体规定 |
|---|---|
| 继续履行 | （1）金钱债务——必须履行（金钱属于可衡量物，价值确定）；<br>（2）非金钱债务——存在例外（不能履行；以具有人身性质的劳务为债务；费用过高；合理期限内未履行） |

续表

| 项目 | 具体规定 |
| --- | --- |
| 补救措施 | 要求对方承担修理、更换、重作、退货、减少价款或者报酬等违约责任 |
| 赔偿损失 | (1) 不得超过违约方订立合同时预见到的或者应该预见到的因违反合同可能造成的损失；<br>(2) 没有采取适当措施致使损失扩大的，不得就扩大的损失要求赔偿 |
| 支付违约金 | (1) 低于损失——可请求**增加**（以超过实际损失额为限）；<br>(2) 高于损失（看是否超过损失的 **30%**）——超过可请求适当**减少**；<br>(3) 当事人就迟延履行约定违约金的，违约方支付违约金后，还应当履行债务 |

| 定金责任 | 定金的种类 | 违约定金、成约定金、解约定金 |
| --- | --- | --- |
| | 定金的生效 | (1) 实践合同，自**实际交付**时生效；<br>(2) **实际交付定金数额**与**约定数额不一致**的，视为变更定金数额，收受方提出异议并拒绝接受定金的，定金合同不成立；<br>(3) 约定的定金数额**不得超过**主合同标的额的 **20%**，**超过部分不产生定金的效力** |
| | 定金罚则 | (1) 给付定金的一方不履行债务或履行债务不符合约定的，无权请求返还定金；<br>(2) **收受定金的一方**不履行债务或履行债务不符合约定的，应当**双倍返还定金**；<br>(3) 因不可抗力致使合同不能履行，非违约方主张适用定金罚则的，人民法院不予支持 |
| | 定金的效力 | (1) **定金和违约金不能同时适用**；<br>(2) **定金和赔偿金可同时适用**，但二者之和**不得超过损失金额** |

## 通关文牒

▶ 很会考 ▶

曾有主观题考查过"违约金"与"定金"能否同时适用的问题。考生不但要能识别，会应用，还要能写出法条关键词。

## 趁热答题

| 例 5—20·单选题（2023 年） | 张某向甲房地产公司购买一套总价款为 500 万元的房屋，合同约定定金数额为 160 万元，张某实际交付定金 120 万元，在该交易中，能够产生定金效力的数额为（　　）。

A. 100 万元　　　　　　　　　　　　B. 150 万元
C. 120 万元　　　　　　　　　　　　D. 160 万元

**解析** 本题考查承担违约责任的形式。定金的数额由当事人约定，但不得超过主合同标的额的 20%，超过部分不产生定金的效力。本题中，张某实际交付定金 120 万元，超过主合同标的额的 20%（500×20%＝100 万元），超过部分（20 万元）不产生定金的效力。因此，选项 A 正确。

**答案** A

## 第九节　主要合同

### 考点 18　买卖合同（★★★）

靶心考点精讲

**考频** 2023年综合题；2022年单选题、综合题

**（一）标的物交付和所有权转移**

1. 一般情形
（1）**动产**的所有权于**交付**时转移；
（2）**不动产**的所有权于**登记**时转移。

2. **普通动产**一物多卖
（1）先行受领**交付**的买受人可以请求确认所有权已经转移；
（2）均未受领交付，先行**支付价款**的买受人可以请求出卖人交付标的物；
（3）均未受领交付，也未支付价款，依法**成立在先**合同的买受人可以请求出卖人交付标的物。

3. **特殊动产**一物多卖（**船舶**、**航空器**、**机动车**等）
（1）先行受领**交付**的买受人可以请求出卖人办理所有权转移登记手续；
（2）如均未受领交付，先行办理所有权转移**登记**手续的买受人可以请求出卖人交付标的物；
（3）如均未受领交付，也未办理所有权转移登记手续，依法**成立在先**合同的买受人可以请求出卖人交付标的物和办理所有权转移登记手续。

▶ 速提分 ▶

考生做考查"一物多卖"相关内容的题目时，应先区分合同标的物是普通动产还是特殊动产，然后再按照下表所示的法定顺序来确定所有权归属。

| 情形 | 所有权归属 |
| --- | --- |
| 一般情形 | （1）**动产**：**交付**时转移。<br>（2）**不动产**：**登记**时转移 |
| **普通动产**一物多卖 | 交付>**付款**>合同成立时间 |
| **特殊动产**一物多卖<br>（**船舶**、**航空器**、**机动车**等） | 交付>**登记**>合同成立时间 |

考生可以通过以下例子，对一物多卖的知识加以理解：

**举例1** 张某有一件画作拟出售，于2020年5月10日与王某签订买卖合同，约定4日后交货付款。5月11日，丁某愿以更高的价格购买该画作，张某遂与丁某签订合同，约定3日后交货付款。5月12日，张某又与林某签订合同，将该画作卖给林某，林某当即支付了价款，约定2日后交货。后因张某未交付画作，王某、丁某、林某均要求张某履行合同，诉至人民法院。画作归谁所有？

**解析** 标的物为画作，是**普通动产**，按照"**交付>付款>合同成立时间**"的顺序确定所有权归属，画作未交付但林某已付款，所以画作归林某所有。

**举例 2** 2019 年 9 月 8 日，赵某与孙某签订某货车买卖合同，赵某为孙某办理了该货车的所有权转移登记，但尚未将该货车交付孙某，孙某已支付合同价款。2019 年 9 月 14 日，赵某又与钱某签订该货车买卖合同，赵某将该货车交付钱某，钱某尚未支付合同价款。后孙某、钱某均向法院起诉，请求确认取得货车的所有权。货车归谁所有？

**解析** 标的物为机动车，是**特殊动产**，按照"**交付>登记>合同成立时间**"的顺序确定所有权归属，货车已交付给钱某，所以货车归钱某所有。

### （二）标的物毁损、灭失风险的承担

1. 一般规则——看交付
（1）标的物毁损、灭失的风险，在标的物交付之**前**由出卖人承担，交付之**后**由买受人承担；
（2）出卖人未交付有关标的物的单证和资料的，**不影响**标的物毁损、灭失风险的转移。

2. 特殊规则

| 情形 | 具体规定 |
| --- | --- |
| 买受人违约 | （1）买受人原因致使不能按约定期限交付，买受人自违反约定时起承担风险；<br>（2）出卖人按约将标的物置于交付地点，买受人没有收取，风险自违反约定时起由**买受人**承担 |
| 出卖人违约 | 标的物不符合质量要求，致使不能实现合同目的，买受人拒绝接受或解除合同的，风险由**出卖人**承担 |
| 有交付地点 | 出卖人将标的物运送至买受人指定地点并交付给承运人后，风险由**买受人**承担 |
| 标的物在途 | 出卖交由承运人运输的在途标的物，除另有约定外，风险自合同成立时起由**买受人**承担 |
| 交付地点不明确 | 没有约定交付地点或约定不明的，出卖人将标的物**交付给第一承运人**后，标的物毁损、灭失风险由**买受人**承担 |

**通关文牒**

▶ 很会考 ▶

标的物毁损、灭失风险的承担常以案例形式出现在客观题中，考生需在理解的基础上精准记忆。标的物毁损、灭失风险一般自交付时转移，因为标的物归谁占有，谁就有最大的便利去维护财产的安全，防止风险发生。

**趁热答题**

**例 5-21·单选题（2022 年）** 2022 年 6 月 1 日，甲公司与乙公司签订一份买卖合同，约定甲公司购买乙公司 1 000 套印有甲公司标志的运动服，6 月 24 日由甲公司上门提货，合同对货物毁损风险承担未作特别约定。6 月 24 日，甲公司因没安排好车辆，未能及时提货。6 月 25 日，乙公司的仓库遭雷击毁损，导致该批运动服全部毁损。下列关于该批运动服毁损风险承担的表述中，正确的是（　　）。

A. 乙公司承担，因货物是在其控制之下
B. 甲公司承担，因其没有按时上门提货

C. 甲公司和乙公司共同承担，因不可抗力造成货物毁损
D. 乙公司承担，因货物所有权没有转移

**解析** 本题考查标的物毁损、灭失风险的承担。因买受人的原因致使标的物不能按照约定的期限交付的，买受人应当自违反约定之日起承担标的物毁损、灭失的风险。本题中，由于甲公司没安排好车辆，未能及时提货，导致货物没有按期交付，甲公司（买受人）自6月24日起承担标的物毁损、灭失的风险。6月25日，乙公司的仓库遭雷击毁损，导致该批运动服全部毁损，甲公司承担货物损失责任。因此，选项B正确。

**答案** B

### （三）标的物检验

| 情形 | 具体规定 |
|---|---|
| 约定检验期间 | 买受人应当在**约定期间**内将标的物数量或者质量不符合约定的情形**通知**出卖人；**怠于通知**的，**视为**标的物的数量或者质量**符合约定** |
| 未约定检验期间 | （1）买受人应当在发现或者应当发现标的物数量或者质量不符合约定的**合理期间内**通知出卖人；<br>（2）买受人在合理期间内未通知或者自标的物收到之日起**2年**内未通知出卖人的，视为标的物的数量或者质量符合约定；但是，对标的物有质量保证期的，适用质量保证期。<br>【提示】检验期：约定（通知）→质保期→收到之日起2年 |
| 检验期限过短 | 当事人约定的检验期限**过短**，根据标的物的性质和交易习惯，买受人在检验期限内难以完成全面检验的，该期限仅视为买受人对标的物的**外观瑕疵**提出异议的期限 |
| 出卖人的抗辩 | 买受人在合理期限内提出异议，出卖人以买受人已经支付价款、确认欠缴数额、使用标的物等为由，主张买受人放弃异议的，人民法院不予支持，但当事人另有约定的除外 |

**趁热答题**

**例5-22·多选题（2014年）** 甲公司向乙公司订购了一套生产设备，双方签订的买卖合同中对设备的型号、规格、质量等作了明确约定，但未约定质量检验期间。甲公司收到设备后，因故一直未使用，亦未支付剩余货款。收到货物2年后，甲公司才开始使用该设备，却发现该设备的质量与合同约定不符。当乙公司要求甲公司支付剩余货款时，甲公司以设备质量不合格为由拒绝，并要求乙公司承担违约责任。下列关于甲公司权利义务的表达中，符合《民法典》的规定有（　　）。

A. 因未在法定期间内提出质量异议，甲公司应当向乙公司支付剩余货款
B. 虽未在法定期间提出质量异议，但因设备存在质量问题，甲公司有权拒付剩余货款
C. 因设备质量不合格，甲公司有权要求乙公司承担违约责任
D. 因未在法定期间内提出质量异议，甲公司无权要求乙公司承担违约责任

**解析** 本题考查标的物检验。买受人在合理期间内未通知或者自标的物收到之日起**2年内**未通知出卖人的，视为标的物的数量或者质量符合约定。出卖人知道或者应当知道提供的标的物不符合约定的，买受人不受前述规定的通知时间的限制。本题中未约定检验期间，甲公司应在不超过2年的合理期间内提出质量异议，但本题甲公司提出异议时已经是2年后了，且没有证据表明出卖人知道或者应当知道标的物不符合约定，故应视为质量符合要求，甲公司应当支付剩余货款。因此，选项AD正确。

**答案** AD

## (四)所有权保留

| 项目 | | 具体规定 |
|---|---|---|
| 出卖人取回权 | 概念 | 当事人可以在买卖合同中约定买受人未支付合同价款或未完成特定条件时,标的物所有权属于出卖人 |
| | 行使情形 | (1) 买受人**未按照约定支付价款**,经**催告后**在合理期限内仍未支付;<br>(2) 买受人未按照约定完成特定条件;<br>(3) 买受人将标的物**出卖、出质**或作出其他不当处分 |
| | 不得取回的情形 | (1) 买受人**已经支付**标的物总价款的**75%以上**,出卖人**不得主张**取回标的物;<br>(2) 出卖人对标的物保留的所有权,**未经登记,不得对抗善意第三人**。<br>【提示】取回的标的物价值显著减少,出卖人可以请求买受人赔偿损失 |
| 买受人回赎权 | | (1) 出卖人依法取回标的物后,买受人在双方约定或者出卖人指定的合理回赎期限内,消除出卖人取回标的物的事由的,可以请求回赎标的物。<br>(2) 买受人在合理期限内没有回赎的,出卖人可以以合理价格出售标的物,出售所得价款扣除买受人未支付的价款以及必要费用后仍有剩余,应当返还买受人;不足部分由买受人清偿 |

**趁热答题**

**例5-23·单选题(2014年)** 甲、乙双方于2021年1月7日订立买卖1 000台彩电的合同,价款200万元,双方约定:甲支付全部价款后,彩电的所有权才转移给甲。乙于2月4日交付了1 000台彩电,甲于3月5日支付了100万元,5月6日支付了剩余的100万元。下列关于彩电所有权转移的表述中,符合《民法典》规定的是( )。

A. 2月4日1 000台彩电所有权转移
B. 3月5日1 000台彩电所有权转移
C. 3月5日500台彩电所有权转移
D. 5月6日1 000台彩电所有权转移

**解析** 本题考查所有权保留。当事人可以在买卖合同中约定,买受人未履行支付价款或者其他义务的,标的物的所有权属于出卖人。本题中有约定"甲支付全部价款后,彩电的所有权才转移给甲",故按照约定,甲在5月6日付清全部款项后取得彩电的所有权,选项D正确。

**答案** D

## (五)试用买卖

试用买卖合同一般默认约定"免费试用"。试用期内,标的物所有权仍归出卖人所有。试用买卖合同中,买受人有选择权,既可以购买,也可以拒绝购买。试用买卖合同的相关要点总结如下表所示:

| 项目 | 具体规定 |
|---|---|
| 视为购买 | (1) 试用期届满,买受人未作表示的,视为购买;<br>(2) 买受人在试用期内已经**支付部分价款**或者对标的物实施**出租、出卖、设立担保物权**等行为的,**视为同意购买** |
| 不属于试用买卖 | (1) 约定标的物经过试用或者检验符合一定要求时,买受人应当购买标的物;<br>(2) 约定第三人经试验对标的物认可时,买受人应当购买标的物;<br>(3) 约定买受人在一定期间内可以调换标的物;<br>(4) 约定买受人在一定期间内可以退还标的物 |

续表

| 项目 | 具体规定 |
|---|---|
| 使用费负担 | 当事人**没有约定**使用费或**约定不明确**的，出卖人**无权主张**买受人**支付使用费** |
| 风险负担 | 标的物在**试用期内毁损**、**灭失**的风险由**出卖人**承担 |

**趁热答题**

**例 5-24 · 单选题（2022 年）** 根据合同法律制度的规定，下列关于试用买卖合同的表述中，正确的是（　　）。

　　A. 买受人在试用期内对标的物设立担保物权的，视为同意购买
　　B. 当事人没有约定使用费的，出卖人有权主张买受人支付使用费
　　C. 试用期限届满，买受人对是否购买标的物未作表示的，视为不同意购买
　　D. 标的物在试用期内毁损、灭失的风险由买受人承担

【解析】本题考查试用买卖。试用买卖的买受人在试用期内已经支付部分价款或者对标的物实施出卖、出租、设立担保物权等行为的，视为同意购买，选项 A 正确。当事人没有约定使用费的，出卖人无权主张买受人支付使用费，选项 B 错误。试用期限届满，买受人对是否购买标的物未作表示的，视为购买，选项 C 错误。标的物在试用期内毁损、灭失的风险由**出卖人**承担，选项 D 错误。

【答案】 A

**（六）商品房买卖合同**

1. 商品房销售广告的性质

商品房的销售广告和宣传资料为要约邀请，但是出卖人就商品房**开发规划范围内**的房屋及相关设施所作的说明和允诺**具体确定**，并对商品房买卖合同的订立以及房屋价格的确定有**重大影响**的，**应当视为要约**。即使该说明和允诺**未载入**商品房买卖合同，也应当**视为合同内容**，当事人违反的，应当承担违约责任。

2. 商品房预售合同的效力

出卖人**未取得**预售许可而与买受人订立预售合同，应当认定无效；但是在**起诉前**，出卖人取得商品房预售许可证明的，该预售合同可以认定**有效**。

3. 可行使解除权的情形

（1）因房屋**主体结构质量不合格**不能交付使用，或房屋交付使用后，房屋主体结构质量经核验不合格；

（2）因房屋质量问题严重**影响正常居住使用**；

（3）出卖人**迟延交付房屋**或者买受人**迟延支付购房款**，经催告后在 **3 个月**的合理期限内仍未履行。

【提示】解除权应当在解除权发生之日起**1 年内**行使。

4. 商品房消费者权利保护

（1）商品房消费者以居住为目的购买房屋并已支付全部价款，主张其房屋交付请求权优先于建设工程价款优先受偿权、抵押权以及其他债权的，人民法院应当予以支持。只支付了部分价款的商品房消费者，在一审法庭辩论终结前已实际支付剩余价款的，可以适用该规定。

（2）在房屋不能交付且无实际交付可能的情况下，商品房消费者主张价款返还请求权优先于建设工程价款优先受偿权、抵押权以及其他债权的，人民法院应当予以支持。

# 考点19 赠与合同（★★）

**考频** 2023年判断题；2022年简答题；2021年判断题

靶心考点精讲

| 项目 | 具体规定 |
|---|---|
| 特点 | 属于**单务**、**无偿**合同。<br>【提示】赠与合同是**单务**合同，但是赠与属于**多方法律行为**，不是单方法律行为 |
| 权利义务 | （1）赠与的财产有瑕疵，赠与人不承担责任；但附义务的赠与，赠与人在附义务的限度内承担与出卖人相同的责任；<br>（2）赠与人**故意不告知瑕疵或者保证无瑕疵**，造成受赠人损失的，应当**承担损害赔偿**责任；<br>（3）因赠与人**故意或重大过失**，致使赠与的财产毁损、灭失的，赠与人应承担损害赔偿责任；<br>（4）赠与合同成立后，赠与人的**经济状况显著恶化**，严重影响其生产经营或者家庭生活的，可以**不再履行赠与义务** |
| 赠与的撤销 | **任意撤销**：在赠与财产的权利**转移之前可以撤销**，但是**下列情形除外**：<br>（1）具有**救灾**、**扶贫**、**助残等公益**、**道德**义务性质的赠与；<br>（2）经过**公证**的赠与 |
| | **法定撤销**：（1）严重侵害赠与人或者其近亲属的合法权益；<br>（2）对赠与人有扶养义务而不履行；<br>（3）不履行赠与合同约定的义务 |
| 撤销的期限 | （1）赠与人：自知道或应当知道撤销事由之日起**1年内**。<br>（2）赠与人的继承人或法定代表人：自知道或应当知道撤销事由之日起**6个月内** |

## 通关文牒

▶ **很会考** ◀

赠与合同中赠与人的权利义务、赠与的撤销权在客观题和主观题中均可考查，考生需认真掌握。

## 趁热答题

**例5-25·简答题（2022年）** 慈善家李某于2020年设立了一人有限责任公司（以下简称"甲公司"）。甲公司2022年度签订了三份赠与合同。

1月5日，甲公司与乙养老院签订赠与合同，约定甲公司将一批电热毯赠与乙养老院并保证该批电热毯可以正常使用，无任何质量问题。乙养老院在使用该批电热毯时发生火灾，导致乙养老院部分财产被烧毁，经鉴定火灾是由电热毯质量不合格所引起。乙养老院要求甲公司赔偿相应损失。

6月10日，甲公司与丙建筑公司签订赠与合同，约定甲公司将一台已经使用一年的叉车赠与丙建筑公司，6月20日交付。6月19日，甲公司因一项工程建设仍需要使用该叉车两个月，遂通知丙建筑公司先撤销赠与，未来再考虑叉车赠与事宜。丙建筑公司认为双方已经在赠与合同上签字盖章，甲公司无权撤销赠与。

7月10日，甲公司与丁民办学校签订赠与合同，约定甲公司赠与丁民办学校10万元，专项用于丁民办学校图书馆购买图书，不能挪作他用。7月11日，甲公司向丁民办学校支付10万元。8月10

日，甲公司调查学校已经将该笔资金用于发放所拖欠的教师工资，遂决定撤销赠与，要求丁民办学校归还10万元。丁民办学校认为其对赠与资金有权调剂使用，拒绝归还。

要求：根据上述资料和合同法律制度的规定，不考虑其他因素，回答下列问题。

（1）乙养老院要求甲公司赔偿相应损失，是否符合法律规定？简要说明理由。

（2）丙建筑公司认为甲公司无权撤销赠与，是否符合法律规定？简要说明理由。

（3）甲公司决定撤销赠与，要求丁民办学校归还10万元，是否符合法律规定？简要说明理由。

【答案】

（1）乙养老院要求甲公司赔偿相应损失，符合法律规定。根据规定，赠与人故意不告知瑕疵或者保证无瑕疵，造成受赠人损失的，应当承担损害赔偿责任。本题中，赠与人甲公司保证该批电热毯可以正常使用，无任何质量问题，结果却因电热毯质量不合格引起火灾，导致受赠人养老院遭受损失，所以养老院有权要求甲公司承担赔偿责任。

（2）丙建筑公司认为甲公司无权撤销赠与，不符合法律规定。根据规定，赠与人在赠与财产的权利转移之前可以撤销赠与；但经过公证的赠与合同或者依法不得撤销的具有救灾、扶贫、助残等公益、道德义务性质的赠与合同，不得撤销。本题中，不存在法定不允许撤销的情形，且赠与的财产叉车约定6月20日交付，撤销发生在6月19日，所以赠与人甲公司可以撤销赠与。

（3）甲公司决定撤销赠与，要求丁民办学校归还10万元，符合法律规定。根据规定，赠与附义务的，受赠人应当按照约定履行义务。赠与人在向受赠人转移赠与财产权利后，受赠人不依约履行合同义务，赠与人可以撤销赠与。本题中，双方约定赠与款项专项用于丁民办学校图书馆购买图书，不能挪作他用，就是一种附义务的赠与，民办学校违反该约定义务，赠与人甲公司可以行使法定撤销权，撤销该赠与。

## 考点20　借款合同（★★★）

**考频**　2023年综合题；2022年单选题、简答题；2021年多选题

靶心考点精讲

| 项目 | 具体规定 | | |
|---|---|---|---|
| 特点 | （1）应当采用书面形式，但自然人之间借款另有约定的除外；<br>（2）借款合同是诺成性合同，但自然人之间的借款合同为实践性合同 | | |
| 借款利息 | 借款利息不得事先在本金中扣除，事先扣除的，按实际借款额偿还本金及利息 | | |
| | 有约定 | 按约定 | |
| | 无约定 | 视为无息 | |
| | 约定不明 | 自然人之间借贷 | 视为无息 |
| | | 其他民间借贷 | 补充协议，根据当地或者当事人的交易方式、交易习惯、市场利率等因素确定利息 |
| 借期内利率 | （1）约定利率≤合同成立时一年期LPR的4倍，按约定利率支付利息；<br>（2）约定利率>合同成立时一年期LPR的4倍，超过部分人民法院不予支持。<br>【提示】一年期LPR（一年期贷款市场报价利率）是指中国人民银行授权全国银行间同业拆借中心自2019年8月20日起每月发布的一年期贷款市场报价利率 | | |

续表

| 项目 | | 具体规定 |
|---|---|---|
| 逾期利率 | 有约定 | （1）约定逾期利率≤4倍一年期LPR，按约定支付；<br>（2）既约定逾期利率，又约定违约金等，总计≤4倍一年期LPR |
| | 无约定 | （1）约定了借期内利率，但未约定逾期利率的，按借期内利率支付；<br>（2）既未约定借期内利率，也未约定逾期利率的，自逾期还款之日起参照当时1年期LPR标准计算的利息承担逾期还款违约责任 |
| 利息支付期限 | 还款时间 | （1）借款人应当按照约定的期限返还借款；<br>（2）借款期限没有约定或约定不明的，依据规定仍不能确定，借款人可随时返还，贷款人可催告借款人在合理期限内返还 |
| | 提前还款 | 借款人提前返还借款的，除当事人另有约定外，应当按照实际借款的期间计算利息 |

### 通关文牒

▶ 速提分 ▶

借款合同为重要考点，考试中多以案例形式出现，简答题、综合题均可涉及，大多以借款合同为背景结合"抵押""质押""保证"以主观题的形式考查。考生需重点掌握：

（1）借款利息预先在本金中扣除的相关规定；

（2）借款利率上限的计算，无论是借期内利率，还是逾期利率，均不得超过合同成立时1年期LPR的4倍。借期利息、逾期利息的总结如下图所示：

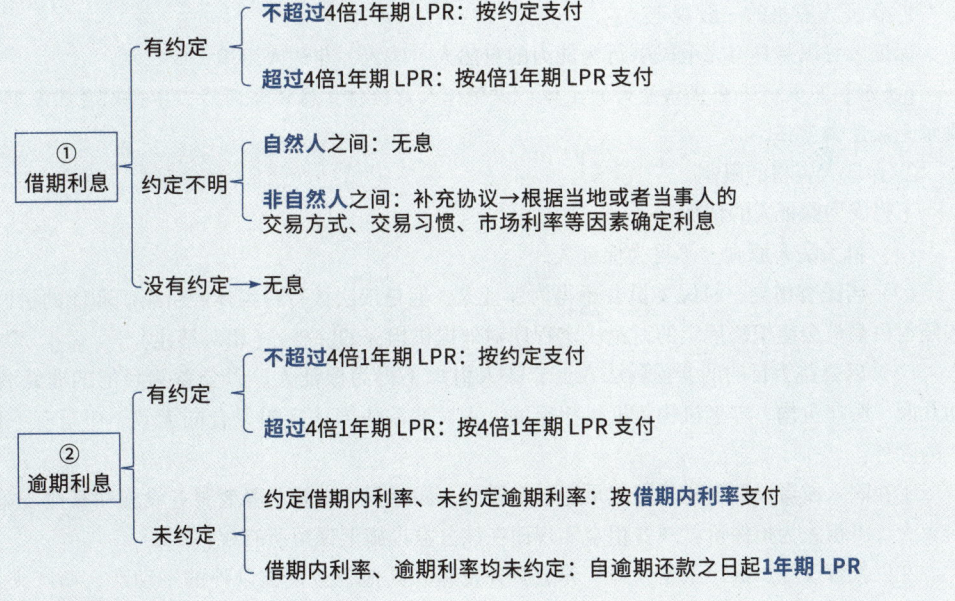

### 趁热答题

**例 5-26·单选题（2017 年）** 2021 年 1 月 1 日，李某向王某借款 5 万元，约定借款期限半年，但未提及是否支付利息，半年后，因李某未如期归还，王某多次催要未果，向法院起诉要求李某还本付息。根据《民法典》的规定，下列关于支付借款利息的主张中，能够得到法院支持的是（　　）。

A. 王某要求李某依当地习惯按年利率15%支付借款使用期间的利息
B. 王某要求李某依当地习惯按年利率20%支付逾期还款期间的利息
C. 王某要求李某参照逾期还款时一年期贷款市场利率标准计算的利息承担违约责任
D. 王某要求李某按一年期贷款市场利率支付借款使用期间的利息

**解析** 本题考查借款合同。借款合同对支付利息没有约定的，视为没有利息，选项AD错误。借贷双方既未约定借期内的利率，也未约定逾期利率，出借人主张借款人自逾期还款日起参照当时一年期贷款市场利率标准计算的利息承担违约责任的，人民法院应予支持。本题中，李某和王某既未约定借期内的利率，也未约定逾期利率，故出借人王某有权要求李某承担逾期还款违约责任。因此，选项C正确。

**答案** C

## 考点21　保证合同（★★★）

靶心考点精讲

**考频** 2023年单选题；2022年单选题、多选题、简答题；2021年单选题、多选题

### （一）保证合同的形式

保证人与债权人应当以书面形式订立保证合同。保证合同可以是单独订立的书面合同，也可以是主债权债务合同中的保证条款。**第三人单方**以**书面**形式向债权人作出保证，债权人**接收且未提出异议**的，保证合同成立。

### （二）保证人

1. 保证人资格的一般规定

保证人可以是具有**完全民事**行为能力的自然人、法人、非法人组织。

【提示】不具有完全代偿能力的主体，以保证人身份订立保证合同后，不得以自己没有代偿能力要求免除保证责任。

2. 保证人资格的限制

**不得成为保证人的情形**：

（1）**机关法人**原则上不得为保证人。

（2）**居民委员会、村民委员会**不得为保证人，但是依法代行村集体经济组织职能的村民委员会，依照村民委员会组织法规定的讨论决定程序对外提供担保的除外。（相对禁止）

（3）以**公益**为目的的**非营利法人、非法人组织**不得为保证人。以公益为目的的非营利性学校、幼儿园、医疗机构、养老机构等提供担保的，人民法院应当认定担保合同无效，但是有下列情形之一的除外：

①在购入或者以融资租赁方式承租教育设施、医疗卫生设施、养老服务设施和其他公益设施时，出卖人、出租人为担保价款或者租金实现而在该公益设施上保留所有权的；

②以教育设施、医疗卫生设施、养老服务设施和其他公益设施以外的不动产、动产或者财产权利设立担保物权。

### （三）保证方式

保证的方式有一般保证和连带责任保证。两者的详细对比总结如下表所示：

| 项目 | 一般保证 | 连带责任保证 |
|---|---|---|
| 认定 | (1) 约定在债务人不能履行债务时，由保证人承担保证责任的；<br>(2) 具有债务人应当先承担责任的意思表示的；<br>(3) 没有约定保证方式或者约定不明的，按照一般保证承担保证责任 | (1) 约定承担连带责任的；<br>(2) 不具有债务人应当先承担责任的意思表示的 |
| 先诉抗辩权 | (1) 保证人享有先诉抗辩权。<br>(2) 有下列情形之一的，保证人丧失先诉抗辩权：<br>①债务人变更住所，致使债权人要求其履行债务发生重大困难的；<br>②人民法院受理债务人破产案件，中止执行程序的；<br>③债权人有证据证明债务人的财产不足以履行全部债务或者丧失履行债务能力的；<br>④保证人以书面形式放弃先诉抗辩权的 | 保证人不享有先诉抗辩权 |

▶ 速提分 ▶

　　一般保证的保证人只是在主债务人不履行债务时，有代为履行的义务，即补充责任；而连带责任保证中的保证人与主债务人为连带责任人，债权人在保证范围内，既可以向债务人求偿，也可以向保证人求偿，无论债权人选择谁，债务人和保证人都无权拒绝。

## （四）保证责任

1. 保证责任的范围

（1）有约定的按约定；

（2）没有约定或约定不明的，保证人对全部债务承担责任，包括主债权、利息、违约金、损害赔偿金和实现债权的费用。

2. 保证期间及保证的诉讼时效

| 项目 | | 具体规定 |
|---|---|---|
| 保证期间 | 期间 | (1) 有约定的按约定；<br>(2) 没有约定或约定不明确的，为**6个月**；<br>(3) 约定的保证期间早于或等于主债务履行期限的，视为没有约定 |
| | 起算 | (1) 主债务履行期限届满之日起计算；<br>(2) 主债务履行期限没有约定或约定不明的，保证期间自债权人请求债务人履行债务的宽限期届满之日起计算 |

续表

| 项目 | | | 具体规定 |
| --- | --- | --- | --- |
| 保证期间 | 效力规定 | | （1）债权人在保证期间**内未依法行使权利**的，保证责任消灭；<br>（2）同一债务有两个以上保证人，债权人以其已经在保证期间内依法向部分保证人行使权利为由，主张已经在保证期间内向其他保证人行使权利的，人民法院不予支持；<br>（3）一般保证的债权人在保证期间内对债务人提起诉讼或者申请仲裁后，又撤回起诉或者仲裁申请，债权人在保证期间届满前**未再提起**诉讼或者申请仲裁，保证人主张不再承担保证责任的，人民法院应予支持；<br>（4）保证责任消灭后，债权人**书面通知**保证人要求承担保证责任，保证人在通知书上签字、盖章或者按指印，债权人**请求保证人继续承**担保证责任的，人民法院**不予支持**，但是债权人有证据证明成立了新的保证合同的除外 |
| 保证的诉讼时效 | 时效期限 | | 保证债务诉讼时效为普通诉讼时效，期间为 **3 年** |
| | 起算 | 一般保证 | 从保证人**拒绝承担保证责任的权利（先诉抗辩权）消灭**之日起算 |
| | | 连带保证 | 从债权人**请求保证人承担保证责任**之日起算 |

### 趁热答题

**例 5-27·多选题（2021 年）** 2021 年 1 月 15 日，赵某向钱某借款，双方签订了借款合同。赵某请李某和孙某为该笔债务提供担保。1 月 18 日，钱某与李某签订抵押合同，以李某所有的一套房屋为抵押物，双方办理了抵押登记。1 月 20 日，孙某为该笔借款提供连带责任保证。因赵某拒绝还款，钱某向李某提出行使抵押权，并请求孙某承担保证责任。下列关于当事人权利义务的表述中，正确的有（　　）。

A. 孙某承担保证责任后，有权向赵某进行追偿
B. 钱某必须先行使抵押权，再要求孙某承担保证责任
C. 孙某享有先诉抗辩权
D. 李某承担保责任后，有权向赵某进行追偿

**解析** 本题考查保证责任。被担保的债权既有物的担保又有人的担保的，债务人不履行到期债务或者发生当事人约定的实现担保物权的情形，债权人应当按照约定实现债权；没有约定或者约定不明确，债务人自己提供物的担保的，债权人应当先就该物的担保实现债权；第三人提供物的担保的，债权人可以就物的担保实现债权，也可以请求保证人承担保证责任。本题中，抵押物是第三人李某提供的，故债权人钱某可以就物的担保实现债权，也可以请求保证人孙某承担保证责任，选项 B 错误。提供担保的第三人承担担保责任后，有权向债务人追偿，选项 AD 正确。一般保证人享有先诉抗辩权，连带责任保证人不享有先诉抗辩权，选项 C 错误。

**答案** AD

3. 主合同变更与保证责任承担

| 项目 | | 保证人责任 |
|---|---|---|
| 主体变更 | 债权人变更 | （1）**通知**保证人的，保证人**继续**承担保证责任；<br>（2）**未通知**保证人的，该转让对保证人**不发生**效力；<br>（3）事先约定仅对特定债权人承担保证责任或禁止债权转让的，**未经保证人书面同意**转让债权，保证人**不再承担**保证责任 |
| | 债务人变更 | 保证人**书面同意**的，保证人**继续**承担；**未经保证人书面同意**的部分，保证人**不再承担**保证责任 |
| 内容变更 | 第三人加入债务 | 保证人**继续**承担保证责任 |
| | **减轻债务** | 未经保证人书面同意，保证人仍应当对**变更后**的合同承担保证责任 |
| | **加重债务** | 未经保证人书面同意，对**加重**的部分保证人不承担保证责任 |
| | 变更主合同履行期限 | **未经保证人书面同意的**，保证期间**不受影响** |

### 趁热答题

**例5-28·单选题（2022年）** 2022年3月1日，甲公司与乙公司签订一份家具买卖合同，约定乙公司向甲公司购买100套家具，每套价格为1万元。甲公司于6月15日交货，乙公司在收货后支付货款100万元。为担保乙公司按期支付货款，丙公司作为保证人与甲公司签订保证合同。2022年4月5日，因订单增加，乙公司向甲公司提出加购10套家具，货款总额为110万元，甲公司同意。2022年5月15日，因订单持续增加，乙公司又提出加购10套家具，货款总额为120万元，甲公司同意。丙公司对合同货款总额调整并不知情。下列关于丙公司保证责任承担的表述中，正确的是（　　）。

A. 丙公司不再承担保证责任
B. 丙公司应在100万元范围内承担保证责任
C. 丙公司应在120万元范围内承担保证责任
D. 丙公司应在110万元范围内承担保证责任

**解析** 本题考查保证责任。保证期间，债权人与债务人对主合同数量、价款、币种、利率等内容做了变动，未经保证人书面同意的，如果**减轻**债务人债务的，保证人仍应当对**变更后**的合同承担保证责任；如果**加重**债务人债务的，保证人**对加重的部分不承担保证责任**。本题中，保证人丙公司对合同货款总额调整并不知情，故丙公司对加重的部分不承担保证责任，只需在100万元范围内承担保证责任。因此，选项B正确。

**答案** B

4. 人的担保与物的担保并存的保证责任（人保+物保共存）

（1）同一债权既有人的担保又有物的担保的，属于**共同担保**。

（2）被担保的债权既有**物**的担保又有**人**的担保，债务人不履行到期债务或发生当事人约定的实现担保物权的情形，债权人应当**按照约定**实现债权。

（3）**没有约定**或者**约定不明确**，**债务人自己提供物的担保**的，债权人应当**先就该物的担保**实现债权。

（4）**第三人提供物的担保**的，债权人**可以就物的担保**实现债权，**也可以要求保证人承担保证责任**。提供担保的第三人承担担保责任后，有权向债务人**追偿**。

【提示】区别共同保证与共同担保：共同保证＝人保＋人保；共同担保＝物保＋人保。

▶ 速提分 ▶

共同担保属于主观题的高频考点，常结合借款合同、抵押权考查，考生需要精准掌握。具体总结如下图所示：

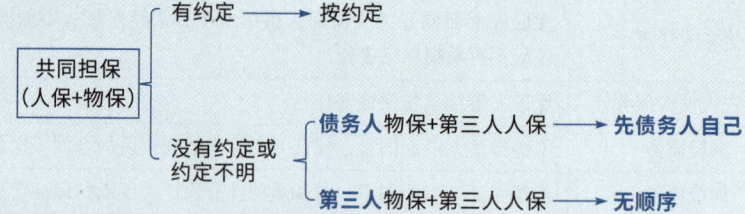

考生可以通过以下例子，对共同担保加以理解：

【举例】2023 年 4 月 1 日，甲公司向乙公司借款，签订借款合同。乙公司要求甲公司为该笔借款提供担保，甲公司将其一厂房抵押给乙公司，并办理了抵押登记。此外，甲公司的董事长陈某为该笔借款提供保证担保，与乙公司签订保证合同，保证合同未约定保证方式。甲公司、陈某与乙公司未约定担保权利行使的顺序。借款期满，甲公司无力清偿到期债务。乙公司如何受偿？

【解析】被担保的债权既有物的担保又有人的担保的，债务人不履行到期债务或者发生当事人约定的实现担保物权的情形的，债权人应当按照约定实现债权；没有约定或者约定不明确的，如果债务人自己提供物的担保，债权人应当先就该物的担保实现债权。本例中，债务人甲公司自己提供了抵押物，乙公司应当先就抵押物优先受偿，不足清偿的，再找保证人承担责任。

# 考点 22　租赁合同（★★★）

靶心考点精讲

考频　2023 年单选题、综合题；2022 年判断题、综合题；2021 年简答题

### （一）租赁期限

租赁期限不得超过 **20 年**。超过 20 年的，**超过部分无效**。

【记忆技巧】与最长诉讼时效一样长，都是 20 年。

### （二）不定期租赁

（1）租赁期限 **6 个月** 以上的，应当采用书面形式。当事人未采用书面形式无法确定租赁期限的，视为不定期租赁。

（2）对于不定期租赁，出租人或承租人 **可以随时解除租赁合同**，但应当在 **合理期限之前通知** 对方。

## (三) 当事人的权利义务

| 项目 | 具体规定 |
| --- | --- |
| 维修义务 | （1）**出租人**应当履行租赁物的**维修**义务，但当事人另有约定的除外。<br>（2）出租人未履行维修义务的，承租人可以自行维修，维修费用由**出租人**负担。<br>（3）因维修影响承租人使用的，应当相应**减少租金**或者**延长租期**。但是，因承租人过错致使租赁物需要维修的，出租人不承担上述规定的维修义务 |
| 租赁物损耗 | （1）承租人**按照约定**使用租赁物的，**不承担赔偿责任**；<br>（2）承租人**未按照约定**使用租赁物，出租人可**解除合同并请求赔偿损失** |
| 改装 | （1）经出租人同意，可以改装；<br>（2）**未经出租人同意改装的**，出租人可以请求承租人**恢复原状**或赔偿损失 |
| 转租 | （1）**经出租人同意，可以转租**；<br>（2）**未经出租人同意转租**的，出租人可以**随时解除合同**；<br>（3）出租人知道或者应当知道承租人转租，但在 **6 个月**内未提出异议的，视为出租人同意转租 |

## (四) 买卖不破租赁

租赁物在承租人按照租赁合同占有期限内发生所有权变动的，**不影响租赁合同的效力**。

## (五) 房屋承租人的优先购买权

（1）出租人出卖租赁房屋的，应当在出卖之前的**合理期限内通知承租人**，承租人享有**同等**条件**优先购买权**。

（2）下列情形承租人**不得**行使优先购买权：

①房屋**按份共有人**行使优先购买权；

②出租人将房屋出卖给**近亲属**。

【提示】近亲属包括配偶、父母、子女、兄弟姐妹、（外）祖父母、（外）孙子女。

（3）下列情形**视为承租人放弃优先购买权**：

①出租人履行通知义务后，承租人在 **15 日内**未明确表示购买的视为放弃；

②出租人委托拍卖人拍卖租赁房屋的，应当在拍卖 **5 日前**通知承租人，承租人未参加拍卖的视为放弃。

（4）优先权被损害：如果出租人侵害了承租人的优先购买权，承租人可以请求出租人承担赔偿责任。但是，出租人与第三人签订的**房屋买卖合同的效力不受影响**。

▶ 很会考 ▶

租赁合同属于非常重要的考点，客观题、主观题均有涉及。主观题中曾单独以租赁合同为背景考查简答题，也曾与其他法条结合考查综合题。考生需注意掌握房屋租赁中承租人优先购买权和买卖不破租赁的知识点。考生在学习时一定要注重理解，掌握真题曾出现的法条，做到活学活用。

## 趁热答题

**例 5-29·简答题（2021 年）** 2021 年 1 月 10 日，出租人刘某和承租人王某签订房屋租赁合同，约定租赁期限为 30 年，第一年租金为 2 万元，从第二年起租金按一定比例逐年增加。次日，王某搬入该房屋。2021 年 4 月，刘某将该房屋出售给张某并办理了房屋产权转移登记。张某随后要求王某搬离该房屋，王某以租赁期限尚未届满为由拒绝。2021 年 5 月，王某向刘某表示自己愿意购买该房屋，以刘某侵犯其承租人的优先购买权为由，主张刘某与张某之间的房屋买卖合同无效。

要求：根据上述资料和合同法律制度的规定，不考虑其他因素，回答下列问题。

（1）刘某和王某对房屋租赁期限的约定，是否符合法律规定？简要说明理由。

（2）张某要求王某搬离该房屋，是否符合法律规定？简要说明理由。

（3）王某主张刘某与张某之间的房屋买卖合同无效，是否符合法律规定？简要说明理由。

**答案**

（1）不符合法律规定。根据规定，租赁期限不得超过 20 年，超过 20 年的，超过部分无效。本题中，约定租赁期限为 30 年，其中 20 年有效，超出的 10 年无效。

（2）不符合法律规定。根据规定，租赁房屋在租赁期间发生所有权变动，承租人请求房屋受让人继续履行原租赁合同的，人民法院应予支持。本题中，在租赁期限内，出租人刘某将房屋转让给了张某，但是租赁合同仍然有效，因此，张某无权要求承租人王某搬离该房屋。

（3）不符合法律规定。根据规定，出租人未通知承租人或者有其他妨害承租人行使优先购买权情形的，承租人可以请求出租人承担赔偿责任。但是，出租人与第三人订立的房屋买卖合同的效力不受影响。因此，承租人王某可以请求出租人刘某承担赔偿责任，但是刘某和张某之间的房屋买卖合同是有效的。

## 考点 23 融资租赁合同（★★）

**考频** 2023 年多选题；2022 年综合题；2021 年单选题

**靶心考点精讲**

### （一）融资租赁合同概述

（1）融资租赁合同的出租人须是从事融资租赁业务的租赁公司或者其他经过批准兼营租赁业务的公司；

（2）当事人以虚构租赁物方式订立的融资租赁合同无效；

（3）融资租赁合同应当采用书面形式。

### （二）当事人的权利义务

| 项目 | 具体规定 |
| --- | --- |
| 维修义务 | 承租人应当履行占有租赁物期间的维修义务。<br>【链接】租赁合同中，出租人承担维修义务 |
| 租赁物造成第三人损失 | 承租人占有租赁物期间，租赁物造成第三人的人身伤害或财产损害的，出租人不承担责任 |
| 租赁物不符合约定或使用目的 | 租赁物不符合约定或者不符合使用目的的，出租人不承担责任，但承租人依赖出租人的技能确定租赁物或者出租人干预选择租赁物的除外 |

续表

| 项目 | 具体规定 |
|------|---------|
| 合同解除 | 承租人未经出租人同意，将租赁物转让、抵押、质押、投资入股或者以其他方式处分的，出租人可以解除合同 |

### (三) 租赁物的归属

(1) 在融资租赁期间，出租人享有租赁物的所有权，但未经登记，不得对抗善意第三人。

(2) 出租人和承租人可以约定租赁期间届满租赁物的归属。对租赁物的归属没有约定或者约定不明确的，可以协议补充，不能达成补充协议，按照合同有关条款或者交易习惯确定。仍不能确定的，租赁物的所有权归出租人。

【记忆技巧】当事人约定租赁期间届满租赁物归承租人所有，承租人已经支付大部分租金，但无力支付剩余租金，出租人因此解除合同收回租赁物的，收回的租赁物价值超过承租人欠付的租金以及其他费用的，承租人可请求相应返还。

【提示】当事人约定租赁期限届满，承租人仅需向出租人支付象征性价款的，视为约定的租金义务履行完毕后租赁物的所有权归承租人。

**趁热答题**

|例 5-30·单选题（2021 年）| 甲公司与乙公司签订大型机械设备融资租赁合同，合同约定：根据乙公司的选择，甲公司向丙公司订购一台大型机械设备，出租给乙公司使用，乙公司向甲公司支付租金。下列关于甲公司权利义务的表述中，正确的是（　　）。

A. 乙公司占有机械设备期间，甲公司履行该机械设备的维修义务

B. 乙公司占有机械设备期间，该机械设备造成第三人人身伤害的，甲公司承担责任

C. 甲公司要求丙公司变更订购的机械设备型号，无须经乙公司同意

D. 在租赁期间内，甲公司享有该机械设备的所有权

(解析) 本题考查融资租赁合同。融资租赁期间，机械设备的维修义务由承租人乙公司承担，选项 A 错误。在融资租赁合同中，承租人占有租赁物期间，租赁物造成第三人的人身伤害或者财产损失的，出租人（甲公司）不承担责任，选项 B 错误。出租人根据承租人对出卖人、租赁物的选择订立的买卖合同，未经承租人同意，出租人不得变更与承租人有关的合同内容，选项 C 错误。在融资租赁期间，出租人（甲公司）享有租赁物的所有权，选项 D 正确。

(答案) D

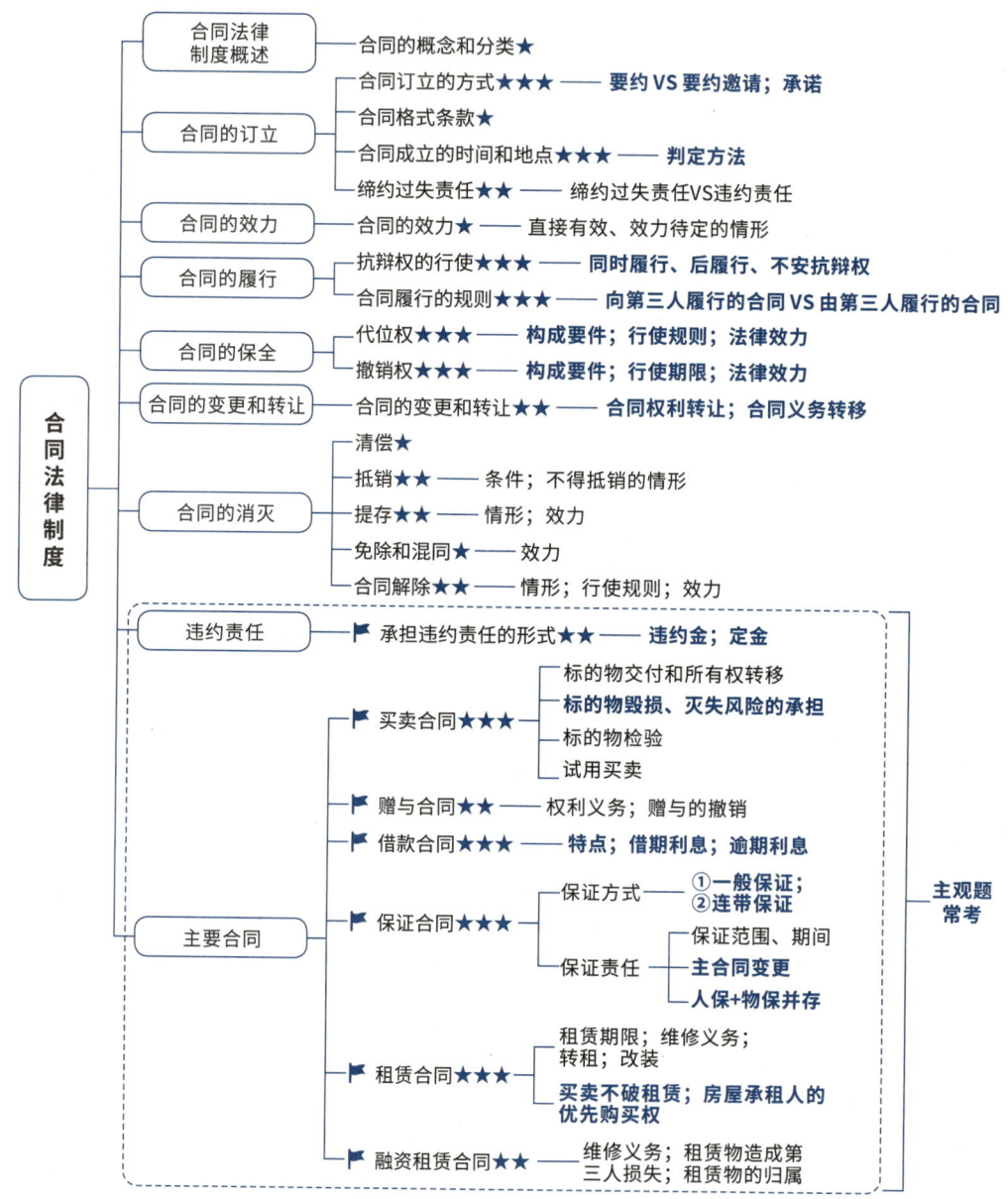

# 第六章　金融法律制度

> 轻装上阵

## 考情驿站

本章属于重点章节，考点较多，难度较大。本章主要介绍《票据法》《证券法》《保险法》和《信托法》的内容。其中，《票据法》的内容属于重要考点，各题型均会涉及，考查得比较灵活，考生通过画图理清关系后再做题能够事半功倍。《保险法》相关内容在客观题和主观题中都会出现，学习时要把主要精力放在对核心要点的理解上，切忌死记硬背。《证券法》《信托法》的内容比较难理解，但考试要求简单，主要以客观题形式考查。考生学习本章时要分清主次，抓大放小，主要攻克《票据法》和《保险法》的知识。近三年考试分值都在18分左右。

## 考点地图

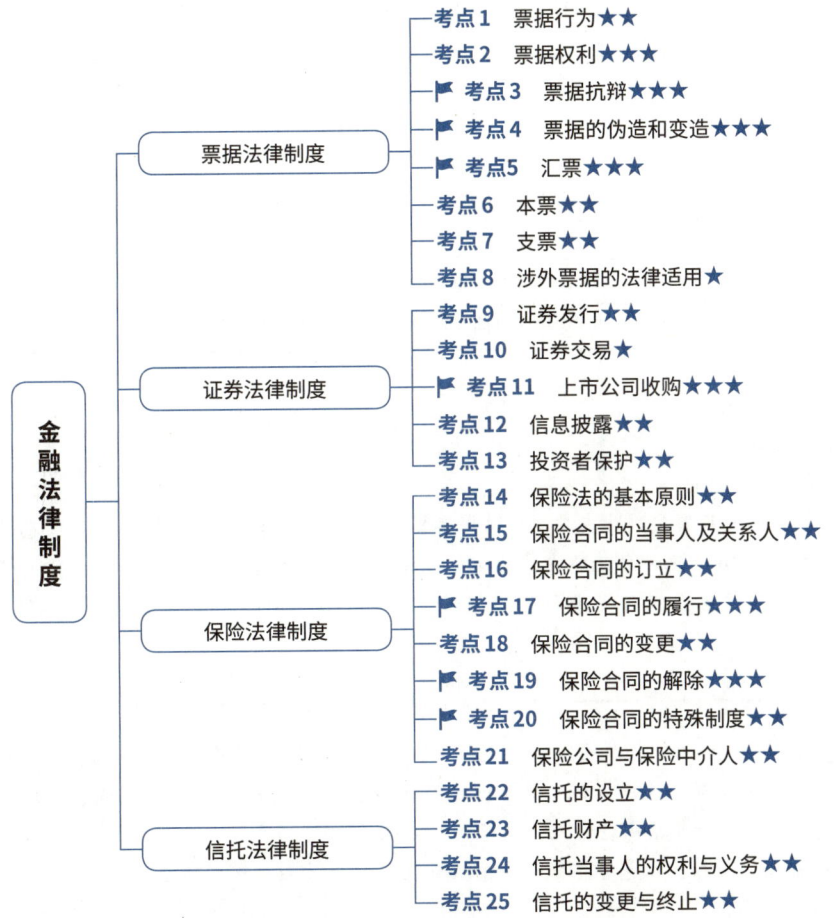

金融法律制度
- 票据法律制度
  - 考点1　票据行为★★
  - 考点2　票据权利★★★
  - 考点3　票据抗辩★★★
  - 考点4　票据的伪造和变造★★★
  - 考点5　汇票★★★
  - 考点6　本票★★
  - 考点7　支票★★
  - 考点8　涉外票据的法律适用★
- 证券法律制度
  - 考点9　证券发行★★
  - 考点10　证券交易★
  - 考点11　上市公司收购★★★
  - 考点12　信息披露★★
  - 考点13　投资者保护★★
- 保险法律制度
  - 考点14　保险法的基本原则★★
  - 考点15　保险合同的当事人及关系人★★
  - 考点16　保险合同的订立★★
  - 考点17　保险合同的履行★★★
  - 考点18　保险合同的变更★★
  - 考点19　保险合同的解除★★★
  - 考点20　保险合同的特殊制度★★
  - 考点21　保险公司与保险中介人★★
- 信托法律制度
  - 考点22　信托的设立★★
  - 考点23　信托财产★★
  - 考点24　信托当事人的权利与义务★★
  - 考点25　信托的变更与终止★★

## 2024 年本章主要变化

本章变动较大，对考试有较大影响，考生需关注新增和调整部分，具体变动如下：
（1）票据法部分新增"电子商业汇票"相关内容；
（2）证券法部分按照新政策调整了"股票首次公开发行的具体条件""上市公司发行股票的条件""公开发行证券的注册程序"，以及"证券上市"的相关规定。

## 考点速递

### 第一节 票据法律制度

#### 考点1 票据行为（★★）

考频 2022年简答题

**（一）票据行为成立的有效条件**

| 条件 | 具体规定 |
| --- | --- |
| 行为人具有从事票据行为的能力 | **无民事行为能力人**或**限制民事行为能力人**在票据上签章的，其签章**无效**，但是不影响其他签章的效力 |
| 意思表示真实无缺陷 | 以**欺诈、偷盗或胁迫**等手段取得票据的，或者**明知**有前列情形，出于**恶意**取得票据的，**不得享有**票据权利 |
| 内容合法 | 票据行为本身必须合法 |
| 形式合法 | 签章及票据记载事项均符合法定形式 |

**通关文牒**

▶ 很好懂 ▶

**举例1** A向B签发转账支票，B取得票据后背书转让给C，C取得票据后因患精神病而丧失了民事行为能力，此时C又将支票背书转让给了<u>不知情</u>的D以支付购货款，D又背书转让给了E。最后，E依法向银行提示付款被拒绝，E可以找ABD，但<u>不能找C</u>。票据关系如下图所示：

A —签发→ B —背书→ C（无民事行为能力人）—背书→ D —背书→ E

**举例2** A以B为收款人签发一张支票，B受C的欺诈而背书转让给了C。此时的C属于恶意取得票据，不能享有票据权利。如果付款银行知悉C为恶意持票人，有权利拒绝付款；如果C向B（收款人）行使票据追索权，B有权利拒绝承担票据责任；如果C向A（知悉C恶意持票）行使票据追索权，A也可拒绝承担票据责任。票据关系如下图所示：

A —签发→ B —背书→ C（以欺诈手段取得票据）

## (二) 签章

1. 符合法定形式的签章

(1) 自然人签章：本人的签名或盖章。

(2) 单位签章：**单位签章（财务专用章/公章）+法定代表人或其授权的代理人的签名或盖章**。

【提示】盖公章与盖财务专用章具有**同等**法律效力。

(3) 银行签章：银行汇票（本票）专用章+其法定代表人或授权代理人的签名或盖章。

2. 签章不符合规定的法律后果

| 情形 | 法律后果 |
| --- | --- |
| 出票人签章不符合规定 | 票据无效 |
| 承兑人、保证人签章不符合规定 | 签章无效，但不影响其他符合规定签章的效力 |
| 无民事行为能力人、限制民事行为能力人签章 | |
| 背书人签章不符合规定 | 签章无效，但不影响其前手符合规定签章的效力 |

▶ 很好懂 ▶

关于"签章不符合规定的法律后果"，考生可以这样理解：

(1) 出票人签章是票据的"绝对记载事项"，票据缺少绝对记载事项的无效；

(2) 承兑人、保证人签章是承兑和保证的绝对记载事项，缺少该签章，其承兑行为和保证行为无效，但出票人的签章符合规定，则不影响票据效力；

(3) 背书人签章不符合规定，会导致背书行为无效，仅不影响其前手符合规定的签章，后手的签章即使符合规定也无效。

## (三) 记载合法

| 项目 | | 具体规定 |
| --- | --- | --- |
| 票据的记载事项 | 绝对必要记载事项 | 未记载该类事项的，票据行为无效 |
| | 相对必要记载事项 | 未记载该类事项的，票据行为仍然有效，但须依照法律规定决定相应事项 |
| | 任意记载事项 | 未记载该类事项的，不发生相应的法律效果；记载该类事项的，依照记载发生《票据法》上的效力 |
| | 不生票据上效力记载事项 | 不具有票据上的效力，但在直接当事人间发生其他法律上的效力 |
| | 无益记载事项 | 不发生任何法律效力 |
| | 有害记载事项 | 禁止记载，一旦记载会导致票据行为无效 |
| 记载规定 | | (1) 票据**金额大小写必须一致**，**不一致**的票据**无效**；<br>(2) 票据的**金额、日期、收款人名称不得更改**，**更改**的票据**无效** |

## 通关文牒

**▶ 速提分 ▶**

票据的记载事项属于客观题高频考点，具体总结如下表所示：

| 记载事项 | 内容 | 汇票 | 本票 | 支票 |
|---|---|---|---|---|
| 绝对事项 | 表明"××"的字样 | √ | √ | √ |
|  | 无条件支付的委托/承诺 | √ | √ | √ |
|  | 确定的金额 | √ | √ | √（允许授权补记） |
|  | 付款人名称 | √ | × | √ |
|  | 收款人名称 | √ | √ | ×（允许授权补记） |
|  | 出票日期 | √ | √ | √ |
|  | 出票人签章 | √ | √ | √ |
| 相对事项 | 付款日期 | √ | × | × |
|  | 付款地 | √ | √ | √ |
|  | 出票地 | √ | √ | √ |

**趁热答题**

|例 6-1·单选题（2020 年）| 赵某收到一张支票，发现记载金额的中文大写和数码不一致。根据票据法律制度的规定，下列关于该支票效力的表述中，正确的是（  ）。
 A. 支票有效，以数码记载为准   B. 支票有效，以中文大写记载为准
 C. 支票无效           D. 将支票金额更改一致后支票有效

（解析）本题考查票据行为。票据金额以中文大写和数码同时记载，两者必须一致，两者**不一致**的，**票据无效**。

（答案）C

## 考点 2　票据权利（★★★）

 2022 年判断题；2021 年单选题

### （一）票据权利的取得和补救

| 项目 | | 具体规定 |
|---|---|---|
| 权利取得 | 取得方式 | (1) 出票取得；<br>(2) 转让取得；<br>(3) 通过税收、继承、赠与、企业合并等方式取得 |
|  | 取得规定 | (1) 必须给付**对价**；<br>(2) 因**税收**、**继承**、**赠与**取得，不受给付对价的限制，但票据权利**不得优于前手**；<br>(3) 因**欺诈**、**偷盗**、**胁迫**、**恶意**取得票据或因重大过失取得不符合法律规定的票据的，**不得享有票据权利** |

续表

| 项目 | | | 具体规定 |
|---|---|---|---|
| 权利补救 | 挂失止付 | 适用范围 | **已承兑**的商业汇票、**支票**、填明"**现金**"字样和代理付款人的银行汇票、填明"**现金**"字样的银行本票 |
| | | 程序 | （1）失票人应当在挂失止付后 **3 日**内，依法向法院申请公示催告或提起普通诉讼，也可以在票据丧失后直接向法院申请公示催告或提起普通诉讼；<br>（2）若付款人或代理付款人自收到挂失止付通知书之日起 **12 日**内未收到人民法院的止付通知的，自第 13 日起，挂失止付通知书失效 |
| | 公示催告 | 适用范围 | **可以背书转让**的票据 |
| | | 程序 | （1）审查：人民法院受理公示催告申请的，同时通知支付人停止支付；认为不符合受理条件的，7 日内裁定驳回。<br>（2）公告：法院在受理公示催告的申请后，于 3 日内发出公告，催促利害关系人申报权利。<br>（3）期间：公示期间不得少于 **60 日**，且公示催告期间届满日不得早于票据付款日后 **15 日** |
| | 普通诉讼 | 概念 | 丧失票据的失票人向法院提起民事诉讼，要求法院判定付款人于票据到期日或判决生效后支付或清偿票据金额的活动 |
| | | 注意事项 | （1）被告一般为付款人，也可以是其他票据债务人；<br>（2）失票人向法院起诉时，法院根据案件具体情况决定当事人是否应当提供担保以及担保的数额 |

▶ 很好懂 ▶

考生可以通过以下例子，对"不得优于前手"加以理解：

（举例）A 与 B 之间签订了 10 万元的买卖合同，B 向 A 发货（但 B 交付一批**假货**给 A），A 向 B 付款。A 向 B 签发了一张支票，但是 B 取得支票后死亡，C 继承了 B 的支票。那么 C 所享有的票据权利**不得优于其前手**B。因**欺诈**、偷盗、胁迫、恶意或者重大过失而取得票据的，**不得享有票据权利**。票据关系如下图所示：

A —合同纠纷→ B —继承→ C

### （二）票据权利的消灭

票据权利**不行使而消灭的期限**：

（1）持票人对票据的**出票人**和**承兑人**的权利，自票据**到期日起 2 年**；**见票即付**的汇票和**本票**，自**出票日起 2 年**。

（2）持票人对**支票**出票人的权利，自**出票日起 6 个月**。

（3）持票人对前手（**不包括出票人**）的**首次追索权**，自被拒绝承兑或者被拒绝付款之日起 **6 个月**。

（4）持票人对前手（**不包括出票人**）的**再追索权**，自清偿日或者被提起诉讼之日起 **3 个月**。

## 通关文牒

▶ 速提分 ▶

关于票据权利的消灭，具体总结如下表所示：

| 票据 | 对象 | 起算点 | 期限 |
|---|---|---|---|
| 远期商业汇票 | 出票人、承兑人 | 到期日 | 2年 |
| 银行汇票、本票、见票即付的商业汇票 | 出票人 | 出票日 | 2年 |
| 支票 | 出票人 | 出票日 | 6个月 |
| 追索权 | 前手（不包括出票人） | 被拒绝承兑或者被拒绝付款日 | 6个月 |
| 再追索权 | 前手（不包括出票人） | 清偿日或者被提起诉讼日 | 3个月 |

## 趁热答题

**例6-2·单选题（2014年）** 甲公司于2012年2月10日签发一张汇票给乙公司，付款日期为同年3月20日。乙公司将该汇票提示承兑后背书转让给丙公司，丙公司又将该汇票背书转让给丁公司。丁公司于同年3月23日向承兑人请求付款时遭到拒绝。根据《票据法》的规定，丁公司向甲公司行使追索权的期限是（　　）。

A. 自2012年2月10日至2014年2月10日
B. 自2012年3月20日至2014年3月20日
C. 自2012年3月23日至2012年9月23日
D. 自2012年3月23日至2012年6月23日

**解析** 本题考查汇票行使追索权的期限。持票人对票据的出票人和承兑人的权利（包括付款请求权和追索权），自票据到期日起2年内不行使而消灭。本题中，丁公司向出票人甲公司行使追索权，付款日期为2012年3月20日即票据的到期日，则行使追索权的期限自2012年3月20日至2014年3月20日。

**答案** B

## 考点3　票据抗辩（★★★）

**考频** 2022年简答题；2021年简答题

靶心考点精讲

### （一）对物抗辩

1. 概念

对物抗辩，是指基于**票据本身**存在的事由而发生的抗辩，这一抗辩可以**对抗任何持票人**。

2. 可抗辩的情形

（1）**票据行为不成立**：

①票据应记载的**内容有欠缺**；

②票据债务人无行为能力；

③无权代理或超越代理权进行票据行为；

④票据上有禁止记载的事项；

⑤背书不连续；

⑥持票人的票据权利有瑕疵等。

（2）依票据记载不能提出请求，如票据未到期、付款地不符等。

（3）票据载明的权利已消灭或已失效。

（4）票据权利的保全手续欠缺。

（5）票据上有伪造、变造情形。

## （二）对人抗辩

1. 概念

对人抗辩，是指票据债务人对抗特定债权人的抗辩，这一抗辩多与票据的基础关系有关。

2. 可抗辩的情形

（1）票据债务人可以对不履行约定义务的与自己有直接债权债务关系的持票人进行抗辩。但如果该票据已被不履行约定义务的持票人转让给第三人，而该第三人属善意、已对价取得票据的持票人，则票据债务人不能对其进行抗辩。

（2）持票人因税收、继承、赠与依法无偿取得票据的，由于其享有的权利不能优于其前手，故票据债务人可以对持票人前手的抗辩事由对抗该持票人。

3. 不可抗辩的情形

（1）票据债务人不得以自己与出票人之间的抗辩事由对抗持票人，但持票人明知存在抗辩事由而取得票据的除外；（主观题高频考点）

（2）票据债务人不得以自己与持票人的前手之间的抗辩事由对抗持票人，但持票人明知存在抗辩事由而取得票据的除外；（主观题高频考点）

（3）凡是善意的、已付对价的正当持票人可以向任何票据债务人请求付款，不受其前手权利瑕疵和前手相互间抗辩的影响。

> **通关文牒**
>
> ▶ 很好懂 ▶
>
> 票据抗辩中的"对人抗辩"属于高频考点，在客观题和主观题中都会出现，考生一定要掌握。考生可以通过以下例子，对该考点加以理解：
>
> 举例1 甲公司购买乙公司一批存货，签发一张以A银行为付款人的汇票交给乙公司，乙公司交付一批假货给甲公司。如果乙公司找甲公司行使追索权，甲公司（票据债务人）可以对不履行约定义务（乙交"假货"）的与自己有直接债权债务关系的持票人乙公司进行抗辩。注意此理由只在直接前后手之间适用。票据关系如下图所示：
>
> 甲（出票人）——合同纠纷——→ 乙（持票人）

**举例2** 甲公司购买乙公司一批存货，货款未付。此时乙公司又向丙公司购买一批原材料，随即乙公司与甲公司约定签发一张以甲公司为承兑人的商业承兑汇票交付给丙公司。付款期限内，丙公司找甲公司付款，但是甲公司发现，乙公司的存货，存在严重的质量问题。此时甲公司（票据债务人）不得以自己与乙公司（出票人）之间的抗辩事由对抗丙公司（持票人）。

乙（出票人）——→丙（持票人）
              ↓
           甲（承兑人）

**举例3** 甲公司与乙公司签订一份买卖合同，约定采用见票即付的商业汇票支付货款，乙公司以自己为付款人签发汇票并交付给甲公司。因甲公司欠丙公司货款，故甲公司将该汇票背书转让给丙公司，丙公司对甲公司未供货不知情。丙公司持票向乙公司行使付款请求权时，乙公司（票据债务人）不得以自己与持票人的前手之间的抗辩事由（以甲公司未供货为由）对抗丙公司（持票人）。票据关系如下图所示：

乙（出票人）—合同纠纷→甲—背书转让→丙（持票人）

该案例中的抗辩不成立。票据债务人不得以自己与持票人的前手之间的抗辩事由对抗持票人，但持票人明知存在抗辩事由而取得票据的除外。本例中，丙公司对甲公司未供货不知情，故票据债务人乙公司不能对其（持票人丙公司）进行抗辩。

### 考点4 票据的伪造和变造（★★★）

靶心考点精讲

**考频** 2022年简答题；2021年判断题

票据的伪造，是指假冒他人名义或虚构人的名义而进行的票据行为，包括票据本身的伪造和票据上签章的伪造。票据的变造，是指无权更改票据内容的人，对票据上签章以外的记载事项加以变更的行为。二者具体的区别如下表所示：

| 项目 | | 具体规定 |
| --- | --- | --- |
| 票据伪造 | 被伪造人 | 不承担票据责任 |
| | 伪造人 | 不承担票据责任。但是，如果伪造人的行为给他人造成损失的，必须承担民事责任；构成犯罪的，还应承担刑事责任 |
| | 其他真实签章人 | 承担票据责任 |
| 票据变造 | （1）当事人签章在变造之前，按原记载内容负责；<br>（2）当事人签章在变造之后，按变造后的记载内容负责；<br>（3）无法辨别是在票据被变造之前或之后签章的，视同在变造之前签章 | |

**趁热答题**

**例6-3·简答题（2022年）** 2021年1月10日，甲公司为支付货款向乙公司签发并承兑了一张汇票，到期日为2021年4月10日。乙公司财务人员张某因工作失误而丢失该张汇票。张某因担心受到处分，并未将该情况报告乙公司。

2021年1月15日，赵某捡到该汇票，伪造乙公司签章将该汇票背书转让给丙公司，以偿还赵某欠丙公司的货款。丙公司要求提供担保，赵某拟以其担任法定代表人的丁公司为保证人，经丁公司股东会决议同意，并在汇票上记载"保证"字样，在签章时仅加盖丁公司财务专用章。

2021年2月10日，丙公司为支付货款将该汇票背书转让给戊公司。

2021年4月11日，戊公司向甲公司提示付款。甲公司发现乙公司的签章系伪造，以此为由拒绝付款。戊公司随后向丙公司追索，丙公司发现汇票上的金额被变造，变造前的金额为80 000元，变造后的金额为180 000元，且无法辨别丙公司签章时间与汇票变造时间的先后，丙公司仅愿意按照80 000元承担票据责任。

要求：根据上述资料和票据法律制度的规定，不考虑其他因素，回答下列问题。

（1）丁公司在该汇票上的签章是否符合法律规定？简要说明理由。
（2）甲公司以乙公司的签章系伪造为由拒绝付款，是否符合法律规定？简要说明理由。
（3）丙公司仅愿意按照80 000元承担票据责任，是否符合法律规定？简要说明理由。

【答案】
（1）丁公司在该汇票上的签章不符合法律规定。根据规定，法人和其他使用票据的单位在票据上的签章，应该是该法人或者该单位的盖章并加上法定代表人或者其授权的代理人的签章。本题中，在签章时仅加盖丁公司财务专用章，而没有法定代表人或其授权的代理人的签章，所以不符合法律规定。

（2）甲公司以乙公司的签章系伪造为由拒绝付款不符合法律规定。根据规定，票据上有伪造签章的，不影响其他真实签章的效力。本题中，虽然乙公司签章被伪造，但甲公司的签章是真实的，因此，甲公司仍然要承担票据责任。

（3）丙公司仅愿意按照80 000元承担票据责任符合法律规定。根据规定，无法辨别是在票据被变造之前或之后签章的，视同在变造之前签章。本题中，丙公司无法辨别其签章时间与汇票变造时间的先后，则视同在变造前签章，变造前的金额为80 000元，所以丙公司可以按此金额承担票据责任。

## 考点5 汇票（★★★）

**考频**：2023年单选题、判断题；2022年单选题、综合题；2021年判断题、简答题

### （一）汇票的分类

| 标准 | | 具体规定 |
|---|---|---|
| 依出票人的不同 | 银行汇票 | （1）银行汇票是出票银行签发（付款人为出票银行），由其在见票时按照实际结算金额无条件支付给收款人或者持票人的票据；<br>（2）银行汇票可以用于转账，填明"现金"字样的银行汇票也可以用于支取现金；<br>（3）银行汇票的提示付款期限自出票日起1个月 |
| | 商业汇票 | （1）按承兑人的不同，可分为银行承兑汇票和商业承兑汇票。<br>（2）商业汇票的出票人为银行以外的企业或其他组织；其付款人可以是银行，也可以是银行以外的企业或其他组织。<br>【提示】由银行承兑的，称为银行承兑汇票；由银行以外的付款人承兑的，称为商业承兑汇票。商业汇票的付款期限，自出票日起最长不得超过6个月；商业汇票的提示付款期限，自汇票到期日起10日 |

续表

| 标准 | | 具体规定 |
|---|---|---|
| 依汇票到期日的不同 | 即期汇票 | 见票即付的汇票、到期日与出票日相同的汇票、未记载到期日的汇票 |
| | 远期汇票 | 定日付款汇票、出票后定期付款汇票、见票后定期付款汇票 |

### （二）汇票的出票

| 项目 | | 具体规定 |
|---|---|---|
| 绝对记载事项 | | (1) 无条件支付的委托（商业汇票）/无条件支付的承诺（银行汇票）；<br>(2) 收款人名称；<br>(3) 付款人名称；<br>(4) 确定的金额；<br>(5) 出票日期；<br>(6) 出票人签章；<br>(7) 表明"汇票"的字样 |
| 相对应记载项 | 付款日期 | 未记载的，视为见票即付。<br>【链接】支票不得另行记载付款日期，另行记载付款日期的，该记载无效 |
| | 付款地 | 未记载付款地的，以付款人的营业场所、住所或者经常居住地为付款地。<br>【链接】<br>(1) 支票的付款地为付款人营业场所；<br>(2) 本票的付款地为出票人营业场所 |
| | 出票地 | 未记载出票地的，以出票人的营业场所、住所或者经常居住地为出票地。<br>【链接】本票的出票地为出票人营业场所 |

**趁热答题**

**|例 6-4·单选题（2023 年）|** 根据票据法律制度的规定，票据在出票时记载的情形，导致汇票无效的是（　　）。

A. 丙公司出票时未记载付款地　　B. 乙公司出票时未记载付款日期
C. 丁公司出票时记载不得背书转让　　D. 甲公司出票时记载验收合格后付款

**解析** 本题考查汇票的出票。汇票出票时未记载付款地的，以付款人的营业场所、住所或者经常居住地为付款地，选项 A 的汇票有效。汇票未记载付款日期的，视为见票即付，选项 B 的汇票有效。出票人在汇票上记载"不得转让"字样，该汇票不得转让，但汇票有效，选项 C 的汇票有效。汇票必须记载下列事项：(1) 表明"汇票"的字样；(2) 无条件支付的委托（选项 D）；(3) 确定的金额；(4) 付款人名称；(5) 收款人名称；(6) 出票日期；(7) 出票人签章。汇票上未记载前款规定事项之一的，汇票无效。选项 D，甲公司出票时记载验收合格后付款，未记载无条件支付的委托，导致汇票无效。因此，选项 D 正确。

**答案** D

## (三) 汇票的背书

| 项目 | 具体规定 |
|---|---|
| 绝对记载事项 | (1) 背书人签章；<br>(2) 被背书人名称（背书人未记载被背书人名称即将票据交付他人的，持票人在被背书人栏内记载自己的名称与背书人记载具有同等法律效力）。<br>【提示】电子商业汇票的转让背书必须记载背书人名称、被背书人名称、背书日期、背书人签章四项内容 |
| 相对记载事项 | 背书日期（背书未记载日期的，视为在票据到期日前背书） |
| 背书连续 | 形式上连续，即前一手背书的被背书人是后一手背书的背书人。<br>【提示】如果背书不连续，付款人可以拒绝向持票人付款，否则付款人自行承担责任 |
| 条件背书 | 背书不得附有条件，背书附有条件的，所附条件不具汇票上的效力 |
| 部分背书 | 背书行为无效。<br>【提示】由于电子商业汇票的出票人可以签发以标准金额票据（0.01元）组成的票据包（票据包金额与子票区间相对应，票据包金额=子票区间×标准金额），持票人若持有的票据是票据包的，可将持有的票据包按实际金额分包使用，即可以部分背书，进行分包背书转让 |
| 限制背书 | (1) 出票人记载"不得转让"字样，票据不得背书转让；<br>(2) 背书人在汇票上记载"不得转让"字样，其后手再背书转让的，原背书人对后手的被背书人不承担保证责任，其只对直接的被背书人承担责任 |
| 期后背书 | 被拒绝承兑、被拒绝付款或者超过付款提示期限，不得背书转让；背书转让的，背书人应当承担汇票责任 |
| 质押背书 | 出质人应当在汇票上记载"质押"等字样并签章。如果出质人在汇票上只记载了"质押"等字样而未在票据上签章的，或者出质人未在汇票或粘单上记载"质押"等字样而另行签订质押合同、质押条款的，不构成汇票质押 |

▶ 速提分 ▶

关于背书行为的效力如下表所示：

| 具体情形 | 背书的效力 |
|---|---|
| 未记载背书日期的，视为在票据到期日前背书 | 背书有效 |
| 背书人未记载被背书人名称即将票据交付他人的，持票人在被背书人栏内记载自己的名称 | |
| 背书人在汇票上记载"不得转让"字样，其后手再背书转让的 | |
| 附条件的背书 | |
| 背书人未签章的 | 背书无效 |
| 部分背书 | |
| 出票人在汇票上记载"不得转让"字样，收款人再背书转让（包括贴现）的 | |
| 质押背书的被背书人再行转让背书或者质押背书的 | |

### 趁热答题

**例 6-5·单选题（2023 年）** 根据票据法律制度的规定，下列关于汇票背书的表述中，正确的是（　）。

A. 背书附条件的，所附条件具有汇票上的效力
B. 出票人在汇票上记载"不得转让"字样，该汇票不得转让
C. 背书记载"委托收款"字样的，被背书人取得票据权利
D. 被拒绝承兑的汇票背书转让的，背书人不承担汇票责任

**解析** 本题考查汇票的背书。背书时附有条件的，所附条件不具有汇票上的效力，选项 A 错误。如果出票人在汇票上记载"不得转让"字样，则该汇票不得转让，选项 B 正确。委托收款背书，被背书人只是代理人，而未取得票据权利，背书人仍是票据权利人，选项 C 错误。被拒绝承兑的汇票属于法定禁止背书的情形，如果背书人将此类汇票以背书方式转让的，应当承担汇票责任，选项 D 错误。

**答案** B

### （四）汇票的承兑（仅适用商业汇票）

| 适用范围 | | 具体规定 |
| --- | --- | --- |
| **提示期限** | 见票即付 | **无须**提示承兑 |
| | 定日付款 | **到期日前** |
| | 出票后定期付款 | |
| | **见票后定期付款** | **自出票日起 1 个月内** |
| 法律效力 | | (1) 汇票一经承兑，承兑人即成为汇票的主债务人（出票人也是主债务人）；<br>(2) 持票人即使未按期提示付款或依法取证，也不丧失对承兑人的追索权 |

### 趁热答题

**例 6-6·单选题（2022 年）** 根据票据法律制度的规定，下列关于汇票承兑行为的表述中，正确的是（　）。

A. 出票后定期付款的汇票未按照法定期限提示承兑的，持票人丧失对其前手的追索权
B. 定日付款的汇票，持票人应当自出票日起一个月内向付款人提示承兑
C. 未记载付款日期的银行汇票必须提示承兑
D. 承兑附有条件的，所附条件不具有汇票上的效力

**解析** 本题考查汇票的承兑。定日付款的汇票，应当在到期日前提示承兑，选项 B 错误。未记载付款日期的银行汇票为见票即付，不需要提示承兑，选项 C 错误。付款人承兑汇票，不得附有条件，承兑附有条件的，视同拒绝承兑，选项 D 错误。选项 A 表述正确。

**答案** A

## (五) 汇票的保证

| 项目 | | 具体规定 |
|---|---|---|
| 记载事项 | 绝对记载事项 | "保证"字样+签章 |
| | 相对记载事项 | 被保证人名称、保证日期 |
| 未记载的法律后果 | 未记载被保证人的名称 | (1) **已承兑**的汇票,以**承兑人为被保证人**;<br>(2) **未承兑**的汇票,以**出票人为被保证人** |
| | 未记载保证日期 | 以**出票日期为保证日期** |
| 其他规定 | | (1) 保证不得**附条件**;附有条件的,不影响对汇票的保证责任(**条件无效,保证有效**)。<br>(2) 汇票的保证人和被保证人之间是**连带责任**关系 |

【提示】电子商业汇票的保证必须通过电子商业汇票系统办理,并记载下列事项:①表明"保证"的字样;②保证人名称;③保证人住所;④被保证人名称;⑤保证日期;⑥保证人签章。电子商业汇票获得承兑前,保证人作出保证行为的,被保证人为出票人;电子商业汇票获得承兑后、出票人将电子商业汇票交付收款人前,保证人作出保证行为的,被保证人为承兑人;出票人将电子商业汇票交付收款人后,保证人作出保证行为的,被保证人为背书人。

### 通关文牒

▶ 速提分 ▶

关于附条件的效力如下表所示:

| 具体情形 | 效力 |
|---|---|
| 出票附条件 | **票据无效** |
| 背书附条件 | 条件无效,背书有效 |
| 承兑附条件 | **视为拒绝承兑** |
| 保证附条件 | 条件无效,保证有效 |

### 趁热答题

**例6-7·简答题(2022年)** 2022年2月10日,甲公司为支付货款向乙公司签发了一张由丙公司承兑的汇票,汇款金额为80万元,到期日为2022年8月10日。2022年3月10日,乙公司为购买设备,将该汇票背书转让给丁公司,并请求戊公司提供保证。戊公司在汇票上注明"保证""被保证人为乙公司"以及"以乙公司付费为条件"后签章。

2022年3月25日,乙公司收到设备后发现不符合合同约定的标准,遂向丁公司发出解除合同的书面通知。2022年3月26日,丁公司为支付工程款将该汇票背书转让给己公司,并注明"不得转让"。2022年4月15日,己公司向庚公司采购一批原材料,合同约定发货后十日内付款,庚公司要求提供担保。己公司在该汇票上标明"质押"字样后背书给庚公司。庚公司发货十日后,己公司一直未付款。2022年8月11日,庚公司向丙公司提示付款,丙公司以资金不足为由,告知庚公司一个月后付款。庚公司遂向所有前手及戊公司发出追索通知。戊公司以乙公司未向其付费为由拒绝承担保证责任。丁公司以在汇票上注明"不得转让"为由拒绝承担票据责任。乙公司以与丁公司的合同已经解除为由拒绝承担票据责任。

要求：根据上述资料和票据法律制度的规定，不考虑其他因素，回答下列问题。

(1) 戊公司是否应当向庚公司承担保证责任？简要说明理由。

(2) 丁公司是否应当向庚公司承担票据责任？简要说明理由。

(3) 乙公司是否应当向庚公司承担票据责任？简要说明理由。

**〔解析〕** 本题考查汇票。票据关系如下图所示：

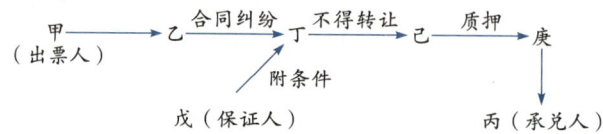

**〔答案〕**

(1) 戊公司应当向庚公司承担保证责任。根据规定，票据中的保证<u>不得附有条件</u>，如果附有条件，<u>所附条件无效</u>。本题中，戊公司在票据上注明"保证"并签章就应该承担票据上的保证责任，所附条件无效。

(2) 丁公司无须向庚公司承担票据责任。根据规定，背书人在汇票上记载"<u>不得转让</u>"字样，其后手再背书转让的，<u>原背书人对其后手的被背书人不承担责任</u>。本题中，背书人丁公司注明了"不得转让"，庚公司是丁公司的后手的被背书人，所以丁公司对庚公司不承担票据责任。

(3) 乙公司应当向庚公司承担票据责任。根据规定，票据债务人<u>不得以自己与持票人前手</u>的抗辩事由来对抗持票人。本题中，丁公司是庚公司的前手，票据债务人乙公司不得以自己与丁公司的抗辩事由来对抗持票人庚公司。

### （六）汇票的付款

| 项目 | | 具体规定 |
|---|---|---|
| 付款提示 | 提示付款期限 | 见票即付的汇票：自出票日起 **1 个月**内 |
| | | 远期汇票：自到期日起 **10 日**内 |
| | 法律后果 | 持票人未在规定期限内提示付款的，在作出说明后，<u>承兑人或付款人仍应当承担付款责任</u> |
| | 无须提示付款的情形 | (1) 付款人<u>拒绝承兑</u>，无须再为其提示；<br>(2) <u>票据丧失</u>，只能通过公示催告或普通诉讼来救济；<br>(3) 因<u>不可抗力</u>不能在规定期限提示，可直接行使追索权；<br>(4) 付款人或承兑人<u>主体资格消灭</u>，持票人无法提示 |
| 支付票款 | | 持票人向付款人进行付款提示后，付款人无条件地在当日按票据金额足额支付给持票人。<br>【提示】电子商业汇票的持票人应在提示付款期内通过电子商业汇票系统向承兑人提示付款。提示付款期自票据到期日起 10 日，最后一日遇法定休假日、大额支付系统非营业日、电子商业汇票系统非营业日顺延 |
| 付款的效力 | | 付款人依法足额付款后，全体汇票债务人的责任解除 |

## （七）汇票的追索权

| 事项 | | 具体规定 |
|---|---|---|
| 追索条件 | 实质条件 | （1）汇票到期被拒绝付款；<br>（2）汇票在到期日前被拒绝承兑；<br>（3）汇票到期日前，承兑人或者付款人死亡、逃匿；<br>（4）汇票到期日前，承兑人或付款人被依法宣告破产或因违法被责令终止业务活动 |
| | 形式条件 | （1）在法定提示期限提示承兑或提示付款；<br>（2）在不获承兑或不获付款时，在法定期限内作成拒绝证明。<br>【提示】持票人不能出示拒绝证明、退票理由书或未按规定期限提供其他合法证明的，丧失对其前手的追索权；但承兑人或出票人仍应承担付款责任 |
| 追索对象 | | （1）被追索人包括出票人、背书人、承兑人和保证人；<br>（2）持票人可以不按照汇票债务人的先后顺序，对其中任何一人、数人或者全体行使追索权；<br>（3）持票人对汇票债务人中的一人或者数人已经开始进行追索的，对其他汇票债务人仍然可以行使追索权 |
| 追索金额 | 首次追索 | （1）被拒绝付款的汇票金额；<br>（2）自到期日或者提示付款日起至清偿日止，按照中国人民银行规定的利率计算的利息；<br>（3）取得有关拒绝证明和发出通知书的费用 |
| | 再次追索 | （1）已清偿的全部金额及其利息；<br>（2）发出通知书的费用 |
| 追索通知 | | （1）持票人应当自收到被拒绝承兑或被拒绝付款的有关证明之日起 3 日内，将被拒绝事由书面通知其前手；其前手应当自收到通知之日起 3 日内书面通知其再前手。<br>（2）持票人未按照规定期限发出追索通知的，持票人仍可以行使追索权，但应当赔偿因迟延通知给被追索人造成的损失 |

## 考点 6　本票（★★）

考频　2021 年单选题

### （一）概述

1. 概念

本票是银行签发的，承诺自己在见票时无条件支付确定的金额给收款人或者持票人的票据（属于见票即付）。

2. 特征

（1）本票是自付证券。基本当事人有两个，即出票人和收款人，在出票人之外不存在独立的付款人，因为出票银行自己是付款人。

（2）本票无须承兑。

## (二) 出票

| 项目 | 具体规定 | |
|---|---|---|
| 出票人 | 银行 | |
| **绝对**记载事项 | (1) 表明"银行本票"的**字样**；<br>(2) 无条件支付的**承诺**；<br>(3) 确定的**金额**；<br>(4) **收款人**名称；<br>(5) **出票日期**；<br>(6) 出票人**签章**<br>【提示】绝对记载事项无付款人名称 | |
| **相对**记载事项 | 付款地 | 未记载的，以**出票人**的**营业场所**为付款地 |
| | 出票地 | 未记载的，以**出票人**的**营业场所**为出票地 |

## (三) 见票付款

(1) 银行本票是见票付款的票据，收款人或持票人在取得银行本票后，随时可以向出票人请求付款；

(2) 提示付款期限**自出票日**起最长不得超过 **2 个月**；

(3) 本票的持票人**未按规定期限提示本票**的，丧失对**出票人以外的前手**的追索权。

### 趁热答题

**例 6-8·单选题 (2021 年)** 根据票据法律制度的规定，下列关于本票的说法中，不正确的是 (    )。

A. 仅限于银行本票，且为记名本票
B. 本票自出票日起，最长的付款期限为 3 个月
C. 本票无须承兑
D. 无条件支付的承诺是本票的绝对记载事项之一

**解析** 本题考查本票。本票自出票日起，付款期限最长不得超过 **2 个月**。

**答案** B

## 考点 7 支票 (★★)

**考频** 2023 年多选题、综合题；2022 年综合题；2021 单选题

### (一) 概述

**1. 概念**

(1) 支票是出票人签发的，委托银行或者其他金融机构在**见票时无条件支付**一定金额给收款人或者持票人的票据；

(2) 支票的基本当事人有三个，即**出票人**、**付款人**、**收款人**。

**2. 种类**

(1) 现金支票：印有"现金"字样，只能用于支取现金。

(2) 转账支票：印有"转账"字样，只能用于转账，不得支取现金。
(3) **普通**支票：未印有"现金"或"转账"字样，可用于**支取现金**，也可**转账**。

【提示】普通支票用于转账时，应当在支票正面注明，即在普通支票左上角划两条平行线。该划线支票只能用于转账，不得支取现金。

### （二）出票

| 项目 | 具体规定 |
| --- | --- |
| 签发支票的条件 | (1) 开立账户；<br>(2) 存入足够支付的款项；<br>(3) 预留印鉴 |
| 绝对记载事项 | (1) 表明"**支票**"的字样；<br>(2) 无条件支付的**委托**；<br>(3) 确定的**金额**；<br>(4) **付款人**名称；<br>(5) **出票日期**；<br>(6) 出票人**签章**。<br>【提示】支票的绝对记载事项无收款人名称 |
| 相对记载事项 | 付款地：未记载的，付款地为**付款人**的**营业场所**<br>出票地：未记载的，出票地为**出票人**的**营业场所、住所地或经常居住地**（三选一） |
| **授权补记** | (1) 支票上的**金额**可以由出票人**授权补记**，未补记前的支票，不得使用；<br>(2) 支票上未记载**收款人名称**的，出票人可以授权收取支票的相对人补记，也可以由相对人再授权他人补记 |
| 签发要求 | 出票人签发支票金额不得超过**付款时**在付款人处实有的金额。**禁止签发空头支票**。<br>【提示】出题人易用"出票时、签发时、开具时"设置陷阱 |

### 趁热答题

**例 6-9 · 多选题（2023 年）** 根据票据法律制度的规定，下列关于支票出票的表述中，正确的有（　）。

A. 支票上的金额可以由出票人授权补记　　B. 出票人不得在支票上记载自己为收款人
C. 支票上记载付款日期的，该记载无效　　D. 未记载出票人签章的，无效

**解析** 本题考查支票的出票。支票上的金额可以由出票人授权补记，未补记前的支票，不得使用，选项 A 正确。出票人可以在支票上记载自己为收款人，选项 B 错误。支票限于见票即付，不得另行记载付款日期；另行记载付款日期的，该记载无效，选项 C 正确。出票人签章是支票出票的绝对记载事项，支票上未记载的，支票无效，选项 D 正确。

**答案** ACD

### （三）付款

**1. 见票即付**

支票限于**见票即付**，不得另行记载付款日期。**另行记载付款日期的，该记载无效**（而非支票本身无效）。

2. 提示付款期限

支票的持票人应当自**出票日起 10 日内**提示付款。超过提示付款期限提示付款的，付款人可以不予付款。付款人不予付款的，出票人仍应当对持票人承担票据责任。**持票人超过提示付款期限，并不丧失**对**出票人**的追索权，**出票人仍应当对持票人承担支付票款的责任。**

▶ 速提分 ▶

《票据法》里涉及很多时间，考生需要进行区分并理解记忆。

（1）提示承兑：见票即付和"银行"有关，不需要承兑。

（2）提示付款：主要需记住 2 个日期，即出票日起 1 个月内（特殊点：银行本票是 2 个月；支票是 10 日内）和到期日 10 日内。

（3）追索权：先区分向谁追索，再看是首次追索还是再追索。**出票人和承兑人**是票据的主债务人，因此，对他们的票据权利时效比较长，一般都是 2 年（特殊点：支票 6 个月）；**一般前手**的**首次追索权**是 6 个月，再追索权是 3 个月。

《票据法》中的主要时间如下表所示：

| 票据类型 | | 提示承兑 | 提示付款 | 对出票人、承兑人的追索权 | 对一般前手的追索权 | |
|---|---|---|---|---|---|---|
| | | | | | 首次追索权 | 再追索权 |
| 银行汇票 | | × | 自出票日起 **1 个月内** | 出票日起 **2 年** | 被拒绝承兑或拒绝付款之日起 **6 个月** | 清偿日或被起诉之日起 **3 个月** |
| 商业汇票 | 见票即付 | | | | | |
| | 定日付款 | 到期日前 | **到期日**起 10 日内 | 到期日起 **2 年** | | |
| | 出票后定期付款 | | | | | |
| | 见票后定期付款 | 自出票日起 **1 个月内** | | | | |
| 银行本票 | | × | 自出票日起不得超过 **2 个月** | 出票日起 **2 年** | | |
| 支票 | | × | 自出票日起 10 日内 | 出票日起 **6 个月** | | |

## 考点 8　涉外票据的法律适用（★）

| 项目 | | 适用法律 |
|---|---|---|
| 票据债务人的民事行为能力 | | 适用其本国法律 |
| 汇票、本票出票时的记载事项 | | 适用出票地法律 |
| 支票出票时的记载事项 | 当事人未约定 | 适用出票地法律 |
| | 经当事人协议 | 适用付款地法律 |
| 票据的背书、承兑、付款和保证行为 | | 适用行为地法律 |

续表

| 项目 | 适用法律 |
|------|----------|
| 票据追索权的行使期限 | 适用出票地法律 |
| 票据的提示期限、有关拒绝证明的方式、出具拒绝证明的期限 | 适用付款地法律 |
| 票据丧失时，失票人请求保全票据权利的程序 | 适用付款地法律 |

## 第二节　证券法律制度

### 考点9　证券发行（★★）

考频　2023年多选题；2022年多选题；2021年单选题、多选题、判断题

**（一）股票发行**

1. 公开发行和非公开发行

| 类型 | 具体规定 |
|------|----------|
| 公开发行 | （1）向**不特定对象**发行证券；（没有人数限制）<br>（2）向**累计超过200人的特定对象**发行证券，但依法实施员工持股计划的员工人数不计算在内（有人数限制，人数>200人） |
| 非公开发行 | 特定对象≤200人，**不得**采用广告、公开劝诱和变相公开方式 |

> **通关文牒**
>
> ▶ 速提分 ▶
>
> 区分公开发行和非公开发行时，**先看对象**，当向"不特定对象"发行时，没有人数上的要求，均属于公开发行；**再看人数**，当向特定对象发行时，只有人数超过200人，才属于公开发行。

2. 包销和代销

包销与代销的详细内容的对比如下表所示：

| 项目 | 包销 | 代销 |
|------|------|------|
| 概念 | 证券公司将发行人的证券按照协议全部购入或在承销期结束时将售后剩余的股票全部自行购入 | 证券公司代发行人发售证券，承销期结束，将未售出的股票**全部退还**给发行人 |
| 是否存在发行失败的可能 | 不存在 | 存在（代销期限届满，向投资者出售的股票数量未达到拟公开发行股票数量**70%**的，为发行失败） |
| 期限 | 最长不得超过**90日** | |

### 趁热答题

**例 6-10·单选题（2021 年）** 根据证券法律制度的规定，下列关于证券发行规则的表述中，正确的是（　　）。

A. 债券发行采用代销的，期限届满，出售的债券数量未达到拟公开发行数量 70% 的，为发行失败

B. 证券发行采用包销或代销的，最长期限均不得超过 90 日

C. 证券发行由证券交易所依照法定条件负责发行申请的注册

D. 股票发行采用包销的，证券公司有权在包销期内预先购入并留存所包销的股票

**解析** 本题考查证券发行的程序。**股票**（非债券）发行采用**代销**方式的，代销期限届满，向投资者出售的股票数量未达到拟公开发行股票数量 70% 的，为发行失败，选项 A 错误。国务院证券监督管理机构或者国务院授权的部门依照法定条件负责证券发行申请的注册，选项 C 错误。证券公司在代销、包销期内，对所代销、包销的证券应当保证先行出售给认购人，证券公司**不得**为本公司预留所代销的证券和预先购入并留存所包销的证券，选项 D 错误。选项 B 表述正确。

**答案** B

3. 首次公开发行股票的基本条件

根据《证券法》的规定，首次公开发行股票的**基本条件**包括：

（1）具备**健全且运行良好**的组织机构；

（2）具有**持续经营能力**；

（3）最近 **3 年**财务会计报告被出具**无保留意见**审计报告；

（4）发行人及其控股股东、实际控制人最近 **3 年**不存在贪污、贿赂、侵占财产、挪用财产或者破坏社会主义市场经济秩序的刑事犯罪；

（5）经国务院批准的中国证监会规定的其他条件。

4. 首次公开发行股票的具体条件

根据中国证监会《首次公开发行股票注册管理办法》的规定，首次公开发行股票，应当符合下列条件。

（1）主体资格应符合的条件：

①发行人是依法设立且持续经营 **3 年以上**的股份有限公司，具备健全且运行良好的组织机构，相关机构和人员能够依法履行职责；

②有限责任公司按原账面净资产值折股整体变更为股份有限公司的，持续经营时间可以从**有限责任公司成立之日**起计算。

（2）财务会计和内部控制制度应符合的条件：

①发行人会计基础工作规范，财务报表的编制和披露符合企业会计准则和相关信息披露规则的规定，在所有重大方面公允地反映了发行人的财务状况、经营成果和现金流量，**最近 3 年**财务会计报告由注册会计师出具**无保留意见**的审计报告；

②发行人内部控制制度健全且被有效执行，能够合理保证公司运行效率、合法合规和财务报告的可靠性，并由注册会计师出具**无保留结论**的内部控制鉴证报告。

（3）发行人业务完整，具有以下直接面向市场独立持续经营的能力：

①资产完整，业务及人员、财务、机构独立，与控股股东、实际控制人及其控制的其他企业间**不存在**对发行人构成重大不利影响的同业竞争，**不存在**严重影响独立性或者显失公平的关联交易。

②主营业务、控制权和管理团队稳定,首次公开发行股票并在主板上市的,**最近 3 年**内**主营业务和董事、高级管理人员**均没有发生重大不利变化;首次公开发行股票并在科创板、创业板上市的,**最近 2 年**内**主营业务和董事、高级管理人员**均没有发生重大不利变化;首次公开发行股票并在科创板上市的,**核心技术人员**应当稳定且**最近 2 年**内没有发生重大不利变化;发行人的股份权属清晰,不存在导致控制权可能变更的重大权属纠纷,首次公开发行股票并在主板上市的,**最近 3 年**实际控制人没有发生变更;首次公开发行股票并在科创板、创业板上市的**最近 2 年**实际控制人没有发生变更。

③**不存在**涉及主要资产、核心技术、商标等的**重大权属纠纷**,重大偿债风险,重大担保、诉讼、仲裁等或有事项,经营环境已经或者将要发生重大变化等对持续经营有重大不利影响的事项。

(4) 公司治理应符合的条件:

①发行人生产经营符合法律、行政法规的规定,符合国家产业政策;

②**最近 3 年内**,**发行人及其控股股东、实际控制人**不存在贪污、贿赂、侵占财产、挪用财产或者破坏社会主义市场经济秩序的刑事犯罪,不存在欺诈发行、重大信息披露违法或者其他涉及国家安全、公共安全、生态安全、生产安全、公众健康安全等领域的重大违法行为;

③**董事、监事和高级管理人员**不存在**最近 3 年内**受到中国证监会行政处罚,或者因涉嫌犯罪正在被司法机关立案侦查或者涉嫌违法违规正在被中国证监会立案调查且尚未有明确结论意见等情形。

5. 上市公司发行股票的条件

(1) 积极条件。

根据《上市公司证券发行注册管理办法》的规定,上市公司向不特定对象发行股票,应当符合下列规定:

①具备健全且运行良好的组织机构。

②现任董事、监事和高级管理人员符合法律、行政法规规定的任职要求。

③具有完整的业务体系和直接面向市场独立经营的能力,不存在对持续经营有重大不利影响的情形。

④会计基础工作规范,内部控制制度健全且有效执行,财务报表的编制和披露符合企业会计准则和相关信息披露规则的规定,在所有重大方面公允反映了上市公司的财务状况、经营成果和现金流量,**最近 3 年**财务会计报告被出具**无保留意见**审计报告。

⑤除金融类企业外,**最近一期末**不存在金额较大的财务性投资。

⑥主板上市公司配股、增发的,应当**最近 3 个会计年度盈利**;增发还应当满足最近 3 个会计年度加权平均净资产收益率**平均不低于 6%**;净利润以扣除非经常性损益前后低者为计算依据。

(2) 消极条件。

①上市公司存在下列情形之一的,不得向**不特定对象**发行股票:

a. 擅自改变前次募集资金用途未作纠正,或者未经股东会认可;

b. 上市公司或者其现任董事、监事和高级管理人员**最近 3 年**受到中国证监会行政处罚,或者**最近 1 年**受到证券交易所公开谴责,或者因涉嫌犯罪正在被司法机关立案侦查或者涉嫌违法违规正在被中国证监会立案调查;

c. 上市公司或者其控股股东、实际控制人**最近 1 年**存在未履行向投资者作出的公开承诺的情形;

d. 上市公司或者其控股股东、实际控制人**最近 3 年**存在贪污、贿赂、侵占财产、挪用财产或者破坏社会主义市场经济秩序的刑事犯罪,或者存在严重损害上市公司利益、投资者合法权益、社会公共利益的重大违法行为。

②上市公司存在下列情形之一的,不得向**特定对象**发行股票:

a. 擅自改变前次募集资金用途未作纠正,或者未经股东会认可。

b. 最近1年财务报表的编制和披露在重大方面不符合企业会计准则或者相关信息披露规则的规定；最近1年财务会计报告被出具否定意见或者无法表示意见的审计报告；最近1年财务会计报告被出具保留意见的审计报告，且保留意见所涉及事项对上市公司的重大不利影响尚未消除。本次发行涉及重大资产重组的除外。

c. 现任董事、监事和高级管理人员最近3年受到中国证监会行政处罚，或者最近1年受到证券交易所公开谴责。

d. 上市公司或者其现任董事、监事和高级管理人员因涉嫌犯罪正在被司法机关立案侦查或者涉嫌违法违规正在被中国证监会立案调查。

e. 控股股东、实际控制人最近3年存在严重损害上市公司利益或者投资者合法权益的重大违法行为。

f. 最近3年存在严重损害投资者合法权益或者社会公共利益的重大违法行为。

| 例 6-11·多选题（2021年） | 根据证券法律制度的规定，下列关于发行人首次公开发行股票应具备条件的表述中，正确的有（　　）。

A. 具有持续经营能力
B. 具备健全且运行良好的组织机构
C. 实际控制人不存在债务违约情形
D. 最近3年财务会计报告被出具无保留意见审计报告

【解析】本题考查股票发行。公司首次公开发行股票的基本条件包括：
（1）具备健全且运行良好的组织机构（选项B）；
（2）具有持续经营能力（选项A）；
（3）最近3年财务会计报告被出具无保留意见审计报告（选项D）；
（4）发行人及其控股股东、实际控制人最近3年不存在贪污、贿赂、侵占财产、挪用财产或者破坏社会主义市场经济秩序的刑事犯罪；
（5）经国务院批准的中国证监会规定的其他条件。

【答案】 ABD

### （二）公司债券发行

公司债券可以公开发行，也可以采取非公开发行的方式。详细内容如下表所示：

| 类型 | | 具体规定 |
|---|---|---|
| 公开发行 | 对象 | 普通投资者和专业投资者 |
| | 条件 | （1）具备健全且运行良好的组织机构；<br>（2）最近3年平均可分配利润足以支付公司债券1年的利息；<br>（3）具有合理的资产负债结构和正常的现金流量 |
| | 专业投资者和普通投资者均可认购的情形 | （1）发行人最近3年无债务违约或者延迟支付本息的事实；<br>（2）发行人最近3年平均可分配利润不少于债券一年利息的1.5倍；<br>（3）发行人净资产规模不少于250亿元；<br>（4）发行人最近36个月内累计公开发行债券不少于3期，发行规模不少于100亿元。<br>【提示】未达到以上标准的，仅限于专业投资者认购 |

续表

| 类型 | | 具体规定 |
|---|---|---|
| | 不得再次公开发行的情形 | (1) 对已公开发行的公司债券或者其他债务有<u>违约</u>或者<u>延迟支付本息</u>的事实，<u>仍处于继续状态</u>；<br>(2) 违反证券法规定，<u>改变</u>公开发行公司债券所募资金的<u>用途</u> |
| 非公开发行 | | (1) <u>只能面向专业投资者，且</u>不超过 <u>200 人</u>（人数≤200人）；<br>(2) 不得采用广告、公开劝诱、变相公开方式。<br>【提示】<u>发行</u>时仅限于专业投资者，事后转让也限于专业投资者。转让后的人数仍然不能超过 200 人 |

### 趁热答题

**例 6-12·多选题（2023 年）** 根据证券法律制度的规定，下列关于非公开发行公司债券的表述，正确的有（　　）。

A. 非公开发行公司债券只能面向专业投资者
B. 每次发行对象不得超过 200 人
C. 非公开发行的公司债券不能在证券公司柜台转让
D. 非公开发行公司债券完成后应向中国证券业协会报备

**解析** 本题考查公司债券发行。非公开发行的公司债券应当向专业投资者发行，不得采用广告、公开劝诱和变相公开方式，每次发行对象不得超过 200 人，选项 AB 正确。非公开发行公司债券，可以申请在证券交易场所、证券公司柜台转让，选项 C 错误。非公开发行公司债券，承销机构或依照规定自行销售的发行人应当在每次发行完成后 5 个工作日内向中国证券业协会报备，选项 D 正确。

**答案** ABD

### （三）证券投资基金的募集

**1. 公开募集基金**

（1）公开募集基金应当经国务院证券监督管理机构<u>注册</u>。
（2）公开募集基金应当由基金管理人管理，由基金托管人托管。
（3）募集成功的条件：基金募集期限届满，<u>封闭式</u>基金募集的基金份额总额达到准予注册规模的 <u>80%</u> 以上；开放式基金募集的基金份额总额超过准予注册的最低募集份额总额，并且基金份额持有人人数符合国务院证券监督管理机构规定。

**2. 非公开募集基金**

非公开募集基金<u>只能</u>面向以下<u>合格投资者</u>募集：
（1）社会保障基金、企业年金等养老基金，慈善基金等社会公益基金；
（2）依法设立并在基金业协会备案的投资计划；
（3）投资于所管理私募基金的私募基金管理人及其从业人员；
（4）中国证监会规定的基地投资者。
【提示】合格投资者是指具备风险识别和承担能力，投资单只私募基金不低于 100 万元且符合下列相关标准的单位和个人：
①单位净资产<u>不低于人民币 1 000 万元</u>；

②个人金融资产不低于人民币 300 万元或最近 3 年个人年均收入不低于 50 万元。

**趁热答题**

| 例 6-13·多选题（2022 年） | 根据证券法律制度的规定，下列关于非公开募集基金的表述中，正确的有（　　）。

A. 非公开募集基金不得向投资者承诺投资本金不受损失
B. 社会保障基金视为非公开募集基金的合格投资者
C. 非公开募集必须设定基金托管人
D. 中国证监会负责审批非公开募集基金的发行

（解析）本题考查证券投资基金的募集。私募基金，不得向投资者承诺投资本金不受损失或者承诺最低收益，选项 A 正确。下列投资者视为私募基金中的合格投资者：(1) 社会保障基金、企业年金等养老基金，慈善基金等社会公益基金（选项 B）；(2) 依法设立并在基金业协会备案的投资计划；(3) 投资于所管理私募基金的私募基金管理人及其从业人员；(4) 中国证监会规定的其他投资者。除基金合同另有约定外，私募基金应当由基金托管人托管；基金合同约定私募基金不进行托管的，应当在基金合同中明确保障私募基金财产安全的制度措施和纠纷解决机制，选项 C 错误。各类私募基金管理人应当向"基金业协会"申请登记，并在各类私募基金募集完毕后，向基金业协会办理备案手续，选项 D 错误。

（答案）AB

## 考点 10　证券交易（★）

**考频** 2023 年单选题；2022 年单选题；2021 年多选题

### （一）证券交易的一般规定

| 人员类型 | 规定 |
| --- | --- |
| 发起人 | (1) 自公司**成立之日**起 **1 年内**不得转让；<br>(2) 已发行股份，自公司股票在证券交易所**上市交易之日**起 **1 年内**不得转让 |
| 董、监、高 | (1) 任职期间每年转让的股份不得超过其所持有本公司股份总数的 **25%**，所持股份**不超过 1 000 股的除外**；<br>(2) 所持本公司股份自公司股票上市交易之日起 **1 年内**不得转让；<br>(3) **离职后半年内**，不得转让其所有的本公司股份；<br>(4) 向公司申报所持有的本公司的股份及其变动情况 |
| 证券服务机构和人员（知情人） | 在该证券承销期内和期满后 **6 个月内**，**不得**买卖该证券 |
| **5%以上股份**的股东、董、监、高 | 买入后 6 个月内卖出，或者在卖出后 6 个月内又买入，由此**所得收益归该公司所有**，但证券公司因购入包销后剩余股票而持有 **5%**以上股份，以及有国务院证券监督管理机构规定的其他情形的除外 |

【提示】本知识点可以联系"公司法律制度"章节中股份转让限制的知识点一起学习。

### （二）股票和基金上市条件

1. 股票上市条件

(1) 申请股票上市交易，应当符合证券交易所上市规则规定的上市条件。

以上海证券交易所主板上市为例,境内发行人申请首次公开发行股票并上市,应当符合下列条件:

①符合《证券法》、中国证监会规定的发行条件。

②发行**后**的**股本总额不低于 5 000 万元**。

③公开发行的股份达到公司股份总数的 **25%** 以上;公司股本总额超过 **4 亿元**的,公开发行股份的比例为 **10%** 以上。

④市值及财务指标符合上交所的相关规定。

⑤上交所要求的其他条件。

(2) 境内发行人首次发行股票上市,市值及财务指标的相关规定,要求至少符合下列标准中的一项:

①**最近 3 年**公司**净利润均为正**,且最近 3 年净利润累计不低于 **1.5 亿元**,最近一年净利润不低于 **6 000 万元**,最近 3 年经营活动产生的现金流量净额累计不低于 **1 亿元**或营业收入累计不低于 **10 亿元**;

②预计市值不低于 **50 亿元**,且**最近一年净利润为正**,最近一年营业收入不低于 **6 亿元**,最近 3 年经营活动产生的现金流量净额累计不低于 **1.5 亿元**;

③预计市值不低于 **80 亿元**,且最近一年净利润为正,最近一年营业收入不低于 **8 亿元**。

2. 基金上市条件

(1) 基金的募集符合《证券投资基金法》的规定;

(2) 基金合同期限为 **5 年**以上;

(3) 基金募集金额不低于人民币 **2 亿元**;

(4) 基金份额持有人不少于 **1 000 人**。

**趁热答题**

| **例 6-14·多选题(2021 年)** | 根据证券法律制度的规定,下列选项中满足申请公开募集基金的基金份额上市交易的条件的有(    )。

A. 基金管理人应当与证券交易所签订上市协议

B. 基金份额持有人不少于 200 人

C. 基金合同期限为 1 年以上

D. 基金募集金额不低于人民币 2 亿元

**解析** 本题考查证券投资基金份额的交易。申请公开募集基金的基金份额上市交易,基金管理人应当向证券交易所提出申请,证券交易所依法审核同意的,双方应当签订上市协议,选项 A 正确。基金份额上市交易,应当符合下列条件:

(1) 基金的募集符合《证券投资基金法》的规定;

(2) 基金合同期限为 5 年以上(选项 C 错误);

(3) 基金募集金额不低于人民币 2 亿元(选项 D 正确);

(4) 基金份额持有人不少于 1 000 人(选项 B 错误);

(5) 基金份额上市交易规则规定的其他条件。

因此,本题选项 AD 正确。

**答案** AD

### (三) 禁止的交易行为

禁止的交易行为主要包括内幕交易行为、利用未公开信息进行交易行为、操纵市场行为、虚假陈述行为和欺诈客户行为。

1. 内幕交易行为

（1）内幕交易的行为包括：

①利用自己掌握的内幕信息买卖证券（**自己买卖**）；

②建议他人买卖证券（**建议买卖**）；

③将内幕信息泄露给他人，接收内幕信息的人依此买卖证券（**泄露信息**）。

（2）内幕信息的知情人主要包括：

①与公司有**业务往来的**：收购人或交易方的董事、监事、高级管理人员；证券服务机构、证券公司、中登机构人员。

②因**法定职责**可能获取信息的：主管部门、证交所、证监会。

③大股东：持有**5%以上股份的股东、实际控制人及董事、监事、高级管理人员**。

2. 利用未公开信息进行交易行为

证券交易场所、证券公司、证券登记结算机构、证券服务机构和其他金融机构的从业人员、有关监管部门或者行业协会的工作人员利用非公开信息，明示、暗示他人交易。

3. 操纵市场行为

操纵市场的主要手段有：

（1）单独或者通过合谋，集中资金优势、持股优势或者利用信息优势联合或者连续买卖；

（2）与他人串通，以事先约定的时间、价格和方式相互进行证券交易；

（3）在自己实际控制的账户之间进行证券交易；

（4）不以成交为目的，频繁或者大量申报并撤销申报；

（5）利用虚假或者不确定的重大信息，诱导投资者进行证券交易；

（6）对证券、发行人公开作出评价、预测或者投资建议，并进行反向证券交易；

（7）利用在其他相关市场的活动操纵证券市场；

（8）操纵证券市场的其他手段。

4. 虚假陈述行为

虚假陈述，是指行为人在提交和公布的信息文件中作出违背事实真相的虚假记载、误导性陈述或发生重大遗漏的行为。虚假陈述行为的主体是指依法承担信息披露义务的人。虚假陈述包括**虚假记载**、**误导性陈述**和**重大遗漏**以及**不正当披露**。

5. 欺诈客户行为

证券公司及其他从业人员主要通过以下欺诈行为损害客户利益：

（1）**违背**客户的委托为其买卖证券；

（2）不在规定时间内向客户提供交易的确认文件；

（3）未经客户的委托，**擅自为**客户买卖证券，或者**假借**客户的名义买卖证券；

（4）为**牟取佣金收入**，诱使客户进行不必要的证券买卖；

（5）其他违背客户真实意思表示，损害客户利益的行为。

### 趁热答题

**例6-15·单选题（2020年）** 根据证券法律制度的规定，证券公司实施的下列行为中，属于合法行为的是（　　）。

A. 甲证券公司得知某上市公司正在就重大资产重组进行谈判，在信息未公开前，大量买入该上市公司的股票

B. 乙证券公司为牟取佣金收入，诱使客户进行不必要的证券买卖
C. 丙证券公司集中资金优势连续买入某上市公司股票，造成该股票价格大幅上涨
D. 丁证券公司购入其包销售后剩余股票

解析 本题考查禁止的交易行为。选项 A 属于内幕交易行为，选项 B 属于欺诈客户行为，选项 C 属于操纵证券市场行为，选项 D 属于合法行为，证券公司包销可以购入售后剩余股票。

答案 D

## 考点11 上市公司收购（★★★）

靶心考点精讲

考频 2023 年单选题、多选题、判断题；2022 年单选题；2021 年单选题

### （一）上市公司收购的概念

1. 上市公司收购是指收购人通过在证券交易所的股份转让活动或其他合法方式，持有一个上市公司已发行的表决权股份达到一定比例，导致其获得或可能获得对该公司的**实际控制权**的行为。
2. 有下列情形之一的，表明已获得或者拥有上市公司**控制权**：
（1）投资者为上市公司持股 **50%** 以上的控股股东；
（2）投资者可以实际支配上市公司股份表决权超过 **30%**；
（3）投资者通过实际支配上市公司股份表决权能够决定公司**董事会半数以上**成员选任；
（4）投资者依其可实际支配的上市公司股份表决权足以对公司**股东会的决议产生重大影响**。

### （二）收购人

收购人包括投资者及与其一致行动的他人，详细内容如下表所示：

| 项目 | | 具体规定 |
| --- | --- | --- |
| 一致行动人 | 母子关系 | 投资者之间有**股权控制**关系 |
| | 兄弟关系 | **受同一主体控制** |
| | 高层领导兼任 | 投资者的董、监、高的主要成员，同时在另一个投资者担任董、监、高 |
| 一致行动人 | 经济利益关系 | 投资者**参股**另一投资者 |
| | | 银行以外的其他人为投资者**提供融资**安排 |
| | | 投资者之间存在**合伙、合作、联营** |
| | 自然人 | 持有投资者 **30%以上**股份的**自然人及其亲属**，与投资者持有同一上市公司股份 |
| | | 在投资者任职的**董事、监事及高级管理人员**及其**亲属**，与投资者持有同一上市公司股份 |
| 不得成为收购人的情形 | | 有下列情形之一的，**不得收购**上市公司：<br>（1）收购人**负有数额较大债务**，到期**未清偿**，且**处于持续状态**；<br>（2）收购人**最近 3 年**有重大违法行为或者涉嫌有重大违法行为；<br>（3）收购人**最近 3 年**有严重的证券市场失信行为；<br>（4）收购人为自然人的，存在公司法规定的**不得担任公司董事、监事、高级管理人员的情形** |

【提示】投资人及其一致行动人在一个上市公司中拥有的权益应当**合并计算**。

## 通关文牒

▶ 很好懂 ▶

"一致行动人"简单来说就是他们属于"同一条船"上的人。属于"一致行动人"的情形较多,考生可以通过对下列两种主要情况的举例加以理解。

**情况一:公司之间**

甲公司、乙公司分别持有 A 上市公司 3% 和 4% 的股份,在以下情形中,甲、乙互为一致行动人:

(1)甲受乙股权控制,或者乙受甲股权控制;
(2)甲、乙均受丙的股权控制;
(3)张三是甲的董事、监事或高级管理人员,同时是乙的董事、监事或高级管理人员;
(4)甲参股乙,且可对乙的重大决策产生重大影响;
(5)甲在取得 A 上市公司股份时,乙(非银行)提供了借款;
(6)甲、乙存在合伙、合作、联营等经济利益关系。

**情况二:个人和公司之间**

张三和甲公司分别持有 A 上市公司 3% 和 4% 的股份,在以下情形中,张三和甲公司互为一致行动人:

(1)张三是甲公司持股 30% 以上的大股东;
(2)张三是甲公司的董事、监事或高级管理人员;
(3)张三是甲公司"大股东(持股 30% 以上)、董事、监事或者高级管理人员"的亲属;
(4)张三是 A 上市公司的董事、监事或高级管理人员(或者董事、监事、高级管理人员的亲属),张三同时直接或者间接持有甲公司股份;
(5)张三是 A 上市公司的董事、监事、高级管理人员或员工,张三同时通过其控制(或委托)的乙公司持有甲公司股份。

## 趁热答题

**例 6-16·多选题(2014 年)** 甲公司收购乙上市公司时,下列投资者同时也在购买乙上市公司的股票。根据证券法律制度的规定,如无相反证据,与甲公司为一致行动人的投资者有( )。

A. 甲公司董事杨某  
B. 甲公司董事长张某多年未联系的同学  
C. 甲公司某监事的母亲  
D. 甲公司总经理的配偶  

**解析** 本题考查一致行动人。根据规定,在投资者任职的董事(选项 A)、监事及高级管理人员,其父母(选项 C)、配偶(选项 D)、子女及其配偶、配偶的父母、兄弟姐妹及其配偶、配偶的兄弟姐妹及其配偶等亲属,与投资者持有同一上市公司股份,与投资者属于一致行动人。

**答案** ACD

### (三)权益披露

权益披露,是指投资者及其一致行动人对其拥有上市公司的股份权益及权益变动情况进行的披露。详细内容如下表所示:

| 项目 | 具体规定 | |
|---|---|---|
| 报告时间 | 投资者及其一致行动人拥有上市公司已发行的有表决权股份 | 达到5%时 | 3日内编制报告书；报告、通知、公告期间不得买卖 |
| | | 达到5%后，增减5% | 3日内编制报告书；报告、通知、公告期间至公告后3日内不得买卖 |
| | | 达到5%后，增减1% | 次日通知、公告 |
| 报告书类型 | (1) 达到5%未达到20%且不是上市公司第一大股东或实际控制人则编制简式权益变动报告书；<br>(2) 其他情形则编制详式权益变动报告书 | | |
| 违规处理 | 违规后36个月内，超过规定比例部分的股份不得行使表决权 | | |

### （四）要约收购

要约收购，是指收购人公开向被收购公司的股东发出要约，并按要约中的价格、期限等条件购买被收购公司的表决权股份，以期获得或者巩固被收购公司的控制权的行为。详细内容如下表所示：

| 项目 | 具体规定 |
|---|---|
| 触发强制要约收购条件 | 同时满足下列条件：<br>(1) 持股比例达到30%；<br>(2) 继续收购 |
| 禁售义务 | 收购人在收购期内，不得卖出被收购公司的股票，也不得采取要约规定以外的形式和超出要约的条件买入被收购公司的股票 |
| 锁定义务 | 收购人持有的被收购的上市公司的股票，在收购行为完成后的18个月内不得转让 |
| 收购期限 | 不得少于30日，不得超过60日，但是出现竞争要约的除外 |
| 收购要约变更 | (1) 收购要约期限届满前15日内，收购人不得变更收购要约，但是出现竞争要约的除外。<br>(2) 收购要约的变更不得存在下列情形：<br>①降低收购价格；<br>②减少预定收购股份数额；<br>③缩短收购期限 |
| 收购要约撤销 | 在收购要约确定的承诺期限内，收购人不得撤销其收购要约 |

**趁热答题**

**| 例6-17·单选题（2023年） |** 根据证券法律制度的规定，上市公司收购人拟变更收购要约，下列情形正确的是（　　）。

A. 收购人需要变更收购要约的，应当及时公告　B. 将收购3 000万股变更为收购2 000万股
C. 将收购价格6元一股变更为5元一股　D. 将收购期限60日变更为45日

**【解析】** 本题考查要约收购。收购人需要变更收购要约的，应当及时公告，载明具体变更事项，选项A正确。收购要约的变更不得存在下列情形：(1) 降低收购价格（选项C）；(2) 减少预定收购股份数额（选项B）；(3) 缩短收购期限（选项D）；(4) 国务院证券监督管理机构规定的其他情形。

**答案** A

### （五）免于发出要约

1. 免于以要约方式增持股份的情形

（1）**同控**：收购人与出让人能够证明本次股份转让是在**同一实际控制人控制**的不同主体之间进行，未导致上市公司的实际控制人发生变化。

（2）**重组**：上市公司面临严重财务困难，收购人提出的挽救公司的重组方案取得该公司股东会批准，且收购人承诺 **3 年内**不转让其在该公司所拥有的权益。

（3）中国证监会规定的其他情形。

2. 免于发出要约的情形

（1）**国有资产无偿划转等**：经政府或者国有资产管理部门批准进行国有资产无偿**划转、变更、合并**，导致投资者在一个上市公司中拥有权益的股份占该公司已发行股份的比例**超过 30%**。

（2）**股份回购**：因上市公司按照股东会批准的确定价格向特定股东**回购股份而减少股本**，导致投资者在该公司中拥有权益的股份超过该公司已发行股份的 **30%**。

（3）**作出承诺**：经上市公司**股东会**非关联股东批准，投资者取得上市公司向其发行的新股，导致其在该公司拥有权益的股份超过该公司已发行股份的 **30%**，投资者承诺 **3 年**内不转让本次向其发行的新股，且公司股东会同意投资者免于发出要约。

（4）**爬行规则**：在一个上市公司中拥有权益的股份达到或者超过该公司已发行股份的 **30%** 的，自上述事实发生之日起 **1 年后**，每 **12 个月**内增持不超过该公司已发行的 **2%** 的股份（该增持不超过 **2%** 的股份锁定期为增持行为完成之日起 **6 个月**）。

（5）**不影响上市地位**：在一个上市公司中拥有权益的股份达到或者超过该公司已发行股份的 **50%** 的，继续增加其在该公司拥有的权益不影响该公司的上市地位。

（6）**金融机构承销、贷款**：证券公司、银行等金融机构在其经营范围内依法从事承销、贷款等业务导致其持有一个上市公司已发行股份超过 **30%**，没有实际控制该公司的行为或者意图，并且提出在合理期限内向非关联方转让相关股份的解决方案。

（7）**继承**：因继承导致在一个上市公司中拥有权益的股份超过该公司已发行股份的 **30%**。

（8）**履行购回式证券交易协议**：因履行约定购回式证券交易协议购回上市公司股份导致投资者在一个上市公司中拥有权益的股份超过该公司已发行股份的 **30%**，并且能够证明标的股份的表决权在协议期间未发生转移。

（9）**优先股表决权恢复**：因所持优先股表决权依法恢复导致投资者在一个上市公司中拥有权益的股份超过该公司已发行股份的 **30%**。

（10）中国证监会规定的其他情形。

## 考点 12　信息披露（★★）

**考频** 2022 年单选题

| 分类 | | 具体规定 |
| --- | --- | --- |
| **首次**信息披露 | | 包括上市公告书、招股说明书、债券募集说明书等 |
| **持续**信息披露 | 定期报告 | （1）年度报告：每一会计年度结束之日起 **4 个月**内。<br>（2）中期报告：每一会计年度的上半年结束之日起 **2 个月**内。<br>（3）季度报告 |
| | 临时报告 | **重大事件** |

【提示】
① 股票发行的重大事件主要包括：
a. 公司董事、1/3 以上监事、经理发生变动，董事长或经理无法履行职责；
b. 持股5%以上股东或实际控制人持股或控制情况发生较大变化；
c. 分配股利、增资、减资、合并、分立、解散、破产、被责令关闭等。
② 公司债券的重大事件主要包括：
a. 新增借款或对外担保超过上年末净资产20%；
b. 放弃债权或者财产超过上年末净资产10%；
c. 发生超过上年末净资产10%的重大损失；
d. 分配股利、减资、合并、分立、解散、破产、被责令关闭等。

### 趁热答题

**例 6-18·单选题（2019 年）** 根据证券法律制度的规定，下列各项中，属于上市公司持续信息披露的是（　　）。

A. 招股说明书　　　　　　　　B. 重大事件的临时报告
C. 上市公告书　　　　　　　　D. 债券募集说明书

**解析** 本题考查上市公司信息披露。持续信息披露的文件包括定期报告和临时报告，选项 B 属于临时报告，选项 ACD 都属于"首次信息披露"的文件。

**答案** B

## 考点 13　投资者保护（★★）

**考频** 2023 年单选题、多选题；2021 年单选题、多选题

| 投资者保护制度 | 具体规定 |
| --- | --- |
| 投资者适当性管理制度 | 在证券公司与投资者的关系上，证券公司依法承担适当性管理义务 |
| 自证清白制度 | 普通投资者与证券公司发生纠纷的，证券公司需要自证清白 |
| 股东代理权征集制度 | （1）上市公司董事会、独立董事、持有 1%以上有表决权股份的股东可以作为征集人；<br>（2）征集人自行或委托证券公司、证券服务机构，公开请求上市公司股东委托其代为出席股东会，并代为行使提案权、表决权等股东权利；<br>（3）禁止以有偿或者变相有偿的方式公开征集股东权利 |
| 现金分红制度 | 上市公司当年税后利润，在弥补亏损及提取法定公积金后有盈余的，应当按照公司章程的规定分配现金股利 |
| 公司债券持有人会议制度与受托管理人制度 | 公司公开发行债券的，应当：<br>（1）设立债券持有人会议；<br>（2）为债券持有人聘请受托管理人，并订立债券受托管理协议 |
| 先行赔付制度 | 发行人因欺诈发行、虚假陈述或者其他重大违法行为给投资者造成损失的，发行人的控股股东、实际控制人、相关的证券公司可以委托投资者保护机构，就赔偿事宜与受到损失的投资者达成协议，予以先行赔付。先行赔付后，可以依法向发行人以及其他连带责任人追偿 |

续表

| 投资者保护制度 | 具体规定 |
|---|---|
| **强制调解制度** | （1）投资者与发行人、证券公司等发生纠纷，**双方**可以向**投资者保护机构**申请调解；<br>（2）普通投资者提出调解请求的，**证券公司不得拒绝** |
| 投资者保护机构的代表诉讼制度 | **董事、监事、高级管理人员、控股股东、实际控制人**侵害公司利益时，投资者保护机构可以提起**股东代表诉讼**，持股比例和持股期限不受《公司法》规定（180天+1%）的限制 |
| 代表人诉讼制度 | 投资者保护机构受 **50 名**以上投资者委托，可以作为代表人参加诉讼 |

### 趁热答题

**例6-19·多选题（2021年）** 根据证券法律制度的规定，发行人因欺诈发行、虚假陈述或者其他重大违法行为给投资者造成损失的，特定主体可以委托投资者保护机构，就赔偿事宜与受到损失的投资者达成协议，予以先行赔付。该特定主体有（　　）。

A. 发行人的控股股东　　B. 发行人的实际控制人
C. 相关的证券公司　　　D. 证券交易所

**解析** 本题考查投资者保护制度。发行人因欺诈发行、虚假陈述或者其他重大违法行为给投资者造成损失的，**发行人的控股股东、实际控制人、相关的证券公司**可以委托投资者保护机构，就赔偿事宜与受到损失的投资者达成协议，予以先行赔付。先行赔付后，可以依法向发行人以及其他连带责任人追偿。因此，选项ABC正确。

**答案** ABC

## 第三节　保险法律制度

### 考点14　保险法的基本原则（★★）

**考频** 2023年单选题；2021年多选题

**（一）最大诚信原则**

| 项目 | | 具体规定 |
|---|---|---|
| 基本内容 | 告知 | 投保人在订立保险合同时应当将与保险标的有关的重要事实如实向保险人陈述 |
| | 保证 | 投保人在保险合同中向保险人作出的履行某种特定义务的承诺，或一保某一事项的真实性。如不去战乱国家、不改变用途 |
| | 弃权与禁止反言 | （1）弃权是指保险人放弃因投保人或被保险人违反告知义务或保证而产生的保险合同解除权；<br>（2）禁止反言是指保险人既然放弃自己的权利，将来不得反悔再向对方主张已经放弃的权利 |

续表

| 项目 | 具体规定 | |
| --- | --- | --- |
| 违反告知义务的法律后果 | **投保人故意**不履行告知义务 | **保险人不承担**赔偿责任,并**不退还保险费** |
| | **投保人因重大过失**不履行告知义务,对保险事故的发生有**严重影响**的 | **保险人不承担**赔偿责任,但应当**退还保险费** |
| 保险人**不得解除**合同的情形 | (1) 保险人以投保人违反了对投保单询问表中所列概括性条款的如实告知义务为由请求解除合同;<br>(2) 保险人在合同**订立时**已经知道投保人未如实告知;<br>(3) 保险人在保险合同**成立后**知道或者应当知道投保人未履行如实告知义务,仍然收取保险费;<br>(4) 保险人的解除合同权,自保险人知道有解除事由之日起**超过30日**不行使;(普通时效)<br>(5) 自合同成立之日起**超过2年**(最长时效) | |

**趁热答题**

**例6-20·单选题(2023年)** 李某的健康状况不符合保险合同约定的投保条件且足以影响承保决定,但李某的父亲为其投保时,故意隐瞒该情况。保险合同生效后3年,李某因所隐瞒的疾病死亡。有关本案的下列说法中,正确的是( )。

A. 保险人有权解除合同,但应退还保险费
B. 保险人不得解除合同,且应当给付保险金
C. 保险人有权解除合同,且不退还保险费
D. 保险人不得解除合同,但可以要求投保人承担违约责任

**解析** 本题考查最大诚信原则。根据《保险法》司法解释(二)的规定,保险人在保险合同成立后知道或者应当知道投保人未履行如实告知义务,仍然收取保险费,又主张依照《保险法》第十六条第二款的规定解除合同的,人民法院不予支持。保险人解除合同的权利,自保险人知道有解除事由之日起,超过30日不行使而消灭;自合同成立之日起超过2年的,保险人**不得解除合同**。发生保险事故的保险人应当承担赔偿或者给付保险金的责任。本题中,保险合同已生效3年(自合同成立之日起超过2年),所以保险人不得解除合同,发生保险事故的保险人应当承担赔偿或者给付保险金的责任。因此,选项B正确。

**答案** B

## (二) 保险利益原则

| 保险类型 | 时间 | 保险利益 | 后果 |
| --- | --- | --- | --- |
| 人身保险 | 在保险**合同订立**时,对被保险人应当具有保险利益(**看订立**) | 投保人具有保险利益的范围:<br>(1) 本人;<br>(2) 配偶、子女、父母;<br>(3) 上述人员以外的与投保人有抚养、赡养或者扶养关系的家庭其他成员、近亲属;<br>(4) 与投保人有劳动关系的劳动者;<br>(5) 被保险人同意投保人为其订立合同的 | 投保人对被保险人不具有保险利益的,保险合同无效,投保人可主张保险人退还扣减手续费后的保险费 |

续表

| 保险类型 | 时间 | 保险利益 | 后果 |
|---|---|---|---|
| 财产保险 | 在**保险事故发生**时，对保险标的应当具有保险利益（**看发生**） | 享有保险利益的人员：<br>（1）对财产享有法律上权利的人，如所有权人、抵押权人、留置权人等；<br>（2）财产保管人；<br>（3）合法占有财产的人，如承租人、承包人等 | 保险事故发生时，被保险人对保险标的不具有保险利益的，**不得**向保险人请求赔偿保险金 |

### 趁热答题

**例 6-21 · 单选题（2020 年）** 王某为其妻子钱某投保人身险，在保险责任期间双方离婚，王某因此主张保险合同无效。下列关于保险合同效力的表述中，正确的是（　　）。
A. 保险合同有效
B. 保险合同自双方离婚之日起无效
C. 保险合同的效力由钱某自主选择
D. 保险合同因丧失保险利益而自始无效

**解析** 本题考查保险利益原则。人身保险合同仅在合同订立时要求投保人对被保险人具有保险利益，并不要求保险责任期间始终存在保险利益关系。根据《保险法》司法解释（三）的规定，人身保险合同订立后，因投保人丧失对被保险人的保险利益，当事人主张保险合同无效的，人民法院不予支持。因此，选项 A 正确。

**答案** A

#### （三）损失补偿原则

（1）被保险人只有遭受**约定**的保险危险所造成的损失才能获得赔偿；
（2）补偿的金额**等于实际损失**的金额，赔付以**约定的保险金额为限**，且保险金额不得超过保险标的的实际价值，**超过部分无效**，保险人应当退还相应的保费；
（3）保险金额"低于保险价值"，按保险金额与保险价值的"比例"赔偿，止损费、查证费、诉讼费另算，由保险人承担。

#### （四）近因原则

保险人对承保范围内的保险事故作为直接的、最接近的原因所引起的损失，承担保险责任。即保险事故与损害后果之间应具有因果关系。

## 考点 15　保险合同的当事人及关系人（★★）

**考频** 2022 年多选题、简答题；2021 年简答题

#### （一）保险合同的当事人

保险合同的当事人是指投保人和保险人，即订立保险合同的双方当事人。
1. 保险人
保险人是指与投保人订立保险合同，并按照合同约定承担赔偿或者给付保险金责任的**保险公司**。
2. 投保人
（1）投保人是指与保险人订立保险合同，并按照合同约定负有**支付保险费义务**的人。

(2) 投保人可以是自然人或法人，其应具备的条件是：具有**相应的**民事权利能力和民事行为能力；对被保险人或保险标的具有保险利益。

> **通关文牒**
>
> ▶ **很好懂** ▶
>
> 考生可以通过以下例子判断保险合同的当事人与关系人：
>
> **举例1** 甲为妻子乙在保险公司购买了一份人身保险，乙指定其儿子小甲为受益人。
> (1) 当事人：甲（投保人）、保险公司（保险人）
> (2) 关系人：乙（被保险人）、小甲（受益人）
>
> **举例2** 甲在保险公司给自己购买了一份人身保险，双方约定若甲在保险期间患重大疾病可获10万元赔偿金。
> (1) 当事人：甲（投保人）、保险公司（保险人）
> (2) 关系人：甲（被保险人）、甲（受益人）

### （二）保险合同的关系人

保险合同的关系人包括被保险人和受益人，对二者各方面的详细规定如下表所示：

| 关系人 | | 具体规定 |
| --- | --- | --- |
| 被保险人 | | 被保险人一般享有以下权利：<br>(1) 请求给付保险金；<br>(2) 投保人指定或变更受益人须经被保险人**同意**；<br>(3) 以死亡为给付保险金条件的合同，**未经被保险人同意并认可**保险金额的，保险合同**无效**，父母为其未成年子女投保的**除外**。（主观题可考）<br>【提示】投保人**不得为无民事行为能力人**投保以死亡为给付保险金条件的人身保险，父母为其**未成年子女投保的除外**。（主观题可考）<br>(4) （死亡险）保险单未经被保险人书面**同意**，**不得**转让或质押 |
| 受益人 | 资格 | (1) **自然人和法人**均可；<br>(2) **胎儿**作为受益人应以**活着出生**为限；<br>(3) 已经死亡的人不得作为受益人 |
| | 约定不明 | (1) 约定为"法定"或"法定继承人"的，以《继承法》规定的法定继承人为受益人。<br>(2) 受益人仅约定为身份关系：<br>①**相同主体，看发生**。投保人与被保险人为同一主体的，根据保险事故发生时与被保险人的身份关系确定受益人；<br>②**不同主体，看订立**。投保人与被保险人为不同主体的，根据保险合同成立时与被保险人的身份关系确定受益人。<br>(3) 受益人的约定包括姓名和身份关系，保险事故发生时身份关系发生变化的，认为未指定受益人 |

续表

| 关系人 | | 具体规定 |
| --- | --- | --- |
| 受益人 | 其他重要结论 | (1) 受益人故意造成被保险人死亡、伤残、疾病的，或者故意杀害被保险人未遂的，"该受益人"丧失受益权。<br>(2) 被保险人死亡后保险金作为遗产继承的情形：<br>①没有指定受益人，或者受益人指定不明无法确定的；<br>②受益人先于被保险人死亡，没有其他受益人的；<br>③受益人依法丧失受益权或者放弃受益权，没有其他受益人的。<br>(3) 受益人与被保险人在同一事件中死亡，且不能确定死亡先后顺序的，推定受益人死亡在先 |

▶ 很会考 ▶

"死亡险"可在主观题中考查，考生需精准记忆相关法条。

**例 6-22·多选题（2022 年）** 张某与保险公司拟签订一份人身保险合同，合同约定张某为投保人和受益人，张某的妻子王某被保险人。下列关于相关当事人权利义务的表述中，正确的有（　　）。

A. 若王某同意张某作为受益人，应认定为王某同意张某为其订立保险合同并认可保险金额

B. 若张某将保险受益人变更为王某的女儿，无须经王某同意

C. 若保险合同约定以王某死亡为给付保险金的条件，未经王某书面同意，保险单不得质押

D. 若保险合同约定以王某死亡为给付保险金的条件，王某可以在合同订立时采取口头形式同意并认可保险金额

**解析** 本题考查保险合同的当事人及关系人。有下列情形之一的，应认定为被保险人同意投保人为其订立保险合同并认可保险金额：

(1) 被保险人明知他人代其签名同意而未表示异议的；

(2) 被保险人同意投保人指定的受益人的（选项 A 正确）；

(3) 有证据足以认定被保险人同意投保人为其投保的其他情形。

投保人变更受益人时须经被保险人同意，选项 B 错误。以死亡为给付保险金条件的合同所签发的保险单，未经被保险人书面同意，不得转让或质押，选项 C 正确。当事人订立以死亡为给付保险金条件的合同，被保险人可以在合同订立时采取书面形式、口头形式或者其他形式同意并认可保险金额，也可以在合同订立后追认，选项 D 正确。

**答案** ACD

## 考点 16 保险合同的订立（★★）

**考频** 2023年综合题；2021年单选题

### （一）保险合同的特征、成立及形式

| 事项 | | 具体规定 |
|---|---|---|
| 特征 | | 双务有偿、射幸、诺成、格式、最大诚信 |
| 成立 | 一般情况 | 投保人投保，保险人承保 |
| | 代投保人签字 | 投保人**缴纳保费**，视为对代签字**追认** |
| 形式 | 保险单 | 保险人签发的关于保险合同的**正式**的**书面凭证** |
| | 保险凭证 | 一种内容简化了的保险单，只记载投保人和保险人约定的主要内容，但与保险单具有**同等**的法律效力。未列明的内容，以相应的**保险单**的记载为准 |
| | 暂保单 | 保险单发出以前由保险人出具给投保人的一种**临时**保险凭证。在保险人正式签发保险单之前，与保险单具有**同等**法律效力 |
| | 投保单 | 保险人事先制定的供投保人提出保险要约时使用的格式文件。投保单本身不是保险合同 |
| | 其他书面形式 | 保险合同中记载的内容**不一致的**，按照下列规则认定：<br>（1）投保单与保险单或者其他保险凭证不一致的，以**投保单**为准，但不一致的情形系经保险人说明并经投保人同意的，以投保人签收的保险单或者其他保险凭证记载的内容为准；<br>（2）非格式条款与格式条款不一致的，以**非格式条款**为准；<br>（3）保险凭证记载的时间不同的，以**形成时间在后**的为准；<br>（4）保险凭证存在手写和打印两种方式的，以双方签字、盖章的**手写部分**的内容为准 |

### 趁热答题

**例 6-23·单选题（2021年）** 甲保险公司的代理人张某向王某推销一款保险产品，王某符合该保险的承保条件。张某向王某出具了一份投保单，王某口头同意投保，张某代替王某在投保单上签字，王某向甲保险公司缴纳了保险费。由于内部工作流程问题，甲保险公司迟迟未向王某签发保险单，后在保险期间发生了保险事故。下列关于保险合同效力及保险责任的表述中，正确的是（　　）。

A. 张某代替王某签字，该合同对王某不生效
B. 保险合同未生效，甲保险公司无须承担责任
C. 张某代替签字有过错，应当承担对王某的保险责任
D. 王某已经缴纳保险费，甲保险公司应当承担保险责任

**解析** 本题考查保险合同的订立。投保人或者投保人的代理人订立保险合同时没有亲自签字或者盖章，而由保险人或者保险人的代理人代为签字或者盖章的，对投保人不生效。但投保人**已经缴纳保险费**的，**视为**其对代签字或者盖章行为的**追认**。本题中，王某已经缴纳了保险费，因此，保险公司应当承担保险责任。

**答案** D

### (二)保险合同的分类

| 分类标准 | 分类 | 具体规定 | |
|---|---|---|---|
| 价值是否预先确定 | 定值保险合同 | 投保人和保险人约定保险标的的保险价值并在合同中载明 | |
| | 不定值保险合同 | 投保人和保险人未约定保险标的的保险价值 | |
| 保险价值与保险金额的关系 | 足额保险合同 | 保险金额=保险价值 | 按照实际损失金额赔偿,赔偿金额≤保险金额 |
| | 不足额保险合同 | 保险金额<保险价值 | 赔偿金额=实际损失×保险金额÷保险价值 |
| | 超额保险合同 | 保险金额>保险价值 | 保险金额不得超过保险价值,超过部分无效,并退还超过部分对应的保险费 |
| 保险合同的性质 | 补偿性保险合同 | 在保险事故发生后,保险人根据评定的被保险人的实际损失据以赔偿的保险合同,大多数的财产保险合同属于补偿性保险合同 | |
| | 给付性保险合同 | 在保险事故发生或合同约定的条件成就后,保险人按照合同约定的保险金额承担给付责任的保险合同,大多数人身保险合同属于给付性保险合同 | |
| 保险标的 | 人身保险合同 | | |
| | 财产保险合同 | | |
| 所承担的危险状况不同 | 特定危险保险合同 | | |
| | 一切险保险合同 | | |

> **通关文牒**
>
> ▶ 很好懂 ▶
>
> (举例) 保险价值为100万元,保险事故导致实际损失60万元。计算不同保险类型下的保险赔偿金。
>
> (1) 如果保险金额为100万元,保险金额=保险价值,属于足额保险,保险赔偿金为60万元。
>
> (2) 如果保险金额为80万元,保险金额<保险价值,属于不足额保险,保险赔偿金=60×80÷100=48(万元)。
>
> (3) 如果保险金额为120万元,属于超额保险,超过保险价值20万元的部分无效,保险赔偿金仍是60万元,并退还20万元对应的保险费。

## 考点 17 保险合同的履行（★★★）

**考频** 2023年多选题；2022年单选题；2021年简答题

靶心考点精讲

| 项目 | | 具体规定 |
|---|---|---|
| 投保人、被保险人的义务 | 支付保险费的义务 | |
| | 危险增加的通知义务 | 履行了通知义务，保险人可以按照合同约定增加保险费或解除合同 |
| | | 未履行通知义务，保险人不承担赔偿保险金的责任 |
| | 保险事故发生后的通知义务 | 故意或重大过失未及时通知，致使保险事故的性质、原因、损失程度等难以确定的部分，不承担赔偿或给付保险金的责任，但保险人通过其他途径已经及时知道或应当及时知道保险事故发生的除外 |
| | 接受保险人检查，维护保险标的安全的义务 | 投保人、被保险人未按照约定履行其对保险标的的安全应尽责任的，保险人有权要求增加保险费或者解除合同 |
| | 积极施救义务 | |
| 保险人的义务 | | (1) 给付赔偿金或保险金的义务；<br>(2) 支付其他合理、必要费用的义务 |
| 索赔 | 权利人 | (1) 财产保险合同的索赔权利人是被保险人，且其在保险事故发生时对保险标的应具有保险利益；<br>(2) 人身保险合同的索赔权利人是被保险人或受益人 |
| | 诉讼时效 | (1) 人寿保险：自知道或应当知道之日起 5 年。<br>(2) 其他保险：自知道或应当知道之日起 2 年 |

**趁热答题**

**|例 6-24·多选题（2023 年）|** 根据保险法律制度的规定，下列关于被保险人和受益人向保险人索赔的诉讼时效的表述中，正确的有（　　）。

A. 人寿保险的被保险人或受益人索赔的诉讼时效期间为 5 年

B. 人寿保险以外的其他保险的被保险人或者受益人索赔的诉讼时效期间为 2 年

C. 人寿保险的被保险人或者受益人索赔的诉讼时效期间自其知道或者应当知道保险事故发生之日起计算

D. 商业责任险的被保险人索赔的诉讼时效期间自保险事故发生之日起计算

**解析** 本题考查保险合同的履行。商业责任险的被保险人请求赔偿保险金的诉讼时效期间，自被保险人对第三者应负的赔偿责任确定之日起计算，选项 D 错误。

**答案** ABC

## 考点 18　保险合同的变更（★★）

**考频**　2023 年简答题

**（一）投保人和被保险人变更**

（1）保险标的**转让**的，**受让人继承**被保险人的权利和义务；

（2）保险标的**交付**后，**受让人可请求赔偿**；

（3）保险标的转让通知后，保险公司答复前，发生保险事故，被保险人或受让人可主张赔偿。

**（二）保险合同内容变更**

（1）保险人在保险单或其他保险凭证上批注或者附批注单，或者投保人和保险人订立书面变更协议。

（2）一般情况下，变更保险合同内容**需经保险人同意**。

（3）特殊情况下，人身保险中，变更受益人：

①投保人或被保险人变更受益人，变更行为自变更意思发出时生效；

②**未通知保险人，变更无效**；

③投保人**变更受益人**，未经**被保险人同意**，变更无效；

④保险事故发生**后**变更受益人，变更无效。

**（三）效力变更（失效后又复效）**

（1）保险人和投保人协商并达成协议，在投保人**补交保费**后，合同复效；

（2）自合同效力中止之日起满 **2** 年未达成协议的，保险人有权解除保险合同。

## 考点 19　保险合同的解除（★★★）

靶心考点精讲

**考频**　2023 年判断题、简答题；2022 年多选题；2021 年多选题、简答题

| 解除权 | | 具体规定 |
|---|---|---|
| **投保人**的解除权 | 人身保险 | 保险人自收到解除通知之日起 **30** 日内，**退保险单现金价值** |
| | 财产保险 | （1）保险责任开始**前**，按约定向保险人支付保险费，保险人**退还保险费**（全部）；<br>（2）保险责任开始**后**，保险人**退还扣除后的保险费** |
| **保险人**的解除权 | | 下列情形下，保险人有权解除合同：<br>（1）投保人故意或者因重大过失未履行如实告知义务，足以影响保险人决定是否同意承保或者提高保险费率；<br>（2）被保险人或者受益人**未发生**保险事故，**谎称**发生了保险事故，向保险人提出赔偿或者给付保险金请求的保险人有权解除合同，并不退还保险费；<br>（3）投保人、被保险人**故意制造**保险事故的，保险人有权解除保险合同，不承担赔偿或给付保险金的责任；<br>（4）投保人、被保险人**未按照合同约定履行**其对保险标的的**安全**应尽责任；<br>（5）在合同有效期内，保险标的的危险程度显著增加，被保险人未按合同约定及时通知保险人的或者保险人要求增加保险费被拒绝；<br>（6）投保人申报的被保险人年龄不真实，并且其**真实年龄不符合**合同约定的年龄限制；<br>（7）人身保险合同效力中止满 **2** 年，保险合同双方当事人未达成协议恢复合同效力 |

续表

| 解除权 | 具体规定 |
|---|---|
| 当事人不得解除的保险合同 | 货物运输保险合同和运输工具航程保险合同，其保险责任开始后，合同当事人不得解除合同 |

▶ 速提分 ▶

关于保险人解除合同的事由和后续处理如下表所示：

| 对象 | 事由 | 保险人解除权及后续处理 |
|---|---|---|
| 投保人 | 未履行如实告知义务，足以影响保险人决定是否同意承保或者提高保险费率 | （1）故意→不赔不退；<br>（2）过失→不赔，但退保费 |
| 投保人 | 未发生保险事故，谎称发生保险事故（骗保） | 解除合同，不退 |
| 被保险人 | 保险标的危险程度显著增加，未按合同约定及时通知保险人或者保险人要求增加保费被拒绝 | 解除合同 |
| 被保险人 | 故意犯罪、拒捕致其死亡或伤残 | （1）2年内→解除合同，不赔不退；<br>（2）2年后→不赔但退保险单的现金价值 |
| 被保险人 | 自杀 | （1）正常人2年内自杀→解除合同，不赔但退保险单的现金价值；<br>（2）正常人2年后自杀→正常赔付；<br>（3）无行为能力人自杀→正常赔付 |
| 投保人或被保险人 | 故意制造保险事故 | 解除合同，不赔 |
| 投保人或被保险人 | 未按约定履行其对保险标的的安全应尽的责任 | 解除合同 |
| 投保人或被保险人 | 人身保险合同效力中止2年后，未恢复合同效力 | 解除合同 |

**趁热答题**

**例6-25·多选题（2015年）** 根据保险法律制度的规定，下列属于保险人可以单方解除合同的情形有（　　）。

A. 投保人故意隐瞒与保险标的有关的重要事实，未履行如实告知义务的
B. 被保险人谎称发生保险事故，向保险人提出赔偿请求的
C. 被保险人在保险标的的危险程度显著增加时未按照合同约定及时通知保险人的
D. 投保人对保险事故的发生有重大过失的

**【解析】** 本题考查保险合同的解除。投保人故意或者因重大过失未履行如实告知义务，足以影响

保险人决定是否同意承保或者提高保险费率的，保险人有权解除合同，选项 A 正确。被保险人或者受益人谎称发生了保险事故，向保险人提出赔偿或者给付保险金请求的，保险人有权解除合同，并不退还保险费，选项 B 正确。在合同有效期内，保险标的的危险程度显著增加，被保险人未按合同约定及时通知保险人的或者保险人要求增加保险费被拒绝的，保险人可以解除合同，选项 C 正确。选项 D 不是保险人单方解除合同的法定事由。

答案 ABC

## 考点 20　保险合同的特殊制度（★★）

考频　2023 年单选题、综合题；2022 年单选题；2021 年判断题

靶心考点精讲

### （一）财产保险合同中的特殊制度

| 项目 | | 具体规定 |
|---|---|---|
| 重复保险的分摊制度 | 概念 | 同一投保人对**同一保险标的、同一保险利益、同一保险事故**分别与两个以上保险人订立保险合同，且保险合同的保险金额总和超过保险标的价值的保险 |
| | 赔偿原则 | (1) 各保险人赔偿保险金的**总和不得超过保险价值**；<br>(2) 各保险人按照其保险金额与保险金额总和的比例承担保险金赔偿责任 |
| | 退还保险费 | 投保人可以就保险金额总和超过保险价值的部分，请求各保险人**按比例退还保险费** |
| 物上代位制度 | 概念 | 发生保险事故后，只要保险人已支付全部保险金额，受损标的的全部或部分权利发生转移，归保险人所有 |
| | 成立要件 | 保险事故发生后，保险人已支付了全部保险金额：<br>(1) **保险金额=保险价值**，受损标的的**全部**权利归于保险人；<br>(2) **保险金额<保险价值**，保险人按照保险金额与保险价值的**比例**取得受损标的的部分权利 |
| 代位求偿制度 | 规则 | (1) 保险事故由**第三人的行为**引起；<br>(2) 被保险人具有选择权，可以找第三人索赔，也可以找保险人索赔，但双方**索赔的金额总和不超过损失额** |
| | 被保险人弃权 | (1) 保险人支付保险金之前弃权，保险人**不支付保险金**。<br>(2) 保险人支付保险金之后弃权，**未经保险人同意，放弃无效**。<br>(3) 保险**合同订立前弃权，放弃有效**。<br>(4) 保险合同订立时弃权，保险人就是否存在上述放弃情形提出询问，投保人未如实告知，保险人有权请求返还相应保险金。但保险人知道或应当知道上述放弃的情形仍同意承保的除外 |
| | 重复赔偿 | (1) 第三者未接到或接到代位请求通知前又赔偿的，保险人无代位请求权，但可要求被保险人返还相应保险金；<br>(2) 第三者接到代位请求通知后又赔偿的，保险人有代位请求权 |
| | 代位权的行使 | (1) **保险人**以**自己**的名义行使代位权；<br>(2) 在赔偿金范围内行使代位权；<br>(3) 第三者如果是被保险人的**家庭成员或组成人员**，**非故意**造成的保险事故，保险人赔付后**不得**代位求偿 |

> **通关文牒**
>
> ▶ **很好懂** ▶
>
> 代位求偿权的本质：如果保险事故是第三人的行为引起的，**造成的损失最终由第三人承担**（若被保险人找保险人索赔，保险人支付保险金后，可以再找第三人追偿），**但是被保险人的家庭成员或组成人员，"非故意"造成保险事故的损失由保险人承担，不可以向被保险人的家庭成员或组成人员追偿**。考生可以通过以下例子，对代位求偿权加以理解。
>
> （举例）张三在保险公司为自己的小汽车购买了财产险，保险金额20万元。保险期间，张三的小汽车被李四撞毁，损失20万元，李四对张三负有20万元的赔偿责任。由于上述侵权行为同时引发了张三和保险公司之间的保险合同所约束的保险事故，张三遂请求保险公司支付保险金20万元。保险公司向张三赔付20万元保险金后，获得了对李四的求偿权，即有权以自己的名义向李四追偿20万元。
>
> 【提示】
> ①保险公司支付保险金之前，若张三放弃对李四的求偿权，保险公司不支付保险金；
> ②保险公司支付保险金之后，若张三放弃对李四的求偿权，**未经保险公司同意，放弃无效**。

### （二）人身保险合同中的特殊制度

1. 不丧失价值条款

（1）即使**投保人故意造成被保险人死亡、伤残或者疾病**的，保险人虽不承担给付保险金的责任，但若投保人已交足**2年**以上保险费的，保险人就应当按照合同约定向其他权利人**退还保险单的现金价值**。

（2）因被保险人**故意犯罪**或者**抗拒依法采取的刑事强制措施**导致其伤残或者死亡的，保险人不承担给付保险金的责任。投保人已交足**2年**以上保险费的，保险人应当按照合同约定**退还保险单的现金价值**。

2. 误告年龄条款

（1）投保人申报的**被保险人年龄不真实**，并且其真实年龄**不符合**合同约定的年龄限制的，保险人可以解除合同，并按照合同约定**退还保险单的现金价值**。

（2）若投保人申报的被保险人的年龄不真实，致使投保人支付的保险费少于应付保险费，保险人有权更正并要求投保人补交保险费，或在给付保险金时按照实付保险费与应付保险费的比例支付。但若投保人为此支付的保险费多于应交的保险费，保险人应当将多收的保险费退还投保人。

3. 自杀条款

以被保险人死亡为给付保险金条件的合同，自合同成立或者合同效力恢复之日起**2年**内，被保险人自杀的，保险人不承担给付保险金的责任，但被保险人自杀时为**无民事行为能力人**的除外。

## 通关文牒

▶ 速提分 ▶

(1) 关于以被保险人死亡为给付保险金条件的合同，可以参照下图做题：

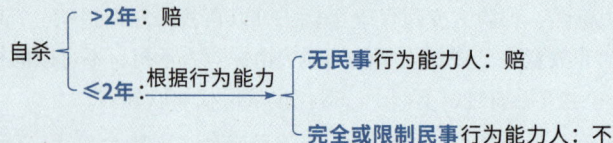

(2) 考生可以通过以下例子，对保险合同的特殊制度加以理解：

**举例1** 2021年10月，赵某为其儿子小赵购买了一份以死亡为给付保险金条件的人身保险。2023年11月，小赵因失恋自杀身亡，赵某请求保险公司给付保险金。小赵自杀时具有完全民事行为能力。保险公司如何赔付？

**解析** 赵某购买保险的时间为2021年10月，被保险人小赵自杀的时间为2023年11月，已满2年，且小赵自杀时为完全民事行为能力人，因此保险公司应正常赔付。

**举例2** 2021年10月，赵某为其儿子小赵购买了一份以死亡为给付保险金条件的人身保险。2022年4月，小赵因失恋自杀身亡，赵某请求保险公司给付保险金。小赵自杀时具有完全民事行为能力。保险公司如何赔付？

**解析** 以被保险人死亡为给付保险金条件的合同，自合同成立之日起2年内，被保险人自杀的，保险人不承担给付保险金的责任，但被保险人自杀时为无民事行为能力人的除外。保险人依照规定不承担给付保险金责任的，应当按照合同约定退还保险单的现金价值。本题中，赵某购买保险的时间为2021年10月，被保险人小赵自杀的时间为2022年4月，不满2年，且小赵自杀时为完全民事行为能力人，因此保险公司不承担给付保险金责任但应退还保险单的现金价值。

**举例3** 2021年10月，赵某为其儿子小赵购买了一份以死亡为给付保险金条件的人身保险。2022年4月，小赵自杀身亡，赵某请求保险公司给付保险金。小赵自杀时无民事行为能力。保险公司如何赔付？

**解析** 赵某购买保险的时间为2021年10月，被保险人小赵自杀的时间为2022年4月，不满2年，但小赵自杀时为无民事行为能力人，因此保险公司应正常赔付。

## 趁热答题

**例6-26·单选题（2023年）** 父母为女儿购买了以死亡为给付保险金条件的保险合同，投保时女儿21岁。之后女儿为情自杀，此时在合同成立两年内。则保险公司应当（　　）。

A. 不承担给付保险金的责任，但退还现金价值
B. 承担给付保险金的责任
C. 不承担给付保险金的责任，但退还保险费
D. 不承担给付保险金的责任，不退还现金价值

**解析** 本题考查人身保险合同的特殊条款。以被保险人死亡为给付保险金条件的合同，自合同成立或者合同效力恢复之日起2年内，被保险人自杀的，保险人不承担给付保险金的责任，但被保险人自杀时为无民事行为能力人的除外。本题中，投保时女儿为完全民事行为能力人，在合同成立2

年内自杀,保险人依照前述规定不承担给付保险金责任的,应当按照合同约定退还保险单的现金价值。因此,选项 A 正确。

答案　A

## 考点 21　保险公司与保险中介人（★★）

考频　2022年单选题；2021年单选题

### （一）保险公司

| 项目 | 具体规定 |
|---|---|
| 设立条件 | (1) 主要股东具有持续盈利能力,信誉良好,最近 **3年内**无重大违法违规记录,**净资产**不低于人民币 **2亿元**；<br>(2) 注册资本的最低限额为人民币 **2亿元**；<br>(3) 保险公司的注册资本必须为**实缴**货币资本 |
| 业务限制 | 保险公司不得兼营人身保险业务和财产保险业务 |
| 终止情形 | **解散、被撤销、被宣告破产** |
| 资金运用 | 仅限于以下用途：<br>(1) 银行存款；<br>(2) 买卖债券、股票、证券投资基金份额等有价证券；<br>(3) 投资不动产 |

### （二）保险代理人和保险经纪人

| 项目 | 保险代理人 | 保险经纪人 |
|---|---|---|
| 代表立场 | 代表**保险人**的利益 | (1) 既非合同当事人,亦非任何一方的代理人；<br>(2) 代表**投保人**的利益 |
| 名义与责任 | 以**保险人**的名义,由**保险人**承担责任 | 以**自己**的名义,自行承担责任 |
| 形式 | 单位或个人 | **只能是单位** |
| 佣金 | 由保险人支付 | 一般由保险人支付,可以依合同约定由投保人支付,但**不得同时向投保人和保险人双方收取佣金** |

### （三）保险公估人

1. 保险公估人是指接受委托,专门从事保险标的或者保险事故进行评估、勘验、鉴定、估损理算等业务,并按约定收取报酬的机构。
2. 保险公估机构可以经营下列业务：
(1) 保险标的的承保前和承保后的检验、估价及风险评估；
(2) 保险标的出险后的查勘、检验、估损理算及出险保险标的的残值处理；
(3) 风险管理咨询；
(4) 国务院保险监管机构批准的其他业务。
3. 保险公估人虽然接受委托从事保险公估业务,但**不代表任何一方的利益**,处于中立的地位,**独立、客观、公正**地出具保险公估报告,其在出险后对保险标的的勘验、鉴定和理算,使保险趋于公平、合理，有利于调停当事人之间关于保险理赔方面的矛盾。

4. 保险公估机构和人员，**因故意或者过失**给保险人或者被保险人造成损失的，依法**承担赔偿责任**。

### 趁热答题

**| 例 6-27·单选题（2022 年）|** 根据保险法律制度的规定，下列关于保险经纪人的表述中，正确的是（　　）。

A. 保险经纪人基于保险人的利益提供中介服务
B. 保险经纪人可以同时向投保人和保险人双方收取佣金
C. 个人不能担任保险经纪人
D. 保险经纪人以投保人的名义独立实施保险经纪行为

（解析）本题考查保险经纪人。保险经纪人基于"投保人"的利益提供中介服务，选项 A 错误。保险经纪机构**不得**同时向投保人和保险人双方收取佣金，选项 B 错误。保险经纪人是专门从事保险经纪活动的单位，而**不能是个人**，选项 C 正确。保险经纪人以**自己的名义**独立实施保险经纪行为，选项 D 错误。

（答案）C

## 第四节　信托法律制度

### 考点 22　信托的设立（★★）

考频　2023 年多选题；2022 年多选题

| 项目 | | 具体内容 |
| --- | --- | --- |
| 信托成立 | 信托合同形式设立信托 | 信托合同**签订**时，信托成立 |
| | 其他书面形式设立信托 | 受托人**承诺信托**时，信托成立 |
| 信托生效 | 信托当事人、信托财产、信托行为和信托目的四个方面均符合生效条件，才能使已经成立的信托生效 | |
| | 信托当事人 | **委托人**、**受托人**具有完全民事行为能力 |
| | 信托财产 | 有**确定**的信托财产，且是委托人**合法**所有的财产 |
| | 信托行为 | （1）委托人和受托人的**意思表示真实**；<br>（2）并应当采取**书面形式**（信托合同、遗嘱等） |
| | 信托目的 | 合法 |
| 信托无效 | （1）信托目的**违反法律**、行政法规或者损害社会公共利益；<br>（2）信托**财产不能确定**；<br>（3）委托人以**非法财产**或者法律规定不得设立信托的财产设立信托；<br>（4）专以**诉讼或者讨债为目**的设立信托；<br>（5）**受益人**或者受益人范围**不能确定**；<br>（6）法律、行政法规规定的其他情形 | |

续表

| 项目 | 具体内容 |
|---|---|
| 诈害信托的撤销 | (1) 设立信托损害其债权人利益的，债权人有权申请人民法院撤销该信托；<br>(2) 债权人的申请权，自权利人知道或者应当知道撤销原因之日起**1年内**不行使的，归于消灭；<br>(3) 人民法院撤销信托的，**不影响善意受益人**已经取得的信托利益 |

### 趁热答题

**例 6-28·多选题（2023年）** 下列信托中，属于无效信托的有（　　）。
A. 丙公司设立的损害其债权人利益的信托
B. 丁公司以自身商誉作为信托财产而设立的信托
C. 甲公司专以讨债为目的而设立的信托
D. 乙公司专以诉讼为目的而设立的信托

**解析** 本题考查信托无效。有下列情形之一的，信托无效：
(1) 信托目的违反法律、行政法规或者损害社会公共利益；
(2) 信托财产不能确定（选项B）；
(3) 委托人以非法财产或者法律规定不得设立信托的财产设立信托；
(4) 专以诉讼或者讨债为目的设立信托（选项CD）；
(5) 受益人或者受益人范围不能确定；
(6) 法律、行政法规规定的其他情形。
选项A属于诈害信托。

**答案** BCD

## 考点 23　信托财产（★★）

**考频** 2022年单选题

**（一）信托财产的范围**

(1) 受托人因承诺信托而取得的财产；
(2) 受托人因信托财产的管理运用而取得的财产；
(3) 受托人因信托财产的处分而取得的财产；
(4) 受托人因其他情形而取得的财产（如被保险的信托财产因第三人的行为而灭失、毁损，根据保险单而取得的保险赔款）。

**（二）信托财产的设立条件**

(1) 可以设立信托的财产：具有财产价值的东西，只要满足**可转让性、确定性与合法所有性**要求，不论其采取何种存在形式，原则上均可以作为信托财产（**金钱、不动产、动产、有价证券、知识产权**等）。
(2) **不得**设立信托的财产：
①非确定的独立财产（**商誉、经营控制权**等营业上的利益）；
②人身权（**姓名权、名誉权、身份权**）等具有专属性质的权利。

### （三）信托财产的归属

（1）信托一经设立，信托财产归属于<u>受托人</u>；

（2）受托人对信托财产要根据信托文件的约定，按照委托人的意愿对信托财产进行管理、处分，而不是按照受托人自己的需要来运用信托财产。

### （四）信托财产的特征

| 特征 | 具体规定 |
| --- | --- |
| 独立性 | （1）信托财产在法律关系上属于受托人，但信托财产的管理、处分受信托目的的约束，为信托目的而独立存在，受托人<u>并未取得信托财产的绝对权能</u>；<br>（2）信托财产<u>独立于委托人</u>；<br>（3）信托财产<u>独立于受托人</u>；<br>（4）信托财产<u>独立于受益人</u>；<br>（5）<u>偿债</u>方面具有独立性；<br>（6）<u>抵销</u>方面具有独立性 |
| 物上代位性 | 信托设立后，因受托人对信托财产的管理、处分，信托财产变化成各种形态，在信托结束前，不管信托财产物质形态如何变换，均属于信托财产 |

#### 趁热答题

**例6-29·单选题（2022年）** 根据信托法律制度的规定，下列财产中，不得作为信托财产的是（　　）。

A. 不动产　　　B. 股票　　　C. 商誉　　　D. 知识产权

**解析** 本题考查信托财产的条件。具有财产价值的东西，只要满足了可转让性、确定性与合法所有性要求，不论其采取何种存在形式，原则上均可以作为信托财产，如金钱、不动产、动产、有价证券、知识产权等。商誉（选项C）、经营控制权等营业上的利益，因<u>非确定</u>的独立财产，不能成为信托财产；人身权，如姓名权、名誉权、身份权等具有<u>专属性质</u>的权利，因不能以金钱计算其价值，且不能转移，也不能成为信托财产。

**答案** C

## 考点24　信托当事人的权利与义务（★★）

考频：2023年单选题、多选题；2022年单选题、判断题

### （一）委托人

| 项目 | | 具体规定 |
| --- | --- | --- |
| 资格 | | 具有<u>完全民事</u>行为能力的自然人、法人或者依法成立的其他组织 |
| 权利 | 信托财产管理和处分的<u>知情权</u> | （1）委托人有权了解其信托财产的管理运用、处分及收支情况，并有权要求受托人作出说明；<br>（2）委托人有权查阅、抄录或者复制与其信托财产有关的信托账目以及处理信托事务的其他文件；<br>（3）委托人行使质询权和查阅、抄录、复制权，任何人不得干涉 |

续表

| 项目 | | 具体规定 |
|---|---|---|
| 权利 | 信托财产管理方法的**变更权** | （1）委托人因设立信托时未能预见的特别事由，致使信托财产的管理方法不利于实现信托目的或者不符合受益人的利益时，委托人有权要求受托人调整该信托财产的管理方法；<br>（2）委托人可以**直接**向受托人行使这项权利，也可以**通过法院**作出裁定行使这项权利 |
| | 对违反信托权限行为的**撤销权** | （1）委托人的撤销权，自委托人知道或者应当知道撤销原因之日起**1年内**不行使的，归于消灭；<br>（2）委托人的撤销权应当通过诉讼方式行使，人民法院根据委托人的请求作出撤销受托人处分信托财产行为的判决后，受托人的处分行为即发生**自始无效**的法律后果 |
| | 对受托人的**解任权** 解任情形 | （1）受托人违反信托目的处分信托财产；<br>（2）受托人管理运用、处分信托财产有重大过失 |
| | 对受托人的**解任权** 解任途径 | （1）委托人有权依照信托文件的规定解任受托人；<br>（2）委托人有权申请人民法院解任受托人 |
| 义务 | | 支付报酬；委托人违约单方解除信托关系给受托人造成损失的，应当承担赔偿责任 |

## （二）受托人

1. 资格

（1）具有完全民事行为能力的自然人、法人可以成为受托人；

（2）自然人**不得**成为金融信托的受托人；

（3）担任公益信托的受托人，应当经有关公益事业管理机构批准；

（4）从事金融信托业务，受托人应当是依法设立的、取得经营金融业务许可证的信托公司、基金管理公司等金融机构。

2. 权利

| 权利 | 具体规定 |
|---|---|
| 报酬给付请求权 | （1）受托人**有权**依照信托文件的约定取得报酬。<br>（2）信托文件未作事先约定的，经信托当事人协商同意，可以作出补充约定；未作事先约定和补充约定的，**不得收取报酬**。<br>（3）受托人违反信托目的处分信托财产或者因违背管理职责、处理信托事务不当致使信托财产受到损失的，在未恢复信托财产的原状或者未予赔偿前，**不得请求给付报酬** |
| 优先受偿权 | （1）受托人因处理信托事务所支出的费用、对第三人所负的债务，或者所受到的损害，以信托财产承担；<br>（2）受托人以其固有财产先行支付的，对信托财产享有**优先受偿**的权利 |

3. 义务

| 义务 | 具体规定 |
|---|---|
| 谨慎义务 | （1）受托人应当遵守信托文件的规定，**为受益人的最大利益**处理信托事务；<br>（2）受托人管理信托财产，必须恪尽职守，履行诚实、信用、谨慎、有效管理的义务 |

续表

| 义务 | 具体规定 |
| --- | --- |
| 忠实义务 | (1) 忠实义务是指受托人必须以**受益人的利益**作为处理信托事务的**唯一目的**。<br>(2) 受托人除依法取得报酬外，**不得**利用信托财产**为自己**谋取利益。违反规定，利用信托财产为自己谋取利益的，**所得利益归入信托财产**。<br>(3) 受托人**不得**将信托财产转为其固有财产。<br>(4) 受托人**不得**将其固有财产与信托财产进行交易或者将不同委托人的信托财产进行相互交易，但信托文件另有规定或者经委托人或者受益人同意，并以**公平的市场价格**进行交易的除外 |
| 分别管理义务 | 受托人必须将信托财产与其固有财产**分别管理**、**分别记账**，并将不同委托人的信托财产分别管理，分别记账 |
| 自己管理义务 | (1) 受托人应当自己处理信托事务，但信托文件另有规定或者有不得已事由的，可以委托他人代为处理；<br>(2) 受托人依法将信托事务委托他人代理的，应当对他人处理信托事务的行为承担责任 |
| 共同受托人共同处理信托义务 | (1) 同一信托的受托人有**两个以上**的，为共同受托人。<br>(2) 共同受托人应当**共同处理**信托事务，但信托文件规定对某些具体事务由受托人分别处理的，从其规定。<br>(3) 共同受托人共同处理信托事务，**意见不一致**时，**按信托文件规定处理**；信托文件未规定的，由**委托人**、**受益人或者其利害关系人决定**。<br>【提示】受托人共同处理信托事务是指两个以上受托人处理信托事务时，**没有先后顺序**，**没有主从关系**，**也没有份额关系**。<br>(4) 共同受托人处理信托事务对第三人所负债务，应当承担**连带清偿责任** |
| 报告和保密义务 | (1) 受托人必须**保存**处理信托事务的**完整记录**；<br>(2) 报告义务是指受托人应当每年定期将信托财产的管理运用、处分及收支情况，**报告**委托人和受益人；<br>(3) 保密义务是指受托人对信托中了解到的委托人、受益人以及处理信托事务的情况和资料应当依法**保守秘密** |
| 支付信托利益的义务 | 受托人**以信托财产为限**向**受益人**承担支付信托利益的义务 |

### 通关文牒

▶ 很会考 ▶

信托当事人分为委托人、受托人和受益人，其中**受托人**处于核心地位，属于信托财产的管理运用与处分人，兼具比较多的义务与责任。受托人的义务属于客观题常考点，考生需重点关注。

### 趁热答题

| 例 6-30·多选题（2023 年）| 王某以一处自有的临街房产与甲公司签订信托合同，信托合同规定该房产用于商业租赁，王某为该信托的唯一受益人。该信托合同拟订的下列条款中，符合法律规定的有（　　）。

A. 甲公司有不得已事由时，可以委托他人代为处理信托事务
B. 甲公司可以公平市场价格租用该房产

C. 甲公司可以自主决定是否保留处理信托事务的完整记录
D. 王某不能偿还个人到期债务时可以信托受益权抵偿债务

**解析** 本题考查受托人的权利与义务。受托人应当自己处理信托事务，但信托文件另有规定或者有不得已事由的，可以委托他人代为处理，选项 A 正确。受托人不得将其固有财产与信托财产进行交易或者将不同委托人的信托财产进行相互交易，但信托文件另有规定或者经委托人或者受益人同意，并以公平的市场价格进行交易的除外，选项 B 正确。受托人必须保存处理信托事务的完整记录，选项 C 错误。受益人不能清偿到期债务的，其信托受益权可以用于清偿债务，但法律、行政法规以及信托文件有限制性规定的除外，选项 D 正确。因此，本题选项 ABD 正确。

**答案** ABD

## （三）受益人

| 项目 | 具体内容 |
| --- | --- |
| 资格 | (1) 可以是自然人、法人或者依法成立的其他组织；<br>(2) 可以是 1 人或数人；<br>(3) 委托人、受托人、第三人均可成为受益人，其中**委托人可以是同一信托的唯一受益人，但受托人不得是同一信托的唯一受益人** |
| 享有受益权的时间 | 受益人自**信托生效之日**起享有信托受益权，信托文件另有规定的除外 |
| 信托利益的分配 | (1) 受益人为数人时，**共同受益人共同享有**信托受益权，信托文件对共同受益人享受信托利益的分配有规定的，从其规定；<br>(2) 信托文件对信托利益的分配比例或者分配方法未作规定的，各受益人按照**均等的比例**享受信托利益 |
| 信托受益权的财产属性 | (1) 受益人不能清偿到期债务的，其信托受益权**可以用于清偿债务**，另有规定的除外。<br>(2) 受益人的信托受益权**可以转让和继承**，信托文件有限制性规定的除外。<br>(3) 受益人**可以放弃信托受益权**：<br>①全体受益人放弃信托受益权的，信托终止；<br>②部分受益人放弃信托受益权的，被放弃的信托受益权的归属顺序：**信托文件规定的人→其他受益人→委托人或其继承人** |
| 受益人的权利 | (1) 受益人可以行使信托财产管理处分的知情权、信托财产管理方法的变更权、对违反信托权限行为的撤销权以及对受托人的解任权；<br>(2) 受益人行使上述权利与委托人**意见不一致**时，可申请**人民法院作出裁定**；<br>(3) 因共同受益人之一行使对违反信托权限行为的撤销权，人民法院所作出的撤销裁定，**对全体共同受益人有效** |

### 趁热答题

**例6-31·单选题（2023年）** 信托财产有多个信托受益人的，其中部分信托受益人放弃信托受益权的，被放弃的信托受益权的归属确定顺序正确的是（　　）。

A. 信托文件规定的人，其他受益人，委托人或者其继承人
B. 其他受益人，委托人或者其继承人，信托文件规定的人
C. 委托人或者其继承人，其他受益人，信托文件规定的人
D. 信托文件规定的人，委托人或者其继承人，其他受益人

**解析** 本题考查受益人的权利与义务。受益人可以放弃信托受益权，全体受益人放弃信托受益

权的,信托终止。部分受益人放弃信托受益权的,被放弃的信托受益权按下列顺序确定归属:(1)信托文件规定的人;(2)其他受益人;(3)委托人或者其继承人。因此,选项A正确。

答案　A

## 考点 25　信托的变更与终止（★★）

考频　2022 年判断题

### （一）信托的变更

| 项目 | | 具体规定 |
| --- | --- | --- |
| 信托财产管理方法的变更 | | (1) 因设立信托时未能预见的特别事由,致使信托财产的管理方法不利于实现信托目的或者不符合受益人的利益时,**委托人**、**受益人**有权要求受托人调整该信托财产的管理方法;<br>(2) 委托人与受益人对变更的**意见不一致**时,可以申请**人民法院作出裁定** |
| 受托人的变更 | 解任 | (1) 当受托人违反信托目的处分信托财产或者管理运用、处分信托财产有重大过失时,委托人、受益人有权解任受托人;<br>(2) 委托人与受益人**意见不一致**时,可以申请**人民法院作出裁定** |
| | 辞任 | (1) 设立信托后,经**委托人和受益人同意**,受托人可以辞任;<br>(2) 受托人辞任的,在新受托人选出前仍应履行管理信托事务的职责 |
| | 受托人职责终止的情形 | (1) 受托人**死亡**或者被依法宣告死亡;<br>(2) 受托人被依法宣告为**无民事行为能力人或者限制**民事行为能力人;<br>(3) 受托人被依法**撤销**或者被宣告**破产**;<br>(4) 受托人依法**解散**或者**法定资格丧失**;<br>(5) 法律、行政法规规定的其他情形 |
| | 新受托人的选任 | 受托人为**一人**时,受托人职责终止的:<br>(1) 依照信托文件规定选任**新受托人**;<br>(2) 信托文件未规定的,由**委托人**选任;<br>(3) 委托人不指定或者无能力指定的,由**受益人**选任;<br>(4) 受益人为无民事行为能力人或者限制民事行为能力人的,依法由**其监护人代行**选任 |
| 受托人报酬的变更 | | 对于信托文件约定的报酬,经**信托当事人协商同意**,可以增减其数额 |
| 受益人的变更 | 自益信托 | 在自益信托中,委托人和受益人为**同一人**,除信托文件另有规定外,委托人或者其继承人可以**解除**信托,使自己的受益权归于消灭 |
| | 他益信托 | 在他益信托中,委托人**不得擅自变更**受益人或者处分受益人的信托受益权,但是,有下列情形之一的,委托人**可以变更**受益人或者处分受益人的信托受益权:<br>(1) 受益人对委托人有**重大侵权**行为;<br>(2) 受益人对**其他共同受益人**有重大侵权行为;<br>(3) 经**受益人同意**;<br>(4) 信托文件规定的其他情形 |

## （二）信托的终止

| 项目 | 具体内容 |
|---|---|
| 概述 | (1) 信托具有连续性，信托一经生效，不因委托人及受托人的欠缺而终止，即信托**不因委托人或者受托人的死亡、丧失民事行为能力、依法解散、被依法撤销或者被宣告破产而终止，也不因受托人的辞任而终止**；<br>(2) 设立信托后，委托人死亡或者依法解散、被依法撤销、被宣告破产时，**委托人是唯一受益人的，信托终止** |
| 情形 | (1) 信托文件规定的**终止事由发生**；<br>(2) 信托的**存续违反信托目的**；<br>(3) 信托目的**已经实现**或者**不能实现**；<br>(4) 信托当事人**协商同意**；<br>(5) 信托**被撤销**；<br>(6) 信托**被解除** |
| 信托终止后的财产归属 | 信托财产归属于信托文件规定的人；信托文件未规定的，按下列顺序确定归属：<br>(1) 受益人或其继承人；<br>(2) 委托人或其继承人。<br>【提示】信托财产的归属确定后，在该信托财产转移给权利归属人的过程中，信托视为存续，权利归属人视为受益人 |
| 信托终止后的债务处理 | (1) 对原信托财产依法强制执行的，以**权利归属人为被执行人**；<br>(2) 受托人依法行使请求给付报酬、从信托财产中获得补偿的权利时，可以**留置信托财产**或者对信托财产的权利归属人提出请求；<br>(3) 受托人应当作出处理信托事务的**清算报告** |

**趁热答题**

**| 例 6-32·判断题（2022 年）|** 委托人被宣告破产，委托人为唯一受益人，信托终止。（ ）

（解析）本题考查信托的终止。设立信托后，委托人死亡或者依法解散、被依法撤销、被宣告破产时，**委托人是唯一受益人的，信托终止**，信托财产作为其遗产或者清算财产。

答案 √

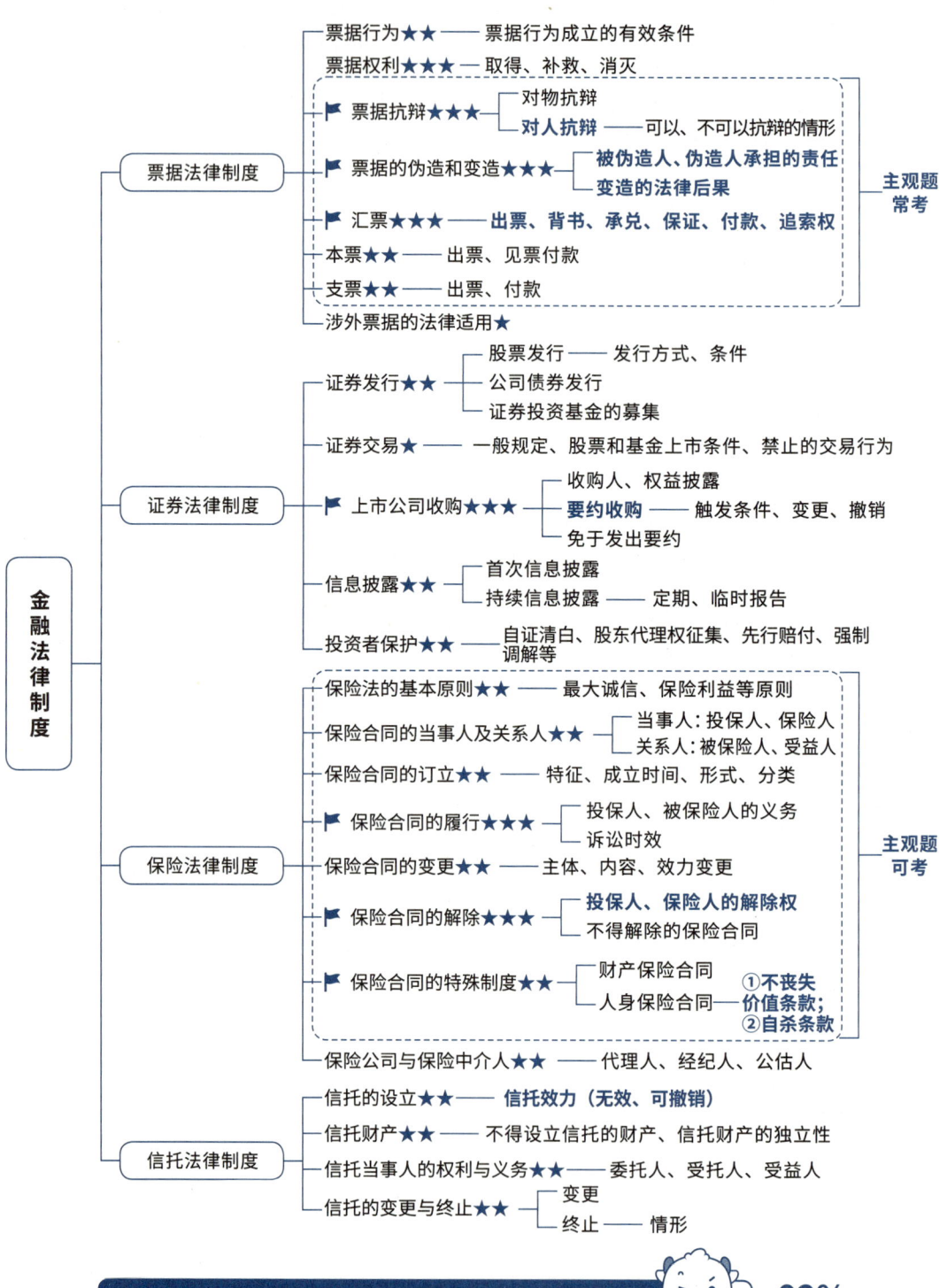

# 第七章 财政法律制度

## 考情驿站

本章属于非重点章节,考点分布比较广泛,难度中等。本章主要介绍《预算法》《国有资产管理法》《采购法》的内容,多以客观题形式考查。本章的内容不易理解,并且对于记忆要求比较高,考生可结合课程掌握主要考点,不得随意放弃但也无须投入太多精力,可在考前多记忆关键内容。近三年考试分值都在8分左右。

## 考点地图

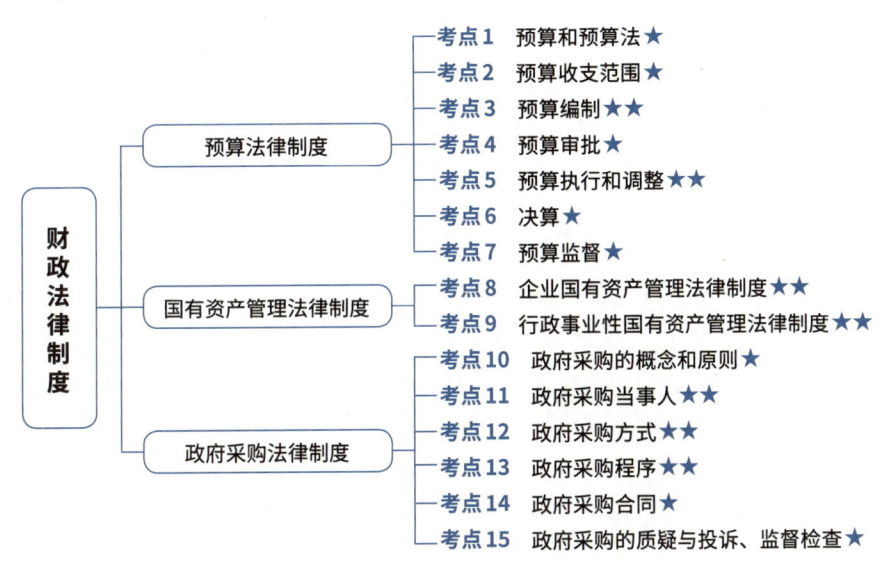

## 2024年本章主要变化

本章无实质性变动。

## 考点速递

# 第一节 预算法律制度

## 考点1 预算和预算法（★）

**考频** 2023年判断题；2022年单选题

| 事项 | 具体规定 |
| --- | --- |
| 预算的基本原则 | (1) 统筹兼顾、勤俭节约、量力而行、讲求绩效、收支平衡。<br>(2) 预算法定：<br>①经人民代表大会批准的预算，非经法定程序，不得调整；<br>②各级政府、各部门、各单位的支出必须以经批准的预算为依据，未列入预算的不得支出。<br>(3) 预算完整。<br>(4) 预算公开。<br>(5) 跨年度预算平衡。<br>(6) 相互制约、相互协调 |
| 预算体制 | **五层级**：<br>(1) 中央预算；<br>(2) 省、自治区、直辖市预算；<br>(3) 设区的市、自治州预算；<br>(4) 县、自治县、不设区的市、市辖区预算；<br>(5) 乡、民族乡、镇预算。<br>【提示】县级以上地方政府的派出机关根据本级政府的授权进行预算管理活动，不作为一级预算，其收支纳入本级预算 |
| | **分税制**：国家实行中央和地方分税制，具体是指在划分中央与地方事权的基础上，确定中央与地方财政支出范围，并按税种划分中央与地方预算收入的财政管理体制 |
| | **财政转移支付** — 一般性转移支付：<br>(1) 均衡性转移支付；<br>(2) 对革命老区、民族地区、边疆地区、贫困地区的财力补助；<br>(3) 其他一般性转移支付 |
| | **财政转移支付** — 专项转移支付：<br>(1) 专项转移支付，是指上级政府为了实现特定的经济和社会发展目标给予下级政府，并由下级政府按照上级政府规定的用途安排使用的预算资金；<br>(2) 市场竞争机制能够有效调节的事项不得设立专项转移支付；<br>(3) 上级政府在安排专项转移支付时，不得要求下级政府承担配套资金，但是，按照国务院的规定应当由上下级政府共同承担的事项除外 |
| 预算管理职权 | 编制权、审批权、执行权、调整权、监督权等 |

## 趁热答题

**例7-1·单选题（2022年）** 根据预算法律制度的规定，下列关于财政转移支付的表述中，不正确的是（ ）。

A. 财政转移支付包括中央对地方的转移支付和地方上级政府对下级政府的转移支付
B. 均衡性转移支付属于一般性转移支付
C. 对革命老区、民族地区、边疆地区、贫困地区的财力补助属于专项转移支付
D. 市场竞争机制能够有效调节的事项不得设立专项转移支付

**解析** 本题考查财政转移支付。财政转移支付包括中央对地方的转移支付和地方上级政府对下级政府的转移支付（选项A）。一般性转移支付包括：(1) 均衡性转移支付（选项B）；(2) 对革命老区、民族地区、边疆地区、贫困地区的财力补助（选项C表述错误）；(3) 其他一般性转移支付。按照法律、行政法规和国务院的规定可以设立专项转移支付，用于办理特定事项。市场竞争机制能够有效调节的事项不得设立专项转移支付（选项D）。

**答案** C

## 考点2　预算收支范围（★）

**考频** 2023年单选题、多选题；2022年单选题、多选题

| 事项 | | 具体规定 |
| --- | --- | --- |
| 一般公共预算 | 一般公共预算收入 | (1) 税收收入（预算收入的**最主要**的部分）。<br>(2) 行政事业性收费收入（非政府性基金）。<br>(3) 国有资源（资产）有偿**使用**收入。<br>【提示】国有土地使用权**转让**收入不属于国有资源（资产）有偿使用收入，而是属于**政府性基金**，考试易在此处设陷阱。<br>(4) **转移性收入**：（常考）<br>①上级税后返还和转移支付；<br>②下级上解收入；<br>③调入资金；<br>④按照财政部规定列入转移性收入的无隶属关系政府的无偿援助 |
| | 一般公共预算支出 | 按功能：(1) 一般公共服务支出；(2) 外交、公共安全、国防支出；(3) 农业、环境保护支出；(4) 教育、科技、文化、卫生、体育支出；(5) 社会保障及就业支出和其他支出 |
| | | 按经济性质：工资福利支出、商品和服务支出、资本性支出和其他支出 |
| | 中央一般公共预算收入 | 中央本级收入、地方向中央的上解收入 |
| | 中央一般公共预算支出 | 中央本级支出、中央对地方的税收返还、中央对地方的转移支付 |

续表

| 事项 | | 具体规定 |
| --- | --- | --- |
| 一般公共预算 | 地方一般公共预算收入 | 地方本级收入、上级政府对本级政府的税收返还、上级政府对本级政府的转移支付、下级政府的上解收入 |
| | 地方一般公共预算支出 | 地方本级支出、对上级政府的上解支出、对下级政府的税收返还、对下级政府的转移支付 |
| 政府性基金预算 | 政府性基金预算收入 | 政府性基金各项目（民航发展基金、国家重大水利建设基金、国有土地使用权转让收入等）收入、转移性收入 |
| | 政府性基金预算支出 | 与政府性基金预算收入相对应的各项目支出、转移性支出 |
| 国有资本经营预算 | 收入 | 从国家出资企业分得的利润、国有资产转让收入、从国家出资企业取得的清算收入、其他国有资本收入 |
| | 支出主要用途 | 解决国有企业历史遗留问题及相关改革成本支出、对国有企业的资本金注入、国有企业政策性补贴 |
| | 编制要求 | （1）按年度编制，纳入本级人民政府预算，报本级人民代表大会批准支出应按当年的预算收入规模安排，不列赤字；<br>（2）国务院和有关地方人民政府财政部门（非履行出资人职责的机构）负责编制 |
| 社会保险基金预算 | 收入 | 各项社会保险费收入、利息收入、投资收益一般公共预算补助收入、集体补助收入转移收入、上级补助收入、下级上解收入和其他收入 |
| | 支出 | 各项社会保险费支出、转移支出、补助下级支出、上解上级支出和其他支出 |

## 通关文牒

▶ 很会考 ▶

我国的预算包括一般公共预算、政府性基金预算、国有资本经营预算、社会保险基金预算这四种。考试常考查各个预算所对应的具体内容，考题常常会混淆各种概念，制造陷阱，比如在某项预算名称之下附上其他预算的内容。所以考生应该熟悉各个预算下包含的具体内容。

## 趁热答题

**例 7-2・多选题（2023 年）** 根据预算法律制度的规定，下列预算收入中，属于政府性基金预算收入的有（　　）。

A. 国有土地使用权出让金收入　　B. 国有资源（资产）有偿使用收入
C. 国有产权转让收入　　D. 国家重大水利建设基金收入

**解析** 本题考查预算收支范围。政府性基金预算收入来源于向特定对象征收、收取或者以其他方式筹集的资金，如民航发展基金收入、国家重大水利建设基金（选项D）、国有土地使用权出让金（选项A）等。选项B属于一般公共预算收入。选项C属于国有资本经营预算收入。因此，选项AD正确。

**答案** AD

## 考点 3 预算编制（★★）

**考频** 2023年单选题；2022年多选题

| 事项 | 具体内容 | |
|---|---|---|
| 编制对象 | 预算草案 | |
| 预算年度 | 自公历1月1日起，至12月31日止 | |
| 基本要求 | 将政府收入全部列入预算，**不得**隐瞒、少列 | |
| | 举债规定 | (1) 对中央一般公共预算中举借的债务实行**余额管理**，余额的规模**不得超过全国人民代表大会**批准的限额。<br>(2) 地方各级预算除另有规定外，**不列赤字**。举借的债务应当有偿还计划和稳定的偿还资金来源，只能用于**公益性资本支出**，**不能用于经常性支出** |
| 部署部门 | 编制预算草案的具体事项由**国务院财政部门**部署 | |
| 特殊安排 | 预备费 | 按照本级一般公共预算**支出**额的**1%至3%**设置，用于自然灾害等难以预见的开支 |
| | 周转金 | 不超过本级一般公共预算**支出**额的**1%**，用于本级政府调剂预算**年度内**季节性收支差额，年终收回补充预算稳定调节基金 |
| | 稳定调节基金 | 用于弥补**以后年度**预算资金的不足 |

### 趁热答题

**例 7-3·单选题（2022年）** 根据预算法律制度的规定，下列关于预算编制的表述中，不正确的是（　　）。

A. 政府全部收入均应列入预算，不得隐瞒、少列
B. 地方政府举借的债务可以用于经常性支出
C. 各级一般公共预算应当设置预备费
D. 各级一般公共预算可以设置预算周转金

**解析** 本题考查预算编制。经国务院批准的省、自治区、直辖市的预算中必需的建设投资的部分资金，可以在国务院确定的限额内，通过发行地方政府债券举借债务的方式筹措。举借的债务应当有偿还计划和稳定的偿还资金来源，**只能用于公益性资本支出，不得用于经常性支出**。因此，选项 B 表述错误，当选。

**答案** B

## 考点 4 预算审批（★）

**考频** 2023年判断题；2022年单选题

### （一）预算审批程序和内容

（1）**中央预算**由**全国人民代表大会**审查和批准；**地方各级预算**由**本级人民代表大会审查**和批准。
（2）预算审批的时间要求：

①国务院财政部门应当在每年全国人民代表大会会议举行的 **45 日前**，将中央预算草案的初步方案提交全国人民代表大会财政经济委员会进行初步审查；

②省、自治区、直辖市政府财政部门应当在本级人民代表大会会议举行的 **30 日前**，将本级预算草案的初步方案提交本级人民代表大会有关专门委员会进行初步审查；

③设区的市、自治州政府财政部门应当在本级人民代表大会会议举行的 **30 日前**，将本级预算草案的初步方案提交本级人民代表大会有关专门委员会进行初步审查，或者送交本级人民代表大会常务委员会有关工作机构征求意见；

④县、自治县、不设区的市、市辖区政府应当在本级人民代表大会会议举行的 **30 日前**，将本级预算草案的初步方案提交本级人民代表大会常务委员会进行初步审查。

**（二）预算的备案和批复**

| 项目 | 具体规定 |
| --- | --- |
| 预算备案 | （1）**乡、民族乡、镇政府**应当及时将经**本级人民代表大会**批准的本级预算报上一级政府备案；<br>（2）**县级以上地方各级政府**应当及时将经**本级人民代表大会**批准的本级预算及下一级政府报送备案的预算汇总，报上一级政府备案；<br>（3）**县级以上地方各级政府将下一级政府**依照前述规定报送备案的预算汇总后，报**本级人民代表大会常务委员会备案**；<br>（4）**国务院将省、自治区、直辖市政府**依照前款规定报送备案的预算汇总后，报**全国人民代表大会常务委员会备案**；<br>（5）国务院和县级以上地方各级政府对下一级政府依照《预算法》规定报送备案的预算，认为有同法律、行政法规相抵触或者有其他不适当之处，需要撤销批准预算的决议的，应当提请**本级人民代表大会常务委员会**审议决定 |
| 预算批复 | （1）各级预算经本级人民代表大会批准后，**本级政府财政部门**应当在 **20 日内**向本级各部门批复预算；<br>（2）各部门应当在接到本级政府财政部门批复的本部门预算后 **15 日内**向所属各单位批复预算 |

### 趁热答题

**例 7-4·单选题（2022 年）** 根据预算法律制度的规定，县级以上地方各级人民政府认为下一级人民政府按规定报送备案的预算有不适当之处，需要撤销批准该预算的决议时，应当提请特定机关审议决定，该特定机关为（  ）。

A. 上一级人民代表大会

B. 本级人民代表大会常务委员会

C. 本级人民代表大会

D. 上一级人民政府

**解析** 本题考查预算的备案和批复。国务院和县级以上地方各级政府对下一级政府依照《预算法》规定报送备案的预算，认为有同法律、行政法规相抵触或者有其他不适当之处，需要撤销批准预算的决议的，应当提请本级人民代表大会常务委员会审议决定。因此，选项 B 正确。

**答案** B

## 考点 5　预算执行和调整（★★）

**考频**：2023 年单选题；2022 年单选题、多选题、判断题；2021 年多选题

| 项目 | | 具体内容 |
|---|---|---|
| 预算执行 | 批准前可安排的支出 | (1) 上一年度结转的支出；<br>(2) 参照上一年同期的预算支出数额安排必须支付的本年度部门基本支出、项目支出，以及对下级政府的转移性支出；<br>(3) 法律规定必须履行支付义务的支出；<br>(4) 用于自然灾害等突发事件处理的支出 |
| | 国库制度 | (1) 县级以上各级预算必须设立国库；<br>(2) 各级国库库款的支配权属于本级政府财政部门 |
| 预算调整 | 调整情形 | (1) 需要增加或者减少预算总支出的；<br>(2) 需要调入预算稳定调节基金的；<br>(3) 需要**调减**预算安排的重点支出数额的；<br>(4) 需要**增加**举借债务数额的 |
| | **不属于调整情形** | 在预算执行中，地方各级政府因上级政府增加不需要本级政府提供配套资金的专项转移支付而引起的预算支出变化 |
| | 调整方案审批机构 | 中央预算：**全国人民代表大会常务委员会**<br>【链接】<br>(1) 中央预算由全国人民代表大会审查和批准；<br>(2) 中央决算草案由国务院提请全国人民代表大会常务委员会审查和批准 |
| | | 县级以上地方各级预算：**本级人民代表大会常务委员会**（非"本级人民代表大会"）|
| | | 乡、民族乡、镇预算：**本级人民代表大会** |

### 趁热答题

**例 7-5·单选题（2023 年）**　根据预算法律制度的规定，甲省预算调整方案由特定部门审查和批准。该特定部门是（　　）。

A. 全国人民代表大会
B. 甲省人民代表大会
C. 全国人民代表大会常务委员会
D. 甲省人民代表大会常务委员会

**解析**　本题考查预算执行和调整。县级以上地方各级预算的调整方案应当提请**本级人民代表大会常务委员会**审查和批准。因此，选项 D 正确。

**答案**　D

## 考点 6　决算（★）

**考频** 2023年单选题；2022年单选题

决算是对年度预算收支执行结果的总结和报告。各级政府财政部门编制的决算草案审批流程如下：

（1）国务院**财政部门编制**中央决算草案，经国务院审计部门**审计**后，报国务院**审定**，由国务院**提请全国人民代表大会常务委员会**审查和批准；

（2）县级以上地方各级政府**财政部门编制**本级决算草案，经本级政府审计部门审计后，报本级政府审定，由**本级政府**提请**本级人民代表大会常务委员会**审查和批准；

（3）乡、民族乡、镇政府编制本级决算草案，提请**本级人民代表大会**审查和批准。

### 通关文牒

▶ 速提分 ▶

考生需注意区分各级预算草案、预算调整方案以及决算草案的审批机构，预算草案一般时间比较固定、重要性最高，所以由"人大"负责；预算调整方案、决算草案时间不定，由人大常设机构"人大常委会"负责；乡、民族乡、镇不设人大常委会，由"本级人大"负责。详细对比如下表所示：

| 类型 | 中央预算 | 县级以上地方各级预算 | 乡、民族乡、镇预算 |
|---|---|---|---|
| 预算草案 | 全国人大 | 本级人大 | 本级人大 |
| 预算**调整方案** | 全国人大常委会 | 本级人大常委会 | 本级人大 |
| **决算**草案 | 全国人大常委会 | 本级人大常委会 | 本级人大 |

### 趁热答题

**例7-6·单选题（2023年）** 根据预算法律制度的规定，国务院和县级以上地方各级人民政府对下一级人民政府依《预算法》规定报送备案的决算认为同法律相抵触，需要撤销批准该预算的决议时，应当提请特定机关审议决定。该特定机关为（　　）。

A. 上一级人民代表大会　　　　　　B. 本级人民代表大会常务委员会
C. 本级人民代表大会　　　　　　　D. 上一级人民政府

**解析** 本题考查决算。国务院和县级以上地方各级政府对下一级政府依照《预算法》上述规定报送备案的决算，认为有同法律、行政法规相抵触或者有其他不适当之处，需要撤销批准该项决算的决议的，应当提请本级人民代表大会常务委员会审议决定。因此，选项B正确。

**答案** B

## 考点 7　预算监督（★）

### （一）权力机关对预算的监督

（1）全国人民代表大会及其常务委员会对中央和地方预算、决算进行监督；

(2) 县级以上地方各级人民代表大会及其常务委员会对本级和下级预算、决算进行监督；
(3) 乡、民族乡、镇人民代表大会对本级预算、决算进行监督。

### (二) 政府机关对预算的监督

(1) 各级政府监督下级政府的预算执行；下级政府应当定期向上一级政府报告预算执行情况。
(2) 各级政府财政部门负责监督检查本级各部门及其所属各单位预算管理有关工作，并向本级政府和上一级政府财政部门报告预算执行情况。
(3) 县级以上政府审计部门依法对预算执行、决算实行审计监督。对预算执行和其他财政收支的审计工作报告应当向社会公开。

## 第二节 国有资产管理法律制度

### 考点8 企业国有资产管理法律制度（★★）

考频 考点：2023年单选题、多选题；2022年多选题、判断题；2021年单选题

#### （一）出资人和履行出资人职责的机构、管理者的选择与考核

| 项目 | | 具体规定 |
|---|---|---|
| 企业国有资产管理与监督体制 | 国有资产所有权 | 企业国有资产属于国家所有，国务院代表国家行使国有资产所有权 |
| | 出资人 | (1) 重要国家出资企业：由国务院代表国家履行出资人职责。<br>(2) 其他的国家出资企业：由地方人民政府代表国家履行出资人职责 |
| | 履行出资人职责的机构 | 国有资产监督管理机构或者国务院和地方人民政府授权的其他部门、机构 |
| 履行出资人职责的机构的人事任免权 | 国有独资企业 | 任免经理、副经理、财务负责人和其他高级经理人员 |
| | 国有独资公司 | 任免董事长、副董事长、董事、监事会主席、监事 |
| | 国有资本控股公司 | 向股东会提出董事、监事人选 |
| | 国有资本参股公司 | |
| 兼职限制 | 未经履行出资人职责的机构同意 | (1) 国有独资企业、国有独资公司的董事、高级管理人员不得在其他企业兼职；<br>(2) 国有独资公司的董事长不得兼任经理 |
| | 未经股东会同意 | (1) 国有资本控股公司、国有资本参股公司的董事、高级管理人员不得在经营同类业务的其他企业兼职；<br>(2) 国有资本控股公司的董事长不得兼任经理 |
| | 董事、高级管理人员不得兼任监事 | |
| 考核 | 国有独资企业、国有独资公司和国有资本控股公司的主要负责人，应当接受依法进行的任期经济责任审计 | |

## 趁热答题

**例 7-7・单选题（2023 年）** 根据企业国有资产管理制度的规定，下列由履行出资人职责的机构任免的人员是（　　）。

A. 国有独资公司的监事
B. 国有资本控股公司的董事
C. 国有资本参股公司的监事
D. 国有资本控股公司的监事

**解析** 本题考查国家出资企业管理者的选择与考核。履行出资人职责的机构依照法律、行政法规以及企业章程的规定任免或者建议任免国家出资企业的下列人员：(1) 任免国有独资企业的经理、副经理、财务负责人和其他高级经理人员；(2) 任免国有独资公司的董事长、副董事长、董事、监事会主席和监事（选项 A）；(3) 向国有资本控股公司、国有资本参股公司的股东会提出董事、监事人选。国家出资企业中应当由职工代表出任的董事、监事，依照有关法律、行政法规的规定由职工民主选举产生。因此，选项 A 正确。

**答案** A

### （二）与关联方的交易

| 项目 | 具体规定 |
|---|---|
| 关联方 | 指本企业的**董事、监事、高级管理人员及其近亲属**，以及这些人员所有或者实际控制的企业 |
| 国有独资企业、国有独资公司、国有资本控股公司 | **不得无偿**向关联方提供资金、商品、服务或者其他资产，**不得以不公平的价格**与关联方进行交易 |
| 国有独资企业、国有独资公司 | 未经履行出资人职责的机构同意，**不得**有下列行为：<br>(1) 与**关联方**订立财产转让、借款的协议；<br>(2) 为**关联方**提供担保；<br>(3) 与**关联方**共同出资设立企业；<br>(4) 向董事、监事、高级管理人员或者其近亲属所有或者**实际控制**的企业投资 |
| 国有资本控股公司、国有资本参股公司 | 董事会对公司与关联方的交易作出决议时，该交易涉及的董事**不得**行使表决权，也**不得**代理其他董事行使表决权 |

## 趁热答题

**例 7-8・多选题（2023 年）** 根据企业国有资产管理法律制度的规定，未经履行出资人职责的机构同意，国有独资企业不得从事（　　）。

A. 与关联方订立借款的协议
B. 为关联方提供担保
C. 以公平市场价格从关联方采购原材料
D. 与关联方共同出资设立企业

**解析** 本题考查与关联方交易的限制。未经履行出资人职责的机构同意，国有独资企业、国有独资公司不得有下列行为：
(1) 与关联方订立财产转让、借款的协议（选项 A）；
(2) 为关联方提供担保（选项 B）；
(3) 与关联方共同出资设立企业（选项 D）；
(4) 向董事、监事、高级管理人员或者其近亲属所有或者实际控制的企业投资。

**答案** ABD

## (三) 国有资本经营预算

**1. 预算编制的范围**

国家取得的下列国有资本收入,以及下列收入的支出,应当编制国有资本经营预算:

(1) 从国家出资企业分得的利润;
(2) 国有资产转让收入;
(3) 从国家出资企业取得的清算收入;
(4) 其他国有资本收入。

**2. 预算编制的要求**

(1) 国有资本经营预算按年度单独编制,纳入**本级人民政府**预算,报**本级人民代表大会**批准;
(2) 国有资本经营预算支出按照**当年**预算收入规模安排,**不列赤字**;
(3) **国务院**和有关**地方人民政府财政部门**负责国有资本经营预算草案的编制工作,履行出资人职责的机构向财政部门提出由其履行出资人职责的国有资本经营预算建议草案。

| 例 7-9 · 单选题 (2021年) | 根据企业国有资产法律制度的规定,下列关于国有资本经营预算的表述中,不正确的是（　　）。

A. 国有资本经营预算按年度单独编制
B. 国有资本经营预算可列赤字
C. 国有资本经营预算的执行情况应接受审计监督
D. 国有资本经营预算草案的编制由财政部门负责

【解析】本题考查国有资本经营预算。企业国有资本经营预算支出按照当年预算收入规模安排,不列赤字,选项B错误。

【答案】B

## (四) 企业国有资产及重大事项管理

| 项目 | 具体规定 |
| --- | --- |
| 重大事项 | (1) **国有资产监督管理机构**依照法定程序决定其所出资企业中的国有独资企业、国有独资公司的**分立、合并、破产、解散、增减资本、发行公司债券**等重大事项;<br>(2) 重要的国有独资企业、国有独资公司分立、合并、破产、解散的,应当由国有资产监督管理机构审核后,报**本级人民政府**批准 |
| 国有股权转让 | (1) **国有资产监督管理机构**决定其所出资企业的国有股权转让;<br>(2) 转让全部国有股权或者转让部分国有股权致使国家**不再拥有**控股地位的,报**本级人民政府**批准 |
| 国有资产授权经营 | **国有资产监督管理机构**可以对所出资企业中具备条件的国有独资企业、国有独资公司进行国有资产**授权经营**。被授权的国有独资企业、国有独资公司对其全资、控股、参股企业中国家投资形成的国有资产依法进行经营、管理和监督 |
| 财务监督 | **国有资产监督管理机构**对所出资企业财务进行监督 |

### (五) 企业国有资产监督

1. 各级权力机关的监督

**各级人民代表大会常务委员会**通过听取和审议**本级人民政府**履行出资人职责的情况和国有资产监督管理情况的专项工作报告，组织对企业国有资产法实施情况的执法检查等，依法行使监督职权。

2. 各级政府的监督

**国务院和地方人民政府审计机关**依法对国有资本经营预算的执行情况和属于审计监督对象的国家出资企业进行审计监督。

3. 社会监督

（1）履行出资人职责的机构根据需要，可以委托**会计师事务所**对国有独资企业、国有独资公司的年度财务会计报告进行审计，或者通过国有资本控股公司的**股东（大）会决议**，由国有资本控股公司聘请**会计师事务**所对公司的年度财务会计报告进行审计，维护出资人权益；

（2）**国务院和地方人民政府**应当依法向社会公布国有资产状况和国有资产监督管理工作情况，接受社会公众的监督。

## 考点9　行政事业性国有资产管理法律制度（★★）

> **考频** 2023年单选题；2022年单选题、多选题、判断题

### （一）行政事业性国有资产的概念及其适用范围的特殊规定

1. 行政事业性国有资产的概念

行政事业性国有资产，是指行政单位、事业单位通过以下方式取得或者形成的资产：

（1）使用财政资金形成的资产；

（2）接受调拨或者划转、置换形成的资产；

（3）接受捐赠并确认为国有的资产；

（4）其他国有资产。

2. 行政事业性国有资产的适用范围的特殊规定

（1）除国家另有规定外，**社会组织直接支配**的行政事业性国有资产管理，依照《行政事业性国有资产管理条例》执行；

（2）货币形式的行政事业性国有资产管理，按照预算管理有关规定执行；

（3）**执行企业财务、会计制度的事业单位**以及**事业单位对外投资**的全资企业或者控股企业的资产管理，**不适用**《行政事业性国有资产管理条例》；

（4）**公共基础设施、政府储备物资、国有文物文化**等行政事业性国有资产管理的具体办法，由国务院财政部门会同有关部门制定；

（5）中国人民解放军、中国人民武装警察部队直接支配的行政事业性国有资产管理，依照中央军事委员会有关规定执行。

### （二）行政事业性国有资产的管理体制和原则

1. 行政事业性国有资产的管理体制

（1）行政事业性国有资产实行政府**分级监管**、各部门及其所属单位**直接支配**的管理体制；

（2）各级人民政府应当建立健全行政事业性国有资产管理机制，加强对本级行政事业性国有资产的管理，审查、批准重大行政事业性国有资产管理事项；

(3) **国务院财政部门**负责制定行政事业单位国有资产管理规章制度并负责组织实施和监督检查，牵头编制行政事业性国有资产管理情况报告。

2. 行政事业性国有资产的管理原则

各部门及其所属单位管理行政事业性国有资产应当遵循安全规范、节约高效、公开透明、权责一致的原则，实现实物管理与价值管理相统一，资产管理与预算管理、财务管理相结合。

### （三）行政事业性国有资产的配置、使用和处置

1. 行政事业性国有资产的配置

(1) 资产配置包括调剂、购置、建设、租用、接受捐赠等方式。

(2) 各部门及其所属单位应当优先通过调剂方式配置资产；不能调剂的，可以采用购置、建设、租用等方式。

2. 行政事业性国有资产的使用

(1) 行政单位国有资产应当用于本单位履行职能的需要；

【提示】除法律另有规定外，行政单位不得以任何形式将国有资产用于对外投资或者设立营利性组织。

(2) 事业单位国有资产应当用于保障事业发展、提供公共服务；

(3) 县级以上地方人民政府及其有关部门应当建立健全国有资产共享共用机制。

3. 行政事业性国有资产的处置

(1) 各部门及其所属单位应当对下列资产及时予以报废、报损：

①因技术原因确需淘汰或者无法维修、无维修价值的资产；

②涉及盘亏、坏账以及非正常损失的资产；

③已超过使用年限且无法满足现有工作需要的资产；

④因自然灾害等不可抗力造成毁损、灭失的资产。

(2) 各部门及其所属单位应当将依法罚没的资产按照国家规定公开拍卖或者按照国家有关规定处理，所得款项全部上缴国库。

(3) 各部门及其所属单位发生分立、合并、改制、撤销、隶属关系改变或者部分职能、业务调整等情形，应当根据国家有关规定办理相关国有资产划转、交接手续。

**趁热答题**

| 例7-10·多选题（2022年） | 根据国有资产管理法律制度的规定，下列行政事业性国有资产中，应当及时予以报废、报损的有（　　）。

　　A. 可满足现有工作需要但已超过使用年限的资产

　　B. 因技术原因需淘汰的资产

　　C. 因不可抗力造成毁损的资产

　　D. 非正常损失的资产

（解析）本题考查行政事业性国有资产的配置、使用和处置。各部门及其所属单位应当对下列资产及时予以报废、报损：（1）因技术原因确需淘汰或者无法维修、无维修价值的资产（选项B）；（2）涉及盘亏、坏账以及非正常损失的资产（选项D）；（3）已超过使用年限且无法满足现有工作需要的资产；（4）因自然灾害等不可抗力造成毁损、灭失的资产（选项C）。

（答案）BCD

### (四) 行政事业性国有资产的预算管理

**1. 预算编制与执行**

(1) 各部门及其所属单位购置、建设、租用资产应当提出资产配置需求，编制资产配置相关支出预算，并严格按照预算管理规定和财政部门批复的预算配置资产；

(2) 县级以上人民政府投资建设公共基础设施，应当依法落实资金来源，加强预算约束，防范政府债务风险，并明确公共基础设施的管理维护责任单位。

**2. 收入管理**

(1) 行政单位国有资产出租和处置等收入，应当按照政府**非税收入和国库集中收缴制度**的有关规定管理；

(2) 除国家另有规定外，事业单位国有资产的处置收入应当按照政府**非税收入和国库集中收缴制度**的有关规定管理；

(3) 各部门及其所属单位**应当及时收取各类资产收入**，不得违反国家规定，多收、少收、不收、侵占、私分、截留、占用、挪用、隐匿、坐支。

**3. 决算管理**

各部门及其所属单位应当在决算中全面、真实、准确反映其国有资产收入、支出及国有资产存量情况。

**4. 绩效管理**

各部门及其所属单位应当按照国家规定建立国有资产绩效管理制度，建立健全绩效指标和标准，有序开展国有资产绩效管理工作。

### (五) 行政事业性国有资产的基础管理

(1) 依照国家统一的会计制度进行会计核算，**不得形成账外资产**。

(2) 各部门及其所属单位应当定期或者不定期对资产进行盘点、对账。

(3) 除国家另有规定外，各部门及其所属单位将行政事业性国有资产进行**转让**、**拍卖**、**置换**、**对外投资**等，应当按照国家有关规定进行**资产评估**。

(4) 有下列情形之一的，各部门及其所属单位**应当**对行政事业性国有资产进行**清查**：

①根据**本级政府**部署要求；

②发生**重大资产调拨**、**划转**以及单位**分立**、**合并**、**改制**、**撤销**、**隶属关系改变**等情形；

③因自然灾害等**不可抗力造成资产毁损**、**灭失**；

④会计信息严重**失真**；

⑤国家统一的**会计制度发生重大变更**，**涉及资产核算方法发生重要变化**；

⑥其他应当进行资产清查的情形。

(5) 各部门及其所属单位对需要办理权属登记的资产应当依法及时办理。对有账簿记录但**权证手续不全**的行政事业性资产，可以向本级政府有关主管部门提出确认资产权属申请，**及时办理权属登记**。

(6) 国务院**财政部门**应当建立全国行政事业性国有资产管理信息系统，推行资产管理网上办理，实现信息共享。

#### 趁热答题

| **例 7-11·单选题 (2022 年)** | 根据国有资产管理法律的规定，下列关于行政事业性国有资产基础管理的表述中，正确的是（　　）。

A. 国务院国有资产监督管理机构负责建立全国行政事业性国有资产管理信息系统
B. 各部门及其所属单位根据业务需要可以形成行政事业性国有资产账外资产
C. 各部门及其所属单位对有账簿记录但权证手续不全的行政事业性国有资产，应当及时予以报废
D. 各部门及其所属单位会计信息严重失真的，应当对行政事业性国有资产进行清查

(解析) 本题考查行政事业性国有资产的基础管理。国务院财政部门应当建立全国行政事业性国有资产管理信息系统，推行资产管理网上办理，实现信息共享，选项 A 错误。各部门及其所属单位应当按照国家规定设置行政事业性国有资产台账，依照国家统一的会计制度进行会计核算，不得形成账外资产，选项 B 错误。各部门及其所属单位对需要办理权属登记的资产应当依法及时办理，对有账簿记录但权证手续不全的行政事业性资产，可以向本级人民政府有关主管部门提出确认资产权属申请，及时办理权属登记，选项 C 错误。

(答案) D

### （六）行政事业性国有资产的监督

| 监督类型 | 监督人 |
| --- | --- |
| 人大监督 | 本级人大及其常委会 |
| 政府层级监督 | 上级政府 |
| 财政监督 | 本级财政部门 |
| 审计监督 | 政府审计部门 |
| 行业监督 | 各部门（对本行业） |
| 社会监督 | 公民、法人或者其他组织 |

### （七）行政事业性国有资产的报告

（1）国务院向**全国人民代表大会常务委员会**报告全国行政事业性国有资产管理情况；

（2）县级以上地方人民政府按照规定向**本级人民代表大会常务委员会**报告行政事业性国有资产管理情况。

## 第三节　政府采购法律制度

### 考点10　政府采购的概念和原则（★）

考频　2023 年单选题、多选题

#### （一）概念

各级国家机关、事业单位和团体组织，使用财政性资金采购依法制定的集中采购目录以内的或者采购限额标准以上的货物、工程和服务的行为。

### (二) 采购原则

| 原则 | 具体规定 |
| --- | --- |
| 公开透明 | （1）政府采购的信息应当在政府采购监督管理部门指定的媒体上及时向社会**公开发布**（涉及商业秘密的除外）；<br>（2）政府采购目录和限额标准应当向社会公布；<br>（3）采购人在采购活动完成后，应当将采购结果予以公布 |
| 公平竞争 | 采购人或者采购代理机构**不得以不合理的条件**对供应商实行差别待遇或者歧视待遇 |
| 公正 | 我国《政府采购法》规定了回避制度和采购代理机构独立于政府制度 |
| 诚实信用 | 要求人们在经济活动中讲究信用、恪守诺言、诚实不欺 |

**趁热答题**

**|例7-12·单选题（2023年）|** 根据政府采购法律制度的规定，下列关于"公开透明原则"的表述中，不正确的是（  ）。

A. 所有的政府采购的信息均应当在政府采购监督管理部门指定的媒体上及时向社会公开发布
B. 政府采购目录和限额标准应当向社会公布
C. 政府采购项目的采购标准应当公开
D. 采购人在采购活动完成后，应当将采购结果予以公布

**解析** 本题考查政府采购的原则。政府采购的信息应当在政府采购监督管理部门指定的媒体上及时向社会公开发布，但涉及商业秘密的除外，选项A错误，当选。

**答案** A

## 考点11 政府采购当事人（★★）

**考频** 2023年判断题；2022年单选题、多选题、判断题；2021年判断题

政府采购当事人，是指在政府采购活动中享有权利和承担义务的各类主体，包括采购人、供应商和采购代理机构等。详细内容如下表所示：

| 当事人 | | 具体规定 |
| --- | --- | --- |
| 采购人 | | 依法进行政府采购的**国家机关**、**事业单位和团体组织** |
| 采购代理机构 | | （1）采购代理机构与行政机关**不得存在隶属关系**或者其他**利益关系**；<br>（2）集中采购机构是设区的市级以上人民政府依法设立的非营利事业法人；<br>（3）集中采购机构以外的采购代理机构，是从事采购代理业务的**社会中介机构** |
| 供应商 | **法定条件** | （1）具有**独立承担民事责任**的能力；<br>（2）具有良好的**商业信用和健全的财务会计制度**；<br>（3）具有履行合同所必需的**设备和专业技术能力**；<br>（4）有依法**缴纳税收和社会保障资金**的良好记录；<br>（5）参与政府采购活动**前3年**内，在经营活动中没有重大违法记录 |
| | 特殊规定 | 单位负责人为同一人或者存在直接控股、管理关系的不同供应商，**不得**参加同一合同项下的政府采购活动 |

续表

| 当事人 | | 具体规定 |
|---|---|---|
| 供应商 | 联合体 | （1）联合体各方应当共同与采购人签订采购合同，就采购合同约定的事项对采购人承担连带责任；<br>（2）两个以上的自然人、法人或者其他组织可以组成一个联合体，以一个供应商的身份共同参加政府采购；<br>（3）以联合体形式参加政府采购活动的，联合体各方不得再单独参加或者与其他供应商另外组成联合体参加同一合同项下的政府采购活动 |
| | 同类资质 | 联合体中有同类资质的供应商按照联合体分工承担相同工作的，应当按照资质等级较低的供应商确定资质等级 |

### 通关文牒

▶ 很会考 ▶

政府采购当事人包括采购人、供应商和采购代理机构，考试主要考查供应商，需注意供应商的"法定条件、联合体、同类资质"的相关规定。

### 趁热答题

**例 7-13·单选题（2023 年）** 根据政府采购法律制度的规定，甲乙两公司组成联合体共同参加 A 机关招标，下列说法中，正确的是（　　）。

A. 如果中标，甲乙公司应当对 A 机关承担连带责任
B. 如果中标，甲乙公司应当分别与 A 机关签订采购合同
C. 如果甲公司取得资质比乙公司高，应当以甲公司资质确定该联合体的资质等级
D. 甲乙组成联合体参加招标投标后还可以同时以其名义单独参加该项目招投标

**解析** 本题考查供应商。联合体各方应当共同与采购人签订采购合同，就采购合同约定的事项对采购人承担连带责任，选项 A 正确，选项 B 错误。联合体中有同类资质的供应商按照联合体分工承担相同工作的，应当按照资质等级较低的供应商确定资质等级，选项 C 错误。以联合体形式参加政府采购活动的，联合体各方不得再单独参加或者与其他供应商另外组成联合体参加同一合同项下的政府采购活动，选项 D 错误。

**答案** A

## 考点 12　政府采购方式（★★）

考频　2023 年判断题；2021 年单选题、多选题

| 采购方式 | 适用情形 |
|---|---|
| 公开招标 | （1）对象：不特定的供应商。<br>（2）政府采购的主要采购方式 |

续表

| 采购方式 | 适用情形 |
|---|---|
| 邀请招标 | (1) 对象：供应商数量≥3。<br>(2) 符合下列情形之一的货物或者服务，可以采用邀请招标的方式采购：<br>①具有特殊性，只能从有限范围的供应商处采购的；<br>②采用公开招标方式的费用占政府采购项目总价值的比例过大的。<br>(3) 投标人应当在资格预审公告期结束之日起3个工作日前，按公告要求提交资格证明文件 |
| 竞争性谈判 | (1) 对象：供应商数量≥3。<br>(2) 符合下列情形之一的货物或者服务，可以采用竞争性谈判方式采购：<br>①招标后没有供应商投标或者没有合格标的或者重新招标未能成立的；<br>②技术复杂或者性质特殊，不能确定详细规格或者具体要求的；<br>③采用招标所需时间不能满足用户紧急需要的；<br>④不能事先计算出价格总额的 |
| 单一来源采购 | 符合下列情形之一的货物或者服务，可以采用单一来源方式采购：<br>(1) 只能从唯一供应商处采购的；<br>(2) 发生了不可预见的紧急情况不能从其他供应商处采购的；<br>(3) 必须保证原有采购项目一致性或者服务配套的要求，需要继续从原供应商处添购，且添购资金总额不超过原合同采购金额10%的 |
| 询价 | (1) 对象：供应商数量≥3。<br>(2) 采购的货物规格、标准统一，现货货源充足且价格变化幅度小的政府采购项目 |

### 通关文牒

▶ 很会考 ▶

政府采购的方式属于客观题常考点，考生需掌握5种政府采购方式分别适用的情形，注意对比记忆。在理解、记忆时，考生可运用如下诀窍：

(1) 各类政府采购方式中，凡涉及供应商数量的，一律不少于3家（"货比三家"）。

(2) 一般紧急的情况，适用竞争性谈判；"十万火急、非他不可"（即"发生了不可预见的紧急情况不能从其他供应商处采购"）的情况，适用单一来源采购。

### 趁热答题

| 例7-14·多选题（2018年） | 根据政府采购法律制度的规定，下列关于政府采购方式的表述中，正确的有（  ）。

A. 竞争性谈判的方式要求最少2家供应商，就采购事宜由谈判小组与供应商分别进行谈判
B. 只能从唯一供应商处采购的，可以采用单一来源采购的方式
C. 公开招标应作为政府采购的主要方式
D. 具有特殊性，并且只能从有限范围的供应商处采购商品或者服务的，可采用邀请招标的方式

(解析) 本题考查政府采购方式。竞争性谈判是指谈判小组与符合资格条件的3家以上（非最少2家）供应商就采购事宜分别进行谈判，采购人从谈判小组提出的成交候选人中确定成交供应商的采购方式，选项A错误。选项BCD表述正确。

(答案) BCD

## 考点 13　政府采购程序（★★）

**考频** 2022年单选题、判断题；2021年单选题

### （一）期限规定

（1）采购文件从采购结束之日起**至少保存15年**；

（2）货物和服务采用招标方式采购的，自招标文件开始发出之日起至投标人提交投标文件截止之日止，**不得少于20日**；

（3）招标文件的提供期限自**招标文件**开始发出之日起不得少于**5个工作日**；

（4）采购人或者采购代理机构应当自**中标通知书**发出之日起**5个工作日**内退还未中标供应商的**投标保证金**，自政府采购合同签订之日起**5个工作日**内退还中标供应商的投标保证金；

（5）采购代理机构应当自评审结束之日起**2个工作日**内将评审报告送交采购人；

（6）采购人应当自**收到评审报告**之日起**5个工作日**内在评审报告推荐的中标或者成交候选人中按顺序中标或者成交供应商；

（7）采购人或采购代理机构应当自中标、成交供应商确定之日起**2个工作日**内，发出中标、成交通知书。

### （二）废标情形

在招标采购中，出现下列情形之一的，应予废标：

（1）符合专业条件的供应商或者对招标文件作实质响应的供应商**不足3家**的；

（2）出现影响采购公正的违法、违规行为的；

（3）投标人的**报价均超过了采购预算**，采购人不能支付的；

（4）因**重大变故**，采购任务取消的。

### （三）投标保证金

（1）招标文件要求投标人提交投标保证金的，投标保证金**不得超过**采购项目预算金额的**2%**。

（2）应当以支票、汇票、本票或者金融机构、担保机构出具的保函等**非现金形式提交**。投标人未按照招标文件要求提交投标保证金的，投标无效。

### （四）回避制度

采购人员及相关人员与供应商有下列利害关系之一的，应当回避：

（1）参加采购活动前**3年**内与供应商存在**劳动关系**；

（2）参加采购活动前**3年**内**担任供应商的董事、监事**；

（3）参加采购活动前**3年**内是**供应商的控股股东或者实际控制人**；

（4）与供应商的法定代表人或者负责人有夫妻、直系血亲、三代以内旁系血亲或者近姻亲关系；

（5）与供应商有其他可能影响政府采购活动公平、公正进行的关系。

**趁热答题**

**| 例 7-15·单选题（2021年）|** 政府采购文件从采购结束之日起至少保存（　　）。

A. 10年　　　　　　　　　　　　B. 15年
C. 20年　　　　　　　　　　　　D. 25年

**解析** 本题考查政府采购程序。采购文件从采购结束之日起至少保存15年，选项B正确。

答案　B

## 考点 14　政府采购合同（★）

**考频** 2022年单选题；2021年单选题、多选题

| 事宜 | 具体规定 |
| --- | --- |
| 形式 | 应当采用书面形式 |
| 签订 | （1）采购人可以委托采购代理机构代表其与供应商签订政府采购合同。由采购代理机构以采购人名义签订合同的，应当提交采购人的授权委托书，作为合同附件。<br>（2）采购人与中标、成交供应商应当在中标、成交通知书发出之日起30日内，按照采购文件确定的事项签订政府采购合同。<br>（3）履约保证金的数额不得超过政府采购合同金额的10%。<br>【提示】履约保证金需以非现金形式提交。<br>（4）采购人应当自政府采购合同签订之日起2个工作日内，将政府采购合同在省级以上人民政府财政部门指定的媒体上公告，但政府采购合同中涉及国家秘密、商业秘密的内容除外。<br>（5）自签订之日起7个工作日内，采购人应当将合同副本报同级政府采购监督管理部门和有关部门备案 |
| 履行 | （1）政府采购合同履行中，采购人需追加与合同标的相同的货物、工程或者服务的，在不改变合同其他条款的前提下，可以与供应商协商签订补充合同，但所有补充合同的采购金额不得超过原合同采购金额的10%。<br>（2）经采购人同意，中标、成交供应商可以依法采取分包方式履行合同。政府采购合同分包履行的，中标、成交供应商就采购项目和分包项目向采购人负责，分包供应商就分包项目承担责任 |

### 趁热答题

**例 7-16·多选题（2021年）** 根据政府采购法律制度的规定，下列关于政府采购合同签订和履行的表述中，正确的有（　　）。

A. 供应商不得采取分包方式履行政府采购合同
B. 履约保证金的数额不得超过政府采购合同金额的10%
C. 采购人不得委托采购代理机构代表其与供应商签订政府采购合同
D. 政府采购合同签订后，采购人应当将合同副本报同级政府采购监督管理部门和有关部门备案

**解析** 本题考查政府采购合同。经采购人同意，中标、成交供应商可以依法采取分包方式履行合同，选项A错误。履约保证金的数额不得超过政府采购合同金额的10%，选项B正确。采购人可以委托采购代理机构代表其与供应商签订政府采购合同，选项C错误。政府采购项目的采购合同自签订之日起7个工作日内，采购人应当将合同副本报同级政府采购监督管理部门和有关部门备案，选项D正确。

答案　BD

## 考点 15　政府采购的质疑与投诉、监督检查（★）

**考频** 2022年单选题

### （一）质疑

（1）供应商认为采购文件、过程和成交结果使自己的权益受到损害的，可以在知道权益受损之

日 7 个工作日内，以书面形式向采购人提出质疑；

(2) 采购人委托采购代理机构采购的，供应商可以向采购代理机构提出询问或者质疑，采购代理机构应当就采购人委托授权范围内的事项作出答复；

(3) 政府采购评审专家应当配合采购人或者采购代理机构答复供应商的询问和质疑；

(4) 采购人应当在收到供应商的书面质疑后 7 个工作日内作出答复，并以书面形式通知质疑供应商和其他有关供应商。

### （二）投诉

(1) 质疑供应商对采购人、采购代理机构的答复不满意，或采购人、采购代理机构未在规定时间作出答复，可在答复期满后 15 个工作日内向同级政府采购监督管理部门投诉；

(2) 政府采购监督管理部门应当在收到投诉后 30 个工作日内，对投诉事项作出处理决定。

### （三）监督检查

(1) 各级人民政府财政部门是负责政府采购监督管理的部门；
(2) 审计机关应当对政府采购进行审计监督；
(3) 监察机关应当加强实施监察；
(4) 任何单位和个人对政府采购活动中的违法行为，有权控告和检举。

▶ 速提分 ▶

政府采购中经常会涉及一些数字，具体总结如下表所示：

| 数字 | 具体规定 |
| --- | --- |
| 15 年 | 采购文件从采购结束之日起至少保存 15 年 |
| 30 日 | 采购人与中标、成交供应商应当在中标、成交通知书发出之日起 30 日内签订采购合同 |
| 20 日 | 货物和服务项目实行招标方式采购的，自招标文件开始发出之日起至投标人提交投标文件截止之日止，不得少于 20 日 |
| 7 日 | 采购人应当在收到供应商的书面质疑后 7 个工作日内作出答复 |
| 5 日 | 招标文件的提供期限自招标文件开始发出之日起不得少于 5 个工作日 |
| 3 家 | 采购人应当从符合相应资格条件的供应商中，通过随机方式选择 3 家以上的供应商，并向其发出投标邀请书 |
| 2% | 招标文件要求投标人提交投标保证金的，投标保证金不得超过采购项目预算金额的 2% |
| 10% | (1) 履约保证金的数额不得超过政府采购合同金额的 10%；<br>(2) 政府采购合同履行中，采购人需追加与合同标的相同的货物、工程或者服务的，在不改变合同其他条款的前提下，可以与供应商协商签订补充合同，但所有补充合同的采购金额不得超过原合同采购金额的 10%。<br>【提示】定金不得超过主合同标的额的 20% |

## 考点加油站

- 财政法律制度
  - 预算法律制度
    - 预算和预算法 ★ —— 原则、体制、职权
    - 预算收支范围 ★
      - ①一般公共预算收入；
      - ②政府性基金预算；
      - ③国有资本经营预算；
      - ④社会保险基金预算
    - 预算编制 ★★ —— 举债规定；预备费；周转金；稳定调节基金
    - 预算审批 ★
      - 中央预算：全国人民代表大会
      - 地方各级预算：本级人民代表大会
    - 预算执行和调整 ★★ —— 调整情形；调整方案审批
    - 决算 ★
    - 预算监督 ★
  - 国有资产管理法律制度
    - 企业国有资产管理法律制度 ★★
      - 出资人和履行出资人职责的机构
      - 人事任免；兼职限制
      - 与关联方的交易；国有资本经营预算
    - 行政事业性国有资产管理法律制度 ★★
      - 适用范围的特殊规定；管理体制
      - 配置、使用、处置
      - 基础管理
  - 政府采购法律制度
    - 政府采购的概念和原则 ★ —— 原则：①公开透明；②公理竞争；③公正；④诚实信用
    - 政府采购当事人 ★★
      - 采购人
      - 代理机构
      - 供应商 —— 条件；要求
    - 政府采购方式 ★★
      - ①公开招标；②邀请招标；
      - ③竞争性谈判；④单一来源；⑤询价
    - 政府采购程序 ★★
      - 期限规定；废标情形
      - 投票保证金；回避制度
    - 政府采购合同 ★
      - 签订 —— 履约保证金
      - 履行
    - 政府采购的质疑与投诉、监督检查 ★

100%

寄语